Dominikus und seine Mission

DOMINIKANISCHE QUELLEN UND ZEUGNISSE
herausgegeben von
Thomas Eggensperger OP
Ulrich Engel OP
Institut M.-Dominique Chenu Berlin

DOMINIKANISCHE QUELLEN UND ZEUGNISSE

Band 27

Gianni Festa / Augustin Laffay

Dominikus und seine Mission

Ursprung und Spiritualität des Predigerordens

Mit einem Geleitwort von
Gerard Francisco Timoner III. OP
Ins Deutsche übertragen von Britta Dörre

HERDER

FREIBURG · BASEL · WIEN

Titel der Originalausgabe:
Gianni Festa / Augustin Laffay, Saint Dominique et sa mission
ISBN: 978-2-204-14588-6
© Les Éditions du Cerf, 2021
All Rights Reserved

Für die deutsche Ausgabe wurde der Text um das 4. Kapitel gekürzt und angepasst.

Für die deutschsprachige Ausgabe:
© Verlag Herder GmbH, Freiburg im Breisgau 2023
Alle Rechte vorbehalten
www.herder.de
Umschlagkonzeption: Verlag Herder
Satz: Barbara Herrmann, Freiburg
Herstellung: GGP Media GmbH, Pößneck
Printed in Germany
ISBN 978-3-451-39557-4

Abb. 1 (s. gegenüberliegende Seite):
Der auf dem Weg betende hl. Dominikus
Anonyme Federzeichnung aus dem 14. Jahrhundert
Madrid, Monasterium der Dominikanerinnen
Fotograf: Franck Nemmar

*Allen, die dem vom heiligen Vater Dominikus
vorgezeichneten Weg folgen*

„Dennoch […] wollen wir nach unseren Kräften dem Beispiel des Vaters nachfolgen und zugleich dem Heiland danken, daß er seinen Knechten auf diesem unseren Lebensweg einen solchen Führer gewährt und uns durch ihn zum Lichte dieses Lebenswandels wiedergeboren hat. Und wir bitten den Vater der Erbarmungen: er möge uns leiten durch jenen Geist, von dem die Kinder Gottes getrieben werden, auf daß auch wir durch die Schranken, die unsere Väter gesetzt haben, zum gleichen Ziele dauernden Glückes und ewiger Seligkeit, das jener endlos glücklich erreicht hat, auf geradem Wege zu gelangen verdienen. Amen."

Jordan von Sachsen, *Libellus*, 109

Inhalt

Geleitwort 13
Gerard Francisco Timoner III. OP

Vorwort 16

I. Auf den Spuren des hl. Dominikus

1. Eine Lebensbeschreibung des hl. Dominikus 21

   Dominikus und seine spanischen Wurzeln
   (nach 1170-1203) 26
   Unterwegs auf den Straßen in Europa (1203-1215) 37
   Die Gründung des Predigerordens (1215-1221) .. 65
   Die Heiligkeit des Dominikus 100

2. Die Quellen zum Leben des hl. Dominikus zwischen
   Geschichte und Hagiographie 104

   *Die Heiligsprechung des hl. Dominikus, der Heilig-
   sprechungsprozess und der* Libellus 105
   Die Übertragung der Gebeine (translatio) im Jahr
   1233 105
   Das Büchlein über die Anfänge des Predigerordens
   (Libellus) 107
   Der Heiligsprechungsprozess des Dominikus 110
   Die „Lebensbeschreibungen" des hl. Dominikus 115
   Petrus Ferrandi Hispanicus 115
   Constantin von Orvieto 121

Humbert von Romans 126
Weitere Wundersammlungen des hl. Dominikus . 128

II. Der Dominikanische Weg

1. Die Mission der Predigerbrüder 139

   Die Seelen retten 141
   Ein geschwisterlicher Orden 145
   Ein Leben, dargeboten in Armut 153
   Persönliches und gemeinschaftliches Gebet 162
   „Unsere Waffen sind unsere Bücher" 169
   Die Gnade der Predigt 172
   Im Herzen der Kirche 178

2. Das dominikanische Erbe: ein Gesamtinventar 181

   Dominikus, der Vater der dominikanischen Familie 181
   Die Theologie als Wissenschaft 193
   Der Rosenkranz, ein dominikanisches Gebet 201
   Demokratie und dominikanisches Leben 208
   Praedicatores inquisitores: der schmachvolle Teil
   des Erbes? 218
   Die Gnade, seine Zeit zu verstehen 230

III. Daten und Quellen zur Geschichte des hl. Dominikus

Zeittafel zum Leben des hl. Dominikus 241
(Simon Tugwell OP)

Quellen zur Geschichte des hl. Dominikus und
bibliographische Abkürzungen 261

Bibliographie 266
    Der hl. Dominikus und die Anfänge des Predigerordens 266
    Dominikanische Geschichte 268
    Literatur zur deutschen Ausgabe 270

Mitarbeitende 279

Personenregister 280

Geleitwort

Gibt es nach mehr als 800 Jahren noch etwas über den hl. Dominikus aufzuspüren und zu erforschen, etwas, worüber man auch schreiben kann? Gibt es noch etwas, das im Laufe der Jahrhunderte zu dem Gründer und ersten Bruder des Predigerordens noch nicht durchdacht und gesagt worden ist? Ein neues, antikes Manuskript konnte nicht gefunden werden, und daher scheint ein neues Buch über den hl. Dominikus einer langen Fußnote zu gleichen, die sich in alle bereits im Laufe der Jahre verfassten Texte einreiht. Welche Gründe sprechen also dafür, den hl. Dominikus erneut vorzustellen?

Der hl. Dominikus verschrieb sich einer *zeitgemäßen* Sendung, weil er um sich herum eine Welt wahrnahm, die dringend einer *Neuevangelisierung* bedurfte; die Sendung ist jedoch wirklich *zeitlos,* denn jeder Generation fehlt es an einer *Neuevangelisierung*, d. h. der Predigt Dessen, der *immer alt* und doch *immer neu* ist. Der Widerspruch „alt-neu" erinnert an den Begriff des „Klassischen", wie ihn Hans-Georg Gadamer definiert. Ein „Klassiker" ist gleichzeitig zeitlos und zeitgemäß. Er ist zeitlos, und zwar nicht, weil er jenseits der Ereignisse in der Geschichte angesiedelt ist, sondern weil er in jedem Moment der Geschichte ein bedeutungsvolles Ereignis darstellt. Er ist zeitgemäß, eben weil er „eine zeitlose Präsenz ist, die allen anderen Präsenzen zeitgenössisch ist". In diesem Sinn stellt der hl. Bernhard v. Clairvaux fest, dass die Heilige Schrift *hodie usque ad nos* spreche.

Geleitwort

Das „Klassische" gleicht, wie Sandra Schneiders darlegt, einer musikalischen Komposition, die nur wirklich treu der Partitur folgend wiedergegeben werden kann, aber von jedem Künstler anders gespielt wird. Es gibt nur *ein einziges* Musikstück, aber bei jeder Aufführung entweder wegen der Verschiedenartigkeit der Talente oder wegen der Umstände des Ereignisses eine *einmalige* Interpretation. Jede Aufführung eines Werks durch Musiker, sei es im Rahmen eines Konzerts oder in einem anderen Kontext, ist nicht bloß eine „Kopie" des Exemplars, wie es im Geiste des Komponisten existiert, sondern ein „schöpferisches Ereignis". Analog dazu kann man gut nachvollziehen, dass es *zahlreiche* Arten gibt, authentisch der einzigartigen Aufforderung Jesu zu folgen: „Komm, folge mir nach" (Mt 16,24).

Der hl. Dominikus, dessen Leben der Predigt des fleischgewordenen Wortes geweiht war, hat als Heiliger zu jeder Zeit und an jedem Ort „etwas zu sagen", nicht weil sein Leben an sich die Fähigkeit besäße, Zeiten und Orte zu überschreiten, sondern weil das Evangelium, das sein Leben formte und wandelte, *klassisch* ist.

Die vorliegende Publikation gleicht der Neuinterpretation einer klassischen Melodie: *dieselbe*, aber *anders*. Das Werk handelt, wenn auch auf etwas andere Weise, von derselben Person, demselben Heiligen, den wir aus so vielen Büchern kennen. Diese Interpretation eint die positiven Aspekte verlässlicher Geschichtsschreibung und anregender Hagiographie. Sie möchte informieren und inspirieren. Die Lektüre wird außerdem allen ans Herz gelegt, die zum ersten Mal die Bekanntschaft des hl. Dominikus machen, den Brüdern und Schwestern der dominikanischen Familie, die am Beginn ihrer Ausbildung stehen, oder denjenigen, die ihn bereits gut kennen, aber an einem aktualisierten Blick auf den mittelalterlichen Heiligen interessiert sind, dessen Leben und Sendung es vermögen, zu einem *neuen, bedeutungsvollen Geschehen* zu werden, wenn sie der Gegenwart angemessen sind.

Gerard Francisco Timoner III. OP
Ordensmeister der Dominikaner

Vorwort

Die Neuerungen in der Geschichtsschreibung seit dem 19. Jahrhundert ermöglichten es, eine bessere Kenntnis vom Leben des hl. Dominikus zu erlangen, aber auch seine Vorstellung vom Ordensleben richtiger zu verstehen. Die *Geschichte des heiligen Dominikus* von Marie-Humbert Vicaire OP stellte im Jahr 1957 eine Publikation von großer Tragweite dar und leistete einen entscheidenden Beitrag zur Kenntnis des Heiligen. Seitdem erlaubten die Fortschritte in den kritischen Editionen der Quellen zur Geschichte der Anfänge des Predigerordens und zahlreicher Studien, insbesondere auf Betreiben von Simon Tugwell OP, das Wissen über den hl. Dominikus genauer darzulegen und manchmal auch zu korrigieren. Die Publikation *Saint Dominique de l'ordre des frères prêcheurs* von Nicole Bériou OP und Bernard Hodel OP aus dem Jahr 2019 enthält eine umfangreiche Sammlung von schriftlichen Zeugenaussagen vom Ende des 12. bis zum 14. Jahrhundert und stellt Forschern, aber auch allen, die den hl. Dominikus verehren, endlich eine unvergleichbare Sammlung von Dokumenten zur Verfügung, die ins Französische übersetzt, mit vielen Anmerkungen versehen und mit größter Genauigkeit dargelegt sind. Ohne die Arbeit dieser Autoren, aber auch zahlreicher anderer Gelehrter hätte die Publikation *Dominikus und seine Mission* nicht das Licht der Welt erblicken können. Sie reiht sich in das Erbe ein, das die Heiligkeit des hl. Dominikus auf unterschiedlichen Wegen abbildet.

Vorwort

Der erste Teil *Auf den Spuren des hl. Dominikus* (I) spürt der Heiligkeit des katalanischen Kanonikers, der Gründer eines Ordens von universaler Größe wurde, nach und folgt seinen Spuren anhand des Quellenmaterials. Es handelt sich hier weniger darum, eine neue, kritische Biographie zu erstellen, indem man ausführlich den Kontext, in dem sich das Leben des hl. Dominikus abspielte, analysiert, als vielmehr darum zu verstehen, wie er von seinen Zeitgenossen und den ersten Generationen der Dominikaner wahrgenommen wurde. Dieser biographische Versuch stellt sein Leben in der chronologischen Reihenfolge vor, wie sie von Simon Tugwell aufgestellt wurde, und zitiert systematisch die Texte in der Übersetzung von Nicole Bériou und Bernard Hodel.[1] Im zweiten Teil des Buches *Der dominikanische Weg* (II) stellen die Autoren knapp dar, wie sich ihnen der Weg aus den Quellen erschließt, und folgen dabei seinem Verlauf durch die Jahrhunderte bis in die heutige Zeit. Schließlich bieten die *Daten und Quellen zur Geschichte des hl. Dominikus* (III) eine sehr genaue, von Simon Tugwell erstellte Zeittafel und die Arbeitsmittel, die der weiteren Forschung dienlich sind.

Ein Buch ist immer ein gemeinsames Abenteuer. Simon Tugwell gab uns sein Einverständnis, frei über seine „Zeittafel zum Leben des heiligen Dominikus" zu verfügen. Unser Dank gilt auch den Mitbrüdern Vincent Tierny OP und Inno-

---

1 Die Anmerkungen liefern eine zweifache Angabe zu den mittelalterlichen Quellen des Predigerordens: Die kritische Edition wird erst mit dem Namen des Autors angegeben, gefolgt vom abgekürzten Titel des Werks und den Quellenangaben zum Text; dieser Angabe folgt die Übersetzung aus *Saint Dominique de l'ordre des frères prêcheurs. Témoignages écrits fin XIIe–XIVe siècle*, textes traduits, annotés et présentés par Nicole Bériou und Bernard Hodel avec la collaboration de Gisèle Besson, Paris, Éd. du Cerf, 2019 [abgekürzt mit Bériou-Hodel, gefolgt von der Seitenzahl].

Vorwort

cent Smith OP, die uns mit ihren Kenntnissen im Kanonischen Recht und in der Liturgiegeschichte zur Seite standen. Ohne die klugen Ratschläge, die uns Nicole Bériou und Bernard Hodel während eines ersten Arbeitsentwurfs und noch vor der Publikation ihres Meisterwerks großzügig erteilten, hätte dieses Buch niemals das Licht der Welt erblickt. Ihnen gilt unser herzlichster Dank.

Die beiden Autoren sind Historiker und auch Söhne des hl. Dominikus, dem sie sich am Tag ihrer Profess schenkten. Sie reihen sich in eine Tradition ein, welche die Erforschung der historischen Wahrheit und die Berufung als Kinder [des Heiligen] zu vereinen beabsichtigt, und dürfen nicht vergessen, dass das Werk auf dem Hügel des Aventin im antiken Konvent *Santa Sabina* fertiggestellt wurde. Sie verdanken ihren Vorgängern, ihnen die Liebe des katalanischen Ordensmannes vermittelt zu haben, der an der Pforte der frühchristlichen Basilika klopfte, die ihm Papst Honorius III. geschenkt hatte, um dort das Werk *in medio Ecclesiae* zu vervollkommnen und fortzuführen. Das ereignete sich vor gut 800 Jahren. Diese Arbeit ist auch eine Danksagung: Seine Autoren wünschen, dass sie es unseren Zeitgenossen ermögliche, das Leben des hl. Dominikus zu entdecken, aber auch diejenigen in ihrer Berufung ermutigen möge, die, vom missionarischen Eifer des Vaters der Prediger[brüder] angezogen, den Ruf vernehmen, an seiner Seite zu gehen, um der Welt das Evangelium des Heils zu predigen.

Gianni Festa OP
Generalpostulator des Predigerordens

Augustin Laffay OP
Generalarchivar des Predigerordens

I.
AUF DEN SPUREN DES HL. DOMINIKUS

1. Eine Lebensbeschreibung des hl. Dominikus

Dominikus dachte nicht daran, die Arbeit seiner Biographen zu fördern. Der heilige Gründer des Predigerordens blieb nämlich, wie es Guy-Thomas Bedouelle OP so schön formuliert, „im Licht verborgen"[1]. Zu dieser Charakterisierung regte den Dominikaner und Historiker eine Bemerkung Henri-Dominique Lacordaires OP an, der das Wirken des Dominikus mit dem seines Freundes Simon de Montfort verglichen hatte. Lacordaire, der im 19. Jahrhundert den Orden in Frankreich wiederbelebte, wollte das komplementäre Wesen der beiden Männer hervorheben:

> „Die Sonne der Geschichte strahlt auf Montforts Harnisch und erhellt dort schöne, mit Schatten vermischte Taten; sie wirft kaum einen Strahl auf das Pluviale des Dominikus, jedoch so rein und so heilig, dass sogar sein bisschen Glanz ein strahlendes Zeugnis ist. Das Licht fehlt, weil der Mann Gottes sich von Lärm und Blut zurückgezogen hat, weil er seiner Sendung treu ist, er hat seinen Mund allein zum Segnen geöffnet, sein Herz allein zum Gebet, seine Hand allein für den Dienst der Liebe, und die Tugend, wenn sie ganz allein ist, ihre Sonne allein in Gott hat."[2]

---

1 Guy-Thomas Bedouelle, *Dominique ou la grâce de la parole* [Fayard, [1]1982], Paris, Éd. du Cerf, [2]2015, S. 76.
2 Henri-Dominique Lacordaire, *Vie de saint Dominique*, Paris, Éd. du Cerf, 1989, Kapitel VI, S. 118.

Von Dominikus gibt es keine *Bekenntnisse* wie die des hl. Augustinus, keinen Gründertext ähnlich der *Regel* des hl. Benedikt, keine eindrucksvolle Bekehrung wie die des hl. Franziskus von Assisi, keine mystische Erfahrung, wie sie der hl. Ignatius von Loyola erlebte. Keine Predigt des „Vaters der Prediger[brüder]" ist bekannt. Drei kümmerliche, kurze, durch spätere Abschriften überlieferte Briefe bilden sein schriftliches Werk. Nichts davon lässt seine Gefühlswelt erahnen. Daher muss man sein Portrait indirekt anhand der Quellen des 13. Jahrhunderts nachzeichnen.[3] Die Chroniken zu seinen Lebzeiten erwähnen ihn manchmal beiläufig: die *Historia albigensis* des Pierre des Vaux-de-Cernay[4] oder die *Chronica* des Wilhelm von Puylaurens[5]. Außerdem gibt es in den Registern der Inquisition, die in Toulouse in den Jahren 1245 bis 1246 stattfand, einige Spuren. Sie enthalten eine Liste mit Zeugen, die von Dominikus 30 Jahre vor der Einrichtung der Inquisitionsgerichte rekonziliert wurden. Darüber hinaus kann man auf diplomatische und juristische Quellen zurückgreifen: die Dokumente der Kanzlei sowie die Bullen, die die rechtliche Grundlage für die Ordensgründung bilden. All das

---

3 In spanischer Sprache sei auf die Publikation von Vito Tomás Gómez Garcia *Santo Domingo de Guzmán. Escritos de sus contemporáneos*, Prólogo José A. Martinez Puche, Madrid, Edibesa, 2011 verwiesen. In französischer Sprache sei das jüngst veröffentlichte Quellenverzeichnis mit einer umfassenden Bibliographie in dem Hauptwerk *Saint Dominique de l'ordre des frères prêcheurs. Témoignages écrits fin XIIe–XIVe siècle*, textes traduits, annotés et présentés par Nicole Bériou und Bernard Hodel avec la colloboration de Gisèle Besson, Paris, Éd. du Cerf, 2019 genannt.
4 *Hystoria Albigensis*, Pascal Guébin et Ernest Lyon (Hg.), Paris, Librairie ancienne Honoré Champion, 3 Bde., 1926–1939.
5 Guillaume de Puylaurens, *Chronique. Chronica magistri Guillelmi de Podio Laurentii*, texte édité, traduit et annoté par Jean Duvernoy, Paris, Éd. du CNRS, 1976.

gibt aber recht wenig vom Geheimnis eines menschlichen Lebens preis.

Die Dominikaner verfassten selbst Quellen, aber mehr als auf Dominikus konzentrierten sie sich dabei auf sein Werk, auf seinen Orden. Das Büchlein *Von den Anfängen des Predigerordens* oder *Libellus* des Jordan von Sachsen (um 1185–1237) ist die erste Quelle, die über sein Leben informiert, und wurde von seinem ersten Nachfolger, der ihn nur einige Monate persönlich gekannt hatte, verfasst.[6] Die ersten *Konstitutionen*, die Akten der Generalkapitel aus den Jahren 1220 und 1221, die uns in späteren Kopien vorliegen, berichten ebenfalls etwas über Dominikus, setzen aber den Menschen mit seinem Projekt in Verbindung.[7] Auch die Akten des Heiligsprechungsprozesses aus dem Jahr 1223 und die für die Messe des Heiligen verfassten Lesungen stehen im Verdacht, den „heiligen Dominikus" so darstellen zu wollen, wie die Brüder ihn sich erträumten, statt des wirklichen Dominikus, der für sich und die Menschen mitten im Auf und Ab seiner Zeit den Weg zum Königreich suchte ... Die *Récits de sœur Cécile* belegen, dass die Nonnen am Gedenken an Dominikus teilhatten: Die Gebetsweisen des hl. Dominikus

---

6 Heribert Christian Scheeben, *Libellus de principiis Ordinis Praedicatorum*, MOPH 16, Romae, Apud Institutum Historicum, 1935. Siehe auch Jourdain de Saxe, *Libellus des commencements de l'Ordre*, trad. française de Marie-Humbert Vicaire, in *Saint Dominique de Caleruega d'après les documents du XIIIe siècle*, Paris, Éd. du Cerf, 1955.

7 Antonin H. Thomas, *De oudste Constituties van de Dominicanen*, Louvain 1965. Sowie *Acta capitulorum generalium ordinis Praedicatorum*, Benedictus Maria Reichert (Hg.), Bd. 1: *Ab anno 1220 usque ad annum 1303*, Rom – Stuttgart, in domo generalitia – Ex typographia polyglotta S.C. de Propaganda fide – Apud Josephum Roth, 1898.

werfen ein Licht auf sein mystisches Leben; anekdotische und erbauliche Erzählungen lassen Züge seines Charakters und die Spiritualität des Heiligen durchscheinen. In all diesen Texten werden jedoch die biographischen Elemente in literarische Gattungen eingeflochten, deren Regeln Dominikus von den Fragen zu entfernen scheinen, die sich der moderne Leser stellt. Auch wenn diese Dokumente uns etwas über seine tiefe Frömmigkeit mitteilen, werden sie nicht den Ansprüchen der modernen Kritik an eine Lebensbeschreibung gerecht. Die dominikanische Geschichtsschreibung neigte seit ihren Anfängen dazu, sich an dem franziskanischen Modell zu orientieren, das jedoch nicht dem eigenen entsprach, nämlich an dem eines einzigen und charismatischen Vordenkers, dem alle Eingebungen und alle Entscheidungen für die Gründung obliegen. Nun ist aber der hl. Dominikus nicht der hl. Franziskus; Fanjeaux ist nicht Assisi. Verlässt Dominikus einmal einen Ort, kehrt er nicht mehr dorthin zurück, es sei denn *en passant*. Sein Platz in der Welt ist an den von der Kirche anvertrauten Dienst gebunden: die Predigt.

Aufgrund dieser Schwierigkeiten befasste sich keine kritische Biographie vor der zweiten Hälfte des 20. Jahrhunderts mit dem hl. Dominikus. Das Verdienst kommt Pater Marie-Humbert Vicaire zu, dessen Werk erst 1957 veröffentlicht wurde.[8] Die *Geschichte des heiligen Dominikus* ist in 60 Jahren abgeändert, korrigiert und in einigen Punkten von anderen Fachleuten er-

---

8 Dem Werk Vicaires ging eine Reihe von Studien und kritischen Quellenausgaben zur dominikanischen Geschichte voraus, was insbesondere den ersten Mitgliedern des *Institutum Historicum Ordinis Praedicatorum* (Angelus Walz, Antoine Dondaine, Marie-Hyacinthe Laurent, Vladimír Koudelka etc.), aber auch den Ordensleuten, die mit ihnen zusammenarbeiteten (Innocenzo Taurisano u. a.) zu verdanken ist. Es darf nicht vergessen werden, dass Marie-Humbert Vicaire ein Schüler des Dominikaners Pierre Mandonnet war.

weitert worden.⁹ Der englische Dominikaner Simon Tugwell nimmt dabei einen besonderen Rang unter den Forschern ein, da er grundlegende Beiträge zum Leben des hl. Dominikus leistete und kritische Editionen einiger mittelalterlicher Quellen, unter ihnen die wichtigsten, erstellte.¹⁰ Er nutzte die Philologie, Textkritik und Geschichte der Texte, um einige Aussagen Pater Vicaires fruchtbringend zu diskutieren. Der italienische Historiker Luigi Canetti verfasste außerdem Arbeiten von größter Bedeutung zur Entstehung und Entwicklung der hagiographischen Darstellung des hl. Dominikus. Er erforschte eingehend die Verehrung des „heiligen Gründers" innerhalb des Ordens in dem Jahrhundert, als die dominikanische Identität entstand.¹¹ Schließlich liefert der kürzlich von Nicole Bériou und Paul-Bernard Hodel herausgegebene Band *Saint Dominique de l'ordre des frères prêcheurs* der französischsprachigen Leserschaft eine

---

9 Marie-Humbert Vicaire, *Dominique et ses Prêcheurs*, Fribourg, Éd. Universitaires – Paris, Éd. du Cerf, 1977. Die Reihe der *Cahiers de Fanjeaux* entstand zusammen mit den Akten eines Kolloquiums, das 1965 in der Heimat des Ordens, im Lauragais, auf Initiative von Vicaire und des Kanonikers Delaruelle organisiert wurde. Im folgenden Jahr wurde *Saint Dominique en Languedoc* in den *Cahiers de Fanjeaux* 1, Toulouse, Privat, 1966 veröffentlicht. Die Charakteristika der Reihe wurden beim Erscheinen des ersten Bandes festgelegt. Der Erfolg des Projekts ist in den 55 Jahren seines Bestehens unangefochten.
10 Unter den Artikeln von Simon Tugwell seien insbesondere „Notes on the Life of St Dominic", *AFP* 65 (1995), S. 5–169; 66 (1996), S. 6–200; 67 (1997), S. 28–59; 68 (1998), S. 5–116; 73 (2003), S. 5–141 genannt. Siehe auch „For whom was Prouille founded?", *AFP* 74 (2004), S. 5–125. Die Ausgaben betreffen vor allem die Texte von Petrus Calo, Petrus Ferrandi, Jordan von Sachsen, Humbert von Romans, Cecilia etc.
11 Luigi Canetti, *L'invenzione della memoria. Il culto e l'immagine di Domenico nella storia dei primi frati Predicatori*, Spoleto, Centro italiano di Studi sull'alto Medioevo, 1996.

französische Übersetzung der Quellen zur Geschichte des hl. Dominikus, die mit Einleitungen und zahlreichen Anmerkungen versehen ist, aber auch eine biographische Überarbeitung enthält, die den jüngsten historiographischen Neuerungen Rechnung trägt.[12] Die Werke dieser Historiker und aller, die zur Wiederbelebung kritischer Studien über den hl. Dominikus und die Zeit der Ordensgründung beigetragen haben, führten zu dem hagiographischen Profil, das wir hier vorstellen.

Dominikus und seine spanischen Wurzeln (nach 1170–1203)

Dominikus kam in Kastilien in dem kleinen Dorf Caleruega zur Welt, das nicht weit von der berühmten Benediktinerabtei *Santo Domingo de Silos* liegt. Sie wurde von einem anderen hl. Dominikus gegründet, dem der zukünftige Gründer des Predigerordens sicher seinen Namen verdankt. Seine Eltern heirateten im Jahr 1170.[13] „Sein Vater hieß Felix, seine Mutter Johanna", wie der spanische Hagiograph Petrus Ferrandi[14] berichtet. „Sein Vater war ein ehrenwerter und begüterter Mann. Seine Mutter war eine ehrbare Frau, zurückhaltend, klug, sehr mitfühlend mit den Unglücklichen und Leidenden und erstrahlte unter allen Frauen der Gegend ob ihres ausgezeichneten Rufes", stellt Rodrigo de Cerrato, der

---

12 Es sei auch auf *Domenico di Caleruega e la nascita dell'ordine dei frati predicatori. Atti del 41° Convegno storico internazionale (Todi, 10.–12. Oktober 2004)*, „Atti Accademia Tudertina, NS 18", Fondazione CISAM, 2005 verwiesen. Außerdem sind die Arbeiten von Elio Montanari und Marco Rainini etc. zu erwähnen. Zum Kontext in Toulouse siehe *La bibliothèque des dominicains de Toulouse*, Émilie Nadal und Magali Vène (Hg.), Toulouse, Presses Universitaires du Midi, 2020.
13 Thierry d'Apolda, *Vie de saint Dominique*, 11; Bériou-Hodel, S. 996.
14 Pierre Ferrand, *Legenda sancti Dominici*, 4; Bériou-Hodel, S. 801.

schon früh vor Ort die Familienerinnerungen zusammentrug, außerdem fest.[15] Man weiß nicht viel mehr als das, was die Quellen aus dem 13. Jahrhundert berichten. Die spätere Geschichtsschreibung behauptet jedoch, dass die Eltern des Dominikus zwei illustren Familien, *ricos hombres*, nämlich den Aza und Guzmán, entstammten.[16] Die zeitgenössische Kritik bezweifelte das und widerrief sogar die berühmte Verwandtschaft, aber im spanischen Raum hielt man weiter daran fest, den Patriarchen der Predigerbrüder als Dominikus von Guzmán darzustellen. Seine Eltern waren außerdem mit der Aureole umgeben, im Ruf der Heiligkeit zu stehen, und 1828 wurde seine Mutter Johanna von Papst Gregor XIII. im Vertrauen darauf, dass das Fortbestehen ihrer Verehrung anerkannt werde, seliggesprochen.[17] Nach den uns vorliegenden Quellen gingen aus der Ehe mindestens drei Söhne und wahrscheinlich eine Tochter hervor.[18] Die Familie des Dominikus scheint ein frommes Umfeld geschaffen zu haben: Sein Bruder Mamès wurde Dominikaner, sein anderer Bruder, ebenfalls ein Priester, widmete sich in ihrem Dorf dem Dienst an den Armen, *nepotes*, Neffen und Cousins des Dominikus, traten ebenfalls in den Predigerorden ein.[19]

In der Legende des Petrus Ferrandi findet sich zum ersten Mal eine Erzählung, die lang in der dominikanischen Hagio-

---

15 Rodrigue de Cerrato, *Vita*, 2; Bériou-Hodel, S. 1043.
16 Anthony Lappin, „On the family and early years of St Dominic of Caleruega", *AFP* 67 (1997), S. 5–26; nach dem Verfasser war Felix, der von Rodrigo de Cerrato als „vir venerabilis et dives in proprio suo" bezeichnet wird, wahrscheinlich ein reicher „Bürger".
17 Innocenzo Venchi, *Catalogus hagiographicus Ordinis Praedicatorum*, editio altera, Postulatio generalis, Romae 2001, S. 161.
18 Zur Familie des hl. Dominikus siehe Bériou-Hodel, S. 1071, Anm. 1.
19 *Vitae Fratrum*, pars 2^a, 1; Bériou-Hodel, S. 1072.

graphie nachwirkte und eine bedeutende Rolle in der Ikonographie des Heiligen spielte. Noch bevor Johanna Dominikus empfing, hatte sie einen Traum: Gott zeigte ihr den Sohn, den sie gebären sollte, in der Gestalt eines jungen Hundes mit einer brennenden Fackel in seinem Maul, mit der er die Welt zu durchwandern gedachte.

> „Dadurch wurde verheißen, dass sie einen bedeutenden Prediger zur Welt brächte, der eine Fackel mit einem *flammenden Wort* trüge, mit der er voller Leidenschaft *die Liebe* entflammte, *die sehr* in den Herzen *erkaltete*, und durch das Gebell eifrigen Predigens Wolfsrudel abwehrte und die in den Sünden eingeschlafenen Seelen weckte, dass sie wachsam für die Tugenden seien. *Das bestätigte* auch *später der Ablauf der Ereignisse*, denn er tadelte in bewundernswerter Weise die Laster, bekämpfte die Häresien, ermahnte die Gläubigen mit sehr viel Aufmerksamkeit. Wahrhaft, *seine Worte brannten wie Fackeln*, denn er war *mit dem Geist und der Kraft des Elia* gekommen."[20]

Die Episode hat einen Vorläufer in der zisterziensischen Geschichte: Einen ähnlichen Traum von einem kleinen, weiß-roten Hund, der ohne Unterlass bellte, erlebte im 12. Jahrhundert Aleth von Montbard, die von dem zukünftigen Abt von Clairvaux, Bernhard von Clairvaux, ein Kind erwartete. Im 11. Jahrhundert legte der Mönch Robertus de Tumbalena in seinem *Kommentar zum Hohelied* dar, dass

> „die heiligen Prediger manchmal wegen der Ähnlichkeit Hunde genannt werden: Mit unermüdlichem Predigen, das wie lästiges Gebell ist, streben sie danach, welche

---

20 Pierre Ferrand, *Legenda sancti Dominici*, 3; Bériou-Hodel, S. 800.

Feinde auch immer, von der Schafherde abzuwehren. Diese Hunde fangen die Füchse für Christus; da sie ihren Anführer treu lieben, aus Liebe zu ihm tätig sind, Umwege benutzen, wenn sie die Häretiker einwickeln, führen sie sie aus den Gefängnissen der Schatten in das Licht der Wahrheit."[21]

Die Herde der Gläubigen vereint zu halten, diejenigen zur Wahrheit zu führen, die sich verirrt haben, den Weinberg des Herrn gemäß dem Bild aus dem *Hohelied* gegen die gierigen Füchse zu schützen, sind die Missionen, denen Dominikus sich verschrieb. Diese Bilder erklären die Herkunft des ikonographischen Motivs des Hundes, der ihm oft beigeordnet ist, sicher besser als das unwahrscheinliche Namenswortspiel: Die lateinischen Wörter *Domini canis* bedeuten nämlich wörtlich *Hund des Herrn*.[22]

Alfons VIII. herrschte in Kastilien. Nachdem er Cuenca von den Muslimen zurückerobert hatte, schloss er 1177 ein Abkommen mit dem König von Aragón, damit sie die zukünftigen Eroberungen in al-Andalus aufteilten. Die Niederlage von Alar-

---

21 *Hohelied* 2,15: „Fangt uns die Füchse, / die kleinen Füchse! Sie verwüsten die Weinberge, / unsre blühenden Weinberge" [Einheitsübersetzung]. Der Kommentar des Robertus de Tumbalena wurde von Migne unter dem Namen Gregors des Großen in *Patrologie latine*, Bd. 79, Sp. 500 C veröffentlicht.
22 Pierre Mandonnet, „Note de symbolique médiévale: Domini canes", *Revue de Fribourg* 8 (1912), S. 561–577; Nachdruck des Artikels in *Mémoire dominicaine* 29 (2012), S. 17–29. Der bedeutende Mediävist erinnert mit Nachdruck daran, dass in lateinischer Sprache *canus* nicht *canis* entspricht. Auch wenn es den Liebhabern von Wortspielen nicht gefällt, „*Dominicanus* erinnert nicht mehr an den Hund des Dominikus oder den Hund des Herrn als *Franciscanus*, der eine ähnliche Wortbildung aufweist und nicht an den Hund des hl. Franziskus erinnert".

cos im Jahr 1195 zwang den König jedoch zur Bescheidenheit. Die Errichtung des Almohadenreiches verlieh dem Islam in Spanien Einheit, Stärke und Schwung. Die mozarabischen Christen, die von den muslimischen Fürsten misshandelt wurden, suchten Zuflucht im Norden der iberischen Halbinsel. Es war nötig, erst den Sieg abzuwarten, den das christliche Bündnis der Königreiche von Navarra, Aragón, Kastilien und Portugal mit der Unterstützung von Rittergruppen aus dem ganzen Westen im Jahr 1212 bei Las Navas de Tolosa errang, um die entscheidende Wende zur *reconquista* gegen die Almohaden herbeizuführen und Kastilien die Pforte nach Andalusien zu öffnen.[23] In der Zwischenzeit war jedoch Wachsamkeit geboten: Im Dorf Caleruega konnte man von der Spitze des Wehrturms, des *torreón*, den Süden so weit überwachen, wie das Auge reichte. Die Verteidigung des christlichen Glaubens und der Schutz des Königreichs bildeten eine Einheit. Um sich der muslimischen Welt entgegenzustellen und die Zurückeroberung zu erlangen, stellten die Ordensleute in Kastilien Mönchsoldaten, die Ritter von Calatrava, die dem Orden der Zisterzienser angegliedert waren. In der Kindheit des Dominikus war das Klima folglich von ängstlichem Warten auf eine endgültige, politische und militärische Lösung bestimmt; an Stolz mangelte es jedoch nicht: Die Königreiche Spaniens besaßen ihre eigenen Gesetze, ernannten ihre Bischöfe und das

---

23 Die Schlacht bei Las Navas de Tolosa markiert das Ende einer Phase des „Heiligen Kriegs", der im 11. Jahrhundert begonnen hatte. Ein erster Feldzug fand 1064 statt; als das Bündnis im Jahr 1212 den Sieg errang, befand sich die iberische Halbinsel schon weitgehend in den Händen der Christen, und der Wiederaufbau der Kirche war sehr fortgeschritten. Siehe *Histoire du christianisme des origines à nos jours*, Jean-Marie Mayeur (Hg.), Tom. 5, *Apogée de la papauté et expansion de la chrétienté (1054–1274)*, sous la responsabilité de André Vauchez, Paris, Desclée, 1993, S. 281–284.

christliche Volk vergoss tapfer sein Blut, um sein Land zurückzuerobern.

Johanna und Felix weihten ihr Kind der kirchlichen Laufbahn; sie trennten sich daher von ihm, damit es „von diesem Amt durchdrungen"[24] werde. Soweit wir den historischen Quellen entnehmen können, widersetzte sich Dominikus niemals dieser Entscheidung, sondern trat im Gegenteil willentlich die Berufung an und machte sich vollkommen den Geist seiner Situation zu eigen, als er bei seinem Onkel, einem Priester, lebte. Jordan von Sachsen berichtet darüber: „Von früher Jugend an" „ließen ihn" seine Eltern und vor allem sein Onkel, der Erzpriester war, „[...] im kirchlichen Brauch erziehen: damit er, den sich Gott als zukünftiges Gefäß der Auserwählung ersehen hatte, schon im kindlichen Alter wie eine frische Tonschale den Wohlgeruch der Heiligkeit in sich aufnehme, den er auch später unverändert bewahren sollte"[25]. Danach wurde er nach Palencia geschickt, um die Freien Künste zu studieren, er absolvierte erst die Studiengänge des *Triviums* (Grammatik, Rhetorik, Dialektik) und dann des *Quadriviums* (Arithmetik, Geometrie, Astronomie, Musik).[26] Nach mehreren Jahren des Propädeutikums widmete der junge Kleriker sich schließlich vier Jahre den Bibelwissenschaften und setzte sich mit dem Bibeltext durch Lektüre, Medita-

---

24 Pierre Ferrand, *Legenda sancti Dominici*, 4; Bériou-Hodel, S. 801.
25 Jordan von Sachsen, *Libellus*, 5; Bériou-Hodel, S. 608.
26 Jordan von Sachsen, *Libellus*, 6; Bériou-Hodel, S. 608: „Bald darauf aber wurde er nach Palencia gesandt, damit er ausgebildet werde in den Freien Künsten, deren Studium zu jener Zeit dort blühte. Nachdem er sie seiner Meinung nach hinreichend erlernt hatte, gab er diese Studien auf, als ob er befürchtete, daß sie der Not der Zeit gegenüber zu wenig fruchtbar befunden würden. Er eilte zum Studium der Theologie und begann leidenschaftlich das Wort Gottes aufzunehmen, das *seinem Munde süßer* war *als Honig.*"

tion und Auswendiglernen auseinander. Jordan von Sachsen berichtet:

> „In diesen heiligen Studien [...], während welcher er so unablässig und begierig aus den Bächlein der Heiligen Schriften zu schöpfen trachtete, daß er im unermüdlichen Lernen die Nächte fast ohne Schlaf durchwachte und die Wahrheit, die er mit dem Ohre aufgenommen hatte, in der Tiefe seines Geistes verwahrte und fest im Gedächtnis behielt. [...]; Darin fand er die Seligkeit, von der die Wahrheit des Evangeliums spricht: Selig, die das Wort Gottes hören und es bewahren!"[27]

Später, so sagte man, kannte er das Evangelium nach dem hl. Matthäus und die Briefe des hl. Paulus auswendig. So berichtet es zum Beispiel Bruder Johannes von Spanien in seiner Zeugenaussage, die er während des Heiligsprechungsprozesses über Dominikus ablegte.[28] Damals bildeten die Schulen in Palencia, die auf Veranlassung Alfons VIII. gegründet worden waren, in Kastilien das Zentrum für Kirchenwissenschaften *par excellence*, sodass in der Stadt die erste Universität Spaniens gegründet wurde. Dominikus konnte daher mit Übersetzungen des Aristoteles arbeiten, die in Toledo ausgehend von Texten, die aus der arabischen Welt stammten, angefertigt und mit Kommentaren von Averroes versehen worden waren. Palencia war außerdem dem restlichen Europa zugänglich. „Dominikus begegnete gewiss Geistlichen, die aus Frankreich und Italien gekommen waren", stellt der Historiker Patrick Henriet fest, „und die Theologie, die er studierte, könnte bereits vielleicht von den Pariser Neuerungen beein-

---

27 Jordan von Sachsen, *Libellus*, 7; Bériou-Hodel, S. 609.
28 *Acta canonizationis*, Bologna, 29; Bériou-Hodel, S. 725.

flusst gewesen sein"[29]. Der junge Dominikus erhielt demnach eine anspruchsvolle und gründliche Ausbildung, die aus ihm einen Intellektuellen nach Art des Mittelalters machte.[30]

In Palencia trug sich ein Vorfall zu, der den Geist offenbarte, von dem der Theologiestudent beseelt war. Im Umfeld der Dominikaner erzählte man sich und illustrierte die Begebenheit seit dem 13. Jahrhundert, die emblematisch für die Nächstenliebe des Dominikus wurde. Die Episode ist gut dokumentiert. Jordan von Sachsen berichtet, wie eine schwere Hungersnot Spanien heimsuchte:

> „Da wurde [Dominikus] von der Not der Armen gerührt; und im glühenden Gefühl seines Mitleides beschloß er, durch *eine* Tat zugleich den Räten zu entsprechen und nach Möglichkeit die Not der sterbenden Armen zu lindern. Er verkaufte seine Bücher, die er ganz notwendig hatte, mit all seiner Habe und brachte so ein Almosen auf, das er verteilte und den Armen gab. Durch dieses fromme Beispiel rief er auch die Herzen der anderen Theologen und Magister auf, daß sie an der Freigebigkeit dieses Jünglings die eigene sparsame Trägheit erkannten und von da an reichlichere Almosen gaben."[31]

Bruder Stephan aus der Lombardei sagte während des Heiligsprechungsprozesses im Jahr 1233 aus, dass Dominikus erklärt habe: „Ich will nicht auf toter Haut studieren und dass

---

29 Patrick Henriet, „Dominique avant saint Dominique ou le contexte castillan", *Mémoire dominicaine* 21 (2007), S. 20–21.
30 *Ebd.*, S. 20–23. Die Ausbildung in Palencia „in einem sehr weltoffenen Zentrum" und die Aufnahme des Dominikus in das Kapitel von Osma, einer „prestigeträchtigen kirchlichen Institution" weisen auf eine brillante kirchliche Laufbahn hin.
31 Jordan von Sachsen, *Libellus*, 10; Bériou-Hodel, S. 611.

die Menschen an Hunger sterben."[32] Die Bedeutung einer solchen Geste ist nicht zu unterschätzen: Für einen Studenten bedeutete der Verkauf seiner Bücher und Pergamente, um den Erlös als Almosen zu spenden, dass er auf sich selbst und seine Karriere verzichtete, um das Leben seiner Nächsten zu retten. Die Legende des Petrus Ferrandi behauptete zudem, dass sich Dominikus in derselben Zeit als Sklave angeboten habe, um die Freiheit eines Mannes zurückzukaufen, der in die Hände der Sarazenen gefallen war.

> „Eine Frau war in der Tat gekommen, um bei ihm zu beklagen, dass ihr Bruder bei den Sarazenen gefangen gehalten werde. Er aber, der vom Geist der Frömmigkeit erfüllt und in seinem tiefsten Inneren von Mitgefühl berührt war, bot an, sich für den Rückkauf des Gefangenen zu verkaufen. Der Herr jedoch ließ es nicht zu, er hielt ihn für ergiebigere Früchte der Gerechtigkeit und für die Bekehrung sehr vieler Seelen zurück."[33]

Wie Dominikus sich verhielt und was er von seiner spirituellen Haltung nach außen trug, erregte die Aufmerksamkeit des Bischofs von Osma, Martin de Bazán. Nach der *reconquista* war der Bischofssitz von Petrus von Osma († 1109), dem heiligen Benediktiner und Prälaten französischer Herkunft oder aus dem Languedoc, wiederaufgebaut worden. Petrus verschrieb sich der großen Bewegung der Gregorianischen Reform. Er unternahm alle Anstrengungen, die Grenzen seiner Diözese gegen die konkurrierenden und angrenzenden Bistümer abzustecken, aber sie auch mit starken, kirchlichen

---

32 *Acta canonizazionis*, Bologna, 35. Zeugenaussage von Bruder Stephan aus der Lombardei: „Nolo studere super pelles mortuas, et homines moriantur fame"; Bériou-Hodel, S. 732.
33 Pierre Ferrand, *Legenda sancti Dominici*, 18; Bériou-Hodel, S. 817.

Einrichtungen auszustatten, wie es die Politik der Gregorianischen Reform vorsah, die seit einem Jahrhundert in der Kirche umgesetzt wurde. Es galt, das spanische Christentum zu stärken, wo doch die Muslime sehr nah waren und bedrohlich schienen. Petrus von Osma begann mit dem Bau der Kathedrale. Seine Nachfolger setzten die Bauarbeiten fort und auf die Fundamente der romanischen Kirche den gotischen Bau. Die Errichtung eines Chorherrenkapitels, das der Regel des hl. Augustinus unterstand, war ebenso Ausdruck dieses Erneuerungsgeistes. Die Kleriker, die zum gemeinschaftlichen Leben verpflichtet waren, mussten das Stundengebet in der Kathedralkirche beten, dem Bischof beratend zur Seite stehen und einen gewissen Anteil an den Obliegenheiten der Diözese übernehmen. Dominikus trat deshalb in das Kapitel der Regularkanoniker von Osma unter dem Priorat Diegos ein. Er fügte sich rasch ein und praktizierte beispielhaft das Ordensleben, das den Chorherren eigen ist. Dort nahm er eine Gewohnheit an, die er bis zu seinem Tod beibehalten sollte, nämlich den größten Teil der Nacht auf das persönliche Gebet zu verwenden. Wenn man Jordan von Sachsen Glauben schenken will, bat er Gott besonders darum:

> „er möge ihm gnädig eine wahre Liebe verleihen, die in der Sorge und Fürsorge für das Heil der Menschen wirksam sei. Er glaubte nämlich, erst dann in Wahrheit ein Glied Christi zu sein, wenn er sich nach Kräften ganz für die Rettung der Seelen hingebe, wie ja auch Jesus der Herr, der Heiland aller, sich ganz für unser Heil darbot."[34]

Jahrzehnte nach diesen Ereignissen führt Jordan von Sachsen in hagiographischem Stil aus:

---

34 Jordan von Sachsen, *Libellus*, 13; Bériou-Hodel, S. 613.

> „wie ein *Ölbaum sprossend und wie eine Zypresse in die Höhe strebend*, verweilte [Dominikus] oft bei Tag und Nacht in der Kirche, gab sich *ohne Unterlaß* dem Gebete hin. [...] erschien er nur selten außerhalb der Umfriedung des Klosters. Gott hatte ihm die besondere Gabe verliehen, zu weinen über die Sünder, über die Elenden, über die Bedrückten, deren Unglück er im innersten Heiligtum seines mitleidigen Herzens trug, wobei das brennende Mitgefühl in seinem Innern nach außen hervorbrach durch das Tor der Augen."[35]

Der Autor des *Libellus* fügt ein wichtiges Detail zur religiösen und spirituellen Bildung des jungen Chorherrn hinzu: Als Leser des hl. Johannes Cassianus schöpfte er aus den patristischen Quellen des Klosterlebens.

> „Ein Buch, das den Titel trägt *Collationes patrum* [Sammlung von Vätertexten], worin über die Fehler und über allerlei Fragen der geistlichen Vollkommenheit gehandelt wird; dieses Buch [...] las er und liebte es, die Wege des Heils darin zu erforschen, die er mit ganzer Kraft seiner Seele nachzugehen strebte. Dieses Buch führte ihn mit Hilfe der Gnade zu einer erhabenen Reinheit des Gewissens, zu viel Erleuchtung im beschaulichen Leben, zu einem hohen Gipfel der Vollkommenheit empor."[36]

Die Bewegung in Richtung Gott basierte auf einem soliden, gemeinschaftlichen Leben, das ohne Heuchelei gelebt wurde. In Übereinstimmung mit der Regel war er, was all seine Bedürfnisse betraf, von der Gemeinschaft abhängig und besaß keine persönlichen Besitztümer; er aß im gemeinschaftlichen

---

35 Jordan von Sachsen, *Libellus*, 12; Bériou-Hodel, S. 612–613.
36 Jordan von Sachsen, *Libellus*, 13, Bériou-Hodel, S. 613.

Refektorium und teilte den Schlafsaal mit den anderen Chorherren. Dominikus antwortete so gut auf seine Berufung, dass er im Jahr 1201 zum Subprior des Kapitels ernannt wurde. Im selben Jahr starb Bischof Martin; Diego, der damals Prior des Kapitels war, wurde dazu bestimmt, ihm auf dem Bischofssitz von Osma nachzufolgen.[37]

Unterwegs auf den Straßen in Europa (1203–1215)

Bevor er sich der Person des „ehrwürdigen Dieners Christi Meister Dominikus" widmet, zieht Jordan von Sachsen die Aufmerksamkeit seines Lesers auf Bischof Diego von Osma. Bei dessen Wirken konzentriert er sich auf seinen Eifer für die Kirchenreform und die Strenge seines persönlichen Lebens, wobei er ihn als eine heilige Persönlichkeit darstellt.

> „In Spanien lebte ein Mann von ehrwürdigem Wandel namens *Diego*, Bischof von Osma. Er war ausgezeichnet durch Kenntnis der Heiligen Schriften und vor der Welt ehrenwert durch den Adel der Geburt, mehr noch aber durch hervorragende Sittenreinheit. Seine ganze Liebe war so sehr auf Gott gerichtet, daß er in Selbstverleugnung nur mehr bedacht war *auf das, was Christi ist*, und mit Geist und Sinn vorzüglich danach *trachtete*, wie er viele Seelen gewinnen könne, und so das ihm anvertraute Talent mit reichen Zinsen seinem Herrn zurückerstatte. So war er besorgt, sich überall umzusehen nach lobenswerten Männern von ehrbarem Lebenswandel und guten Sitten, um sie – soweit er es vermochte – an sich zu ziehen und der Kirche, der er vorstand, anzustellen. Diejenigen aber von seinen Untergebenen, die im Streben nach

---

37 *Monumenta diplomatica*, Anm. 2.

Heiligkeit träge und mehr zur Welt geneigt waren, hat er mit Worten beredet, durch sein Beispiel aufgefordert, eine bessere und frommere Lebensführung anzunehmen. So geschah es, daß er sich Mühe gab, seine Kanoniker durch häufige Ermahnungen und ständige Aufforderung dahin zu bereden: sie möchten sich einverstanden erklären als regulierte Kanoniker unter der Regel des heiligen Augustinus zu leben. Er tat dies mit solcher Eindringlichkeit, daß er sie – trotzdem einige von ihnen widersprachen – seinem Wunsch geneigt machte."[38]

Der Ruf, ein solcher Mann zu sein, entstand am Hof von Kastilien, wo er ebenfalls tätig war. Er war mit Dominikus befreundet und fand in ihm den Geistlichen, der ihn wirksam zu unterstützen vermochte. Es bot sich bald die Gelegenheit zu einer engeren Zusammenarbeit. Am Ende des Jahres 1203 nämlich entsandte Alfons VIII. Diego eiligst nach Nordeuropa, um die Heirat seines Sohnes Ferdinand mit einer jungen Adeligen aus diesen Ländern auszuhandeln.[39] Dominikus war Mitglied der Delegation. Mit dreißig Jahren verließ er sicher zum ersten Mal Kastilien. Die Reise versprach, lang und abenteuerlich zu werden, weil sie durch Länder führte, die den kastilischen Klerikern unbekannt waren. Die Gruppe überwand die Pyrenäen und entdeckte das Languedoc. Die Region, die sich von Toulouse nach Saint-Gilles du Gard am rechten Ufer der Rhône erstreckt, bildete keine politisch homogene Einheit. Die Länder unterstanden im Wesentlichen dem Grafen von Toulouse, dem König von Aragón und ihren Vasallen, zu denen vor allem der Vicomte von Albi, Béziers und Carcassonne zählte. Der mächtige König von Frankreich,

---

38 Jordan von Sachsen, *Libellus*, 4; Bériou-Hodel, S. 607–608.
39 Jordan von Sachsen, *Libellus*, 14; Bériou-Hodel, S. 614.

Philipp [II.] August war zwar noch fern, konnte aber nicht ablassen, nach den großflächigen und reichen Gebieten zu streben.

Der Wunsch nach einem Leben, das auf der Armut und dem Vorbild des Evangeliums gründete, kam in der westlichen Gesellschaft am Ende des 12. Jahrhunderts stark zum Ausdruck. Einige eifrige Christen nahmen für sich die Möglichkeit in Anspruch, als Einzelperson ein Leben in Armut *secundum formam sancti Evangelii* zu führen, indem sie den Evangelischen Räten folgten. Sie erwarteten eine solche Haltung auch von der Kirche und den Geistlichen, die als zu reich und zu mächtig sowie in ihren Worten und in ihrer Lebensführung als widersprüchlich beurteilt wurden. Diese Bewegung war von neuen Bestrebungen gebildeter Laien begleitet: die Verbreitung des Wortes Gottes, ein Leben, das vom Evangelium geformt, aber außerhalb der traditionellen Ordensgemeinschaften geführt wird. Nun hatte aber die ein Jahrhundert zuvor von Gregor VII. geförderte Reform den unterschiedlichen Lebensstil von Klerikern und Laien verstärkt, damit erstere dazu gebracht würden, ein ihrem Stand angemesseneres Leben zu führen. Einige Laiengruppen waren hierhergekommen, um die Unabhängigkeit im Verhältnis zum Klerus zu erwirken. Wie andere Regionen in Europa war das Languedoc daher um das Jahr 1200 mit religiösen Gruppen übersät, die sich am Rand der katholischen Orthodoxie befanden. Mit dem Historiker Jean-Louis Biget bezeichnet man sie heute als Dissidenten.[40] In der Tat handelt es sich im Wesentlichen viel mehr um innere Abweichungen als um religiöse Irrlehren unnachgiebiger Theologen auf dem Weg zur Ausgrenzung. Über die Dissidenten, die ihre Anhänger

---

40 Jean-Louis Biget, *Hérésie et inquisition dans le Midi de la France*, Paris, Picard, 2007, S. 14–16.

manchmal in die Häresie führten, kann man nur schwer genaue Kenntnisse erlangen. Die Texte ihrer Gegner sprechen reichlich über sie, aber es ist abenteuerlich, ausschließlich ausgehend von den gegen sie gerichteten Kampfschriften einen häretischen Traktat zu rekonstruieren. Zwei große Bewegungen brechen jedoch aus dem Nebel hervor: die Waldenser und die „Guten Menschen". Die waldensische Bewegung, die von einem frommen Kaufmann aus Lyon, Waldes, gegründet wurde, forderte radikale Armut und Wanderpredigt für Laien. Laut der Streitschriften, die den katholischen Standpunkt darlegen, zeichnen sich die Waldenser durch ihren Ungehorsam gegenüber den Klerikern aus und behaupten, es sei besser, Gott zu gehorchen als den Menschen, und erkennen keinerlei Hierarchie an. Sie lehnen die Notwendigkeit jeglichen Kultes ab und verneinen wegen der Allgegenwart Gottes den Nutzen der Kirchen. Die Dogmen der Menschwerdung und Erlösung erkennen sie jedoch an, sodass Pierre des Vaux-de-Cernay sie weniger gefährlich als die *Guten Menschen* einschätzte.[41] Diese erste Bewegung war in Südfrankreich präsent, aber unauffällig. Man ist besser über die „Guten Menschen" informiert, die in den Augen ihrer Gegner eine Art Alternativkirche bildeten.[42] Der Name tauchte zum ersten Mal im Jahr 1165 in der Gegend von Albi auf; daher wurden sie spöttisch mit dem Namen „Albigenser" belegt. Seit dem 19. Jahrhundert benutzte man häufig, allerdings zu Unrecht, den Begriff „Katharer". Der Katharismus bezeichnet eine Häresie, die im 12. Jahrhundert an den Rheinufern bekämpft wurde und von ihrem erbittertsten Gegner, Eckbert, dem Benediktinerabt von Schönau, als Dualismus definiert wurde. Das Wort fehlt

---

41 *Ders.*, „Situation religieuse du Languedoc en 1206", *Mémoire dominicaine* 21 (2007), S. 46–47.
42 *Ebd.*, S. 41–45.

Eine Lebensbeschreibung des hl. Dominikus

in den meridionalen Quellen aus der Zeit des Dominikus; man muss daher seine Verwendung ablehnen, die mehr auf Dilettantismus und Phantasie als auf der mittelalterlichen Geschichte gründet.[43]

Nach Ansicht ihrer katholischen Gegner, zu denen zum Beispiel der Chronist Pierre des Vaux-de-Cernay[44] zählte und nach 1212 schrieb, glaubten die *Guten Menschen* an zwei Prinzipien: an den guten Gott (*benignus Deus*), den Schöpfer der himmlischen Welt, und an den bösen Gott (*malignus Deus*), den Teufel, den Schöpfer des sichtbaren, unvollkommenen und verdorbenen Universums. Sie behaupteten, zwischen den beiden Schöpfungen sei keine Kommunikation möglich. Die Menschheit bestehe nämlich aus abtrünnigen Engeln, die zur Bestrafung auf die Erde gestürzt worden seien. Christus sei nicht menschgeworden, sondern habe eine menschliche Erscheinung angenommen (das ist die alte, christliche Häresie des Doketismus), um die Geister dank einer Reihe reinigender Reinkarnationen in die himmlische Welt zurückzubringen. Die römische Kirche unterstehe der Macht des Teufels; ihre Kultorte, ihre Bilder und ihre Glocken förderten den Götzendienst; die Sakramente seien nutzlos,

---

43 *Ebd.*, S. 42: „Die Begriffe ‚Katharer' und ‚Katharismus', die im Allgemeinen erst seit dem Erscheinen der Publikation von Arno Borst [*Die Katharer*, „Schriften der Monumenta Germaniae Historica, 12"*,* Stuttgart 1953] verwandt werden, um die Anhänger und die Religion der Dissidenten im Languedoc zu bezeichnen, scheinen daher der Richtigkeit zu entbehren, denn sie verleiten zu einer Vereinheitlichung und Universalität, die den Tatsachen widersprechen."

44 Henri Maisonneuve, „Pierre des Vaux-de-Cernay", *Catholicisme. Hier – Aujourd'hui – Demain*, Tom. 11, Paris, Letouzey et Ané, 1988, Sp. 398–399. Seine *Hystoria* endet im Jahr 1218 zur Zeit der Belagerung von Toulouse, bei der Simon de Montfort starb. Im Anschluss verlieren sich seine Spuren.

besonders die Ehe, die das Fleisch sündig bleiben lasse. Das Leben der *Guten Menschen* war allein vom Evangelium geleitet, mit Ausnahme des Alten Testaments (auch das ist eine alte Häresie, der Markionismus).[45] Im Laufe des grundlegenden Rituals, das von den Albigensern entwickelt worden war, legte ein „guter Mensch" während des *consolamentum*, der Taufe im Heiligen Geist [Geisttaufe], das Evangeliar auf das Haupt des erwachsenen Gläubigen, was auf der Stelle dazu verpflichtete, ein Leben der Vollkommenheit zu führen. Das *consolamentum* wurde am Ende einer Art „Noviziat" gespendet. Jean Duvernoy betont:

> „Das Erfülltwerden vom Heiligen Geist durch das Auflegen der Hände, die Taufe des Paulus, Taufe mit „Feuer und Heiligem Geist" bewirkt, im Gegensatz zu der Wassertaufe von Johannes dem Täufer, die Ankunft des „Trösters", des von Christus an Pfingsten versprochenen Paraklets, daher sein Name *consolamentum*, Tröstung, d. h. Paraklese."[46]

Die „Getrösteten" oder „Vollkommenen" waren anschließend zu einem asketischen Leben, in dem keinerlei Verfehlungen erlaubt waren, verpflichtet. Die Verbote waren zahlreich und streng: keine Lügen oder Schwüre, Verbot jeglicher fleischlicher Nahrung, aber auch des Verzehrs von Eiern, absolute sexuelle Enthaltsamkeit, auch für Verheiratete. Die Verpflichtungen äh-

---

45 Jean-Louis Biget, *Hérésie et inquisition dans le Midi de la* France, S. 42–45. Der Verfasser bietet eine zusammenfassende Darstellung der Religion der *Guten Menschen* und stützt sich dabei auf die Streitschriften von Alain de Lille, Bernard de Foncaude, Ermengaud, Raoul de Fontfroide und den *Liber antiheresis*, der von dem Dominikaner Antoine Dondaines herausgegeben wurde.
46 Jean Duvernoy, *Le catharisme: la religion des cathares*, Toulouse, Privat, 1976, S. 151.

nelten wahren Gelübden. Die Bedingungen konnten gemäß den Ritualen, die uns überliefert sind, variieren, aber sie zeichnen ein und denselben Weg moralischen Anspruchs und die Sorge um doktrinale Reinheit auf.[47] Um die Gebote auf noch radikalere Weise zu erfüllen, versammelten sich die „Vollkommenen" in kleinen, mystischen Gemeinschaften. Einige „Vollkommene" durchquerten das Languedoc, um denjenigen, die darum baten, das *consolamentum* zu spenden. Die Zeremonie erforderte nämlich die Anwesenheit eines die Ordination spendenden Priesters, der dem neuen Vollkommenen die Hände auflegte und ihm das Vaterunser übergab. In seiner Abhandlung über „die Religion der Katharer" unterstreicht der Historiker Jean Duvernoy, dass die zeitgenössischen Katholiken, die die Häresie der *Guten Menschen* denunzierten, „die Ablehnung der Kindertaufe mit Wasser stets in den Vordergrund stellten." Diese als besonders skandalös empfundene Ablehnung unterschied die Dissidenz von anderen geistlichen Familien, die die Evangelisierung und das apostolische Leben anstrebten, aber das Fundament des christlichen Lebens, nämlich das Taufsakrament, respektierten.[48]

Der Erfolg der „Guten Menschen" ist nachvollziehbar: Die Bewegung schenkte den Laien viel Unabhängigkeit, auch wenn es eine Art Klerus geben konnte; sie vereinten das Vorbild mit dem Wort und nahmen es anscheinend mit dem Evangelium nicht so genau. Die Forschungen von Jean-Louis Biget erlauben die Feststellung, dass die Dissidenz im Languedoc hauptsächlich den gesellschaftlichen Eliten zuzuordnen ist: dem niederen Ritteradel in den ländlichen Städtchen, Kaufleuten und Bürgern in den Städten ...[49] Einigen

---

47 *Ebd.*, S. 143–170.
48 *Ebd.*, S. 151.
49 Jean-Louis Biget, *Hérésie et inquisition dans le Midi de la France*, S. 96–100.

Vorrechten des Klerus hatte tatsächlich die letzte Stunde geschlagen; andere Bevölkerungsgruppen waren nämlich des Lesens und der lateinischen Sprache mächtig. Sie wünschten für den religiösen Bereich dieselbe Unabhängigkeit, die sie auf politischem Gebiet gewinnen wollten, und forderten eine weniger rituelle und stärker verinnerlichte Religion. Die wahrnehmbaren Elemente, die Bräuche, denen ein Großteil der Bevölkerung verbunden war, wurden daher abgelehnt. Die neuen Eliten missachteten die Liturgie oder stellten sie, die Verehrung heiliger Bilder und der Heiligen und das sakramentale Leben hintenan … Die Dissidenz der „Guten Menschen" musste daher quantitativ gesehen eine Randerscheinung bleiben; die Mehrheit der Bevölkerung blieb der Kirche treu. In der Stadt Béziers, über die ein Chronist im Jahr 1209 schrieb, sie sei „vollkommen mit dem Gift der Häresie verpestet", folgten der Religion der „Guten Menschen" nicht mehr als zehn Prozent der Bevölkerung. Anderswo lag der Prozentsatz gewiss bei nicht mehr als fünf Prozent der Bevölkerung des Languedoc.[50]

Geistliche hatten in einem durch die Streitigkeiten zwischen dem Papst und dem Kaiser zusätzlich aufgestachelten Klima, einer Zeit des Wandels in der feudalen Gesellschaft, in einer Weltuntergangsstimmung allen Grund, sich wegen solcher Dissidenzen und der Formierung einiger Gruppen, die häretischen Ideen folgten, zu sorgen. Die Lehre des Paulus wusste ihre Befürchtungen zu bestätigen:

> „Der Geist aber sagt ausdrücklich: In späteren Zeiten werden manche vom Glauben abfallen; sie werden sich betrügerischen Geistern und den Lehren von Dämonen zuwenden, getäuscht von heuchlerischen Lügnern, deren

---

50 *Ebd.*, S. 130.

Gewissen gebrandmarkt ist. Sie verbieten die Heirat und fordern den Verzicht auf bestimmte Speisen." (1 Tim 4,1–3)

Wie Nicole Bériou und Bernard Hodel feststellen, waren die Lehren des im Jahr 1202 verstorbenen kalabrischen Abtes Joachim von Fiore (Joachim de Flore) den eschatologischen Vorstellungen des 13. Jahrhunderts förderlich und ebneten den Weg für neue Formen der Predigt in der Kirche. In seiner *Expositio in Apocalypsim [Erklärung zum Buch der Offenbarung]* erkennt Joachim von Fiore in dem Engel, der die sechste Posaune bläst, die Figur der „‚Prediger der Wahrheit', die sich im sechsten Zeitalter der Heilsgeschichte den Dienern des Antichristen entgegenstellen werden"[51]. Die Kleriker, die für die Einheit der Kirche empfänglich waren, beunruhigten sich wegen der Verbreitung dieser Äußerungen und waren wegen der Spannungen besorgt, die einige Dissidentengruppen auslösten, die über eine hierarchische Struktur und ein umfangreicheres Corpus zur Doktrin verfügten. Es oblag dem Papst oder den Bischöfen, die Probleme mit der Häresie oder der als Häresie eingestuften Dissidenz zu lösen. Aber letztere waren schwach: Aus Blutsverwandtschaft, Freundschaft oder Interesse an denen, die sich auf die Wege der Heterodoxie wagten, waren ihnen die Hände gebunden.[52] In der Dekretale *Vergentis in senium* aus dem Jahr 1199 stellte Papst Innozenz III. jedoch die Häresie als Verbrechen der Majestätsbeleidigung Gottes dar, „denn es ist viel schwerwiegender, die ewige Majestät als die weltliche Majestät zu beleidi-

---

51 Bériou-Hodel, S. 272.
52 Jean-Louis Biget, *Hérésie et inquisition dans le Midi de la France*, S. 176. Zu diesem Thema siehe auch die jüngste These von Pierre-Marie Berthe, *Les dissensions ecclésiales, un défi pour l'Église catholique. Histoire et actualité*, Paris, Éd. du Cerf, 2019, S. 250–261.

gen"⁵³. Er forderte, dass die irdische Strafe korrigiere, was die spirituelle Disziplin nicht zu bestrafen vermöge: dass man das Vermögen der Ketzer konfisziere, bis sie ihren Irrtum einsähen. Die strafrechtliche Lösung war jedoch der Kirchenkrise nicht gewachsen.

Als Dominikus die Pyrenäen überquerte, entdeckte er die Häresie der Albigenser. Nun wurden aber der Prälat und sein Gefolge in Toulouse von einem Ketzer beherbergt. Wie Jordan von Sachsen berichtet, „verhandelte" Dominikus „mit dem irrgläubigen Wirt des Hauses in einer langen und überzeugenden Unterredung voll Kraft und Glut." Die Auseinandersetzung endete erfolgreich: „Bis der Häretiker der Weisheit und dem Geist, der zu ihm sprach, nicht länger widerstehen konnte."⁵⁴ Bei dieser Gelegenheit setzte der Chorherr alle intellektuellen Fähigkeiten, über die er verfügte, ein: Er stritt und argumentierte wie in den Schulen von Palencia. Er verstand zweifellos auch, dass die Gläubigen vom Klerus eine herausragende Heiligkeit erwarteten und aus Enttäuschung die meisten von ihnen den ketzerischen Predigern positiv aufgeschlossen waren. Ihre Legitimität beruhte in erster Linie auf der Akzeptanz ihrer Lebensweise in der Bevölkerung.

Bischof Diego und sein Begleiter hatten eine Mission zu erfüllen und einen langen Weg zurückzulegen. Eine königliche Hochzeit von hoher politischer Bedeutung zu einem guten Ende zu führen, war schließlich keine Kleinigkeit. In welches Königreich begaben sich Diego und Dominikus? Es ist schwierig, das genau zu sagen. Jordan spricht von den Mar-

---

53 Innozenz III., Bulle *Vergentis in senium* (25. März 1199), zitiert in Marie Bassano, „Normativer l'anormal: l'esprit juridique des sommes anti-Vaudois de la fin du XIIe siècle", *Revue de l'histoire des religions* 228 (2011), S. 549.
54 Jordan von Sachsen, *Libellus*, 15; Bériou-Hodel, S. 614–615.

ken. Dieser Begriff bezeichnet gewöhnlich eine Grenzregion. Gerhard von Frachet erwähnt als erster die Mark *Daciae*, die einige als Dänemark deuteten, aber das bleibt ein Rätsel.[55] Über ihren Reiseweg ebenso wie über ihre Unternehmungen ist nichts bekannt, außer dass sie nach mittelalterlichem Brauch mit einem Heiratsversprechen zu Alfons VIII. nach Spanien zurückkehrten. Für die endgültige Schließung des Ehebundes war es erforderlich, sich erneut zur Familie der Braut zu begeben und diese zu Fürst Ferdinand zu geleiten. Daher begab sich Diego im Jahr 1205 mit Dominikus erneut auf den Weg nach Norden. Doch zum Leidwesen des kastilischen Bräutigams war das junge Mädchen verstorben oder Nonne geworden. In jedem Fall konnte es nicht mehr heiraten! Die Mission war daher beendet, aber die ausgebliebene Hochzeit, bei der nicht einmal der Brautname überliefert ist, diente als Übergang vom verborgenen zum öffentlichen Leben des Dominikus, vom Leben als Chorherr im Schatten der Kathedrale von Osma zum Leben als Missionar auf den Straßen Europas, ganz so wie im Johannesevangelium die Episode in Kana der Übergang vom verborgenen Leben zum öffentlichen Leben Jesu ist. Die beiden Reisen müssen bei den beiden kastilischen Kirchenmännern einen tiefen Eindruck hinterlassen haben. Als Diego und sein Gefährte Germanien durchquerten, hörten sie von den Zerstörungen der Kumanen und sahen sie vielleicht mit eigenen Augen. Das Abendland bezeichnete so die türkischsprachigen, nicht-muslimischen Völker, die seit dem Ende des 11. Jahrhunderts in Osteuropa ansässig waren und sich nördlich des Schwarzen Meeres, aber auch weiter östlich, in den Steppen zwischen dem Kaspischen Meer und Irtych, niedergelassen hatten. Die

---

55 Bériou-Hodel, S. 614, Anm. 1. Wir folgen der vorsichtigen Meinung der beiden Verfasser.

Georgier und die Russen hatten im 12. Jahrhundert mit der Christianisierung begonnen, aber es gab noch viel zu tun, damit die Menschen das Evangelium annähmen.[56] Unter ihnen waren heidnische Krieger, die als Söldner im Konflikt zwischen den Anwärtern auf die germanische Krone angeheuert worden waren. Anschließend begingen sie Plünderungen und Raub. Aber das war noch nicht alles. Im Verlauf der zweiten Reise begegneten Diego und Dominikus auch Anders Sunesen (um 1167–1228), dem Erzbischof von Lund in Schweden. Er war päpstlicher Legat für die nordischen Länder, politisch und kulturell sehr bedeutend, aber verfügte auch über sehr viel apostolischen Eifer, interessierte sich sehr für die junge Kirche in Livland an den Ufern der Ostsee und bereitete in diesen Gegenden einen neuen Kreuzzug vor, um dort das Heidentum auszulöschen.[57] Diese Begegnung, wie auch die Erzählungen über die Kumanen, überzeugten die beiden Geistlichen, nicht unmittelbar in ihr Land zurückzukehren, sondern sich nach Rom zu begeben. Als der Bischof von Osma bei Innozenz III. vorgelassen wurde, schlug er vor, auf

---

56 Jean Richard, *La Papauté et les Missions d'Orient au Moyen Âge (XIIe–XVe siècle)*, Rom, École française de Rome, 1977, S. 20–23. Zur missionarischen Tätigkeit des hl. Dominikus siehe Bériou-Hodel, S. 42–43.

57 Nach dem Enzyklopädisten Michel Mourre handelt es sich bei Livland um eine historische Region Nordeuropas an der Küste des Baltischen Meeres. Sie blieb in Westeuropa unbekannt bis zum Jahr 1158, als Kaufleute aus Lübeck Handelskontore an der Mündung der Dwina einrichteten. Die Christianisierung der Einwohner, der Livländer, erfolgte am Ende des 12. Jahrhunderts durch einen Kanoniker aus Holstein, der der erste Bischof dieser Bevölkerung wurde. 1201 verlegte Bischof Albert I. seinen Sitz nach Riga und gründete ein Jahr später den Schwertbrüderorden, der sich später mit dem Deutschritterorden zusammenschloss. Vgl. Michel Mourre, *Dictionnaire de l'Histoire*, Paris, Bordas, 1990, S. 532.

das Bischofsamt zu verzichten, um sich ganz der Bekehrung der heidnischen Kumanen widmen zu können. Der Papst lehnte das ab und schickte die Kastilier nach Hause zurück.[58]

Diego und Dominikus waren vielleicht enttäuscht, aber dennoch gehorsam und machten sich wieder auf den Weg zurück nach Spanien. Als sie sich auf dem Rückweg befanden, lenkten sie, es sei denn, es trug sich im Jahr 1204 auf der ersten Reise zu, ihren Weg nach Cîteaux im Burgund um. Die Zisterzienser waren ein Beispiel für die traditionelle Kirchenreform entsprechend der Linie, wie sie von Gregor VII. vorgezeichnet worden war. Diego soll sie mit Erfolg um eine Gruppe weißer Nonnen [Zisterzienserinnen] gebeten haben, damit sie die Leitung des Frauenklosters übernähmen, das er in seiner Diözese gegründet hatte.[59]

Die Kastilier begegneten nach ihrer Ankunft in Montpellier in den ersten Monaten des Jahres 1206 den zisterziensischen Legaten, die von Papst Innozenz III. beauftragt worden waren, die Häretiker im Süden zu bekehren. Die Männer, die der Leitung des Abtes von Cîteaux, Arnoldus Amalrich, unterstanden, waren damals entmutigt. Der Kampf gegen die religiöse Dissidenz schien aufgrund der Machtspiele zwischen den großen Feudalherren auf der einen Seite und der Angst auf der anderen Seite, die durch die vermehrten Reden über die Häresie geweckt worden war, allein durch militärische Niederwerfung möglich. Diesen Defätismus unterbrach der Bischof von Osma, als er vorschlug, dass die katholische Seite ein Verhalten annehmen solle, das dem angestrebten Ziel, der Rückkehr der Ungläubigen zur vollen katholischen Ge-

---

58 Marie-Humbert Vicaire, *Histoire de saint Dominique*, Tom. 1, *Un homme évangélique*, Paris, Éd. du Cerf, 1957, S. 134–135.
59 Die Vermutung stammt von Simon Tugwell, „Notes on the Life of St Dominic", *AFP* 58 (1998), S. 59–60.

meinschaft, entspreche. Nach Jordan von Sachsen erklärte er den Legaten:

> „Nicht so, Brüder, nicht so dürft ihr meiner Meinung nach vorgehen. Es scheint mir unmöglich, durch bloße Worte diese Menschen zum Glauben zurückzuführen, die sich lieber auf gute Beispiele stützen. […] Schlagt ihnen die Waffen aus der Hand, vertreibt die geheuchelte Heiligkeit durch echte Frömmigkeit! Der Hochmut der falschen Apostel kann nur durch klare Demut überwunden werden."[60]

Er riet ihnen weiter, „nach dem Vorbild des göttlichen Meisters zu handeln und zu lehren und zu Fuß zu gehen, ohne Gold oder Silber, und in allem das Predigen der Apostel nachzuahmen". Diego befürwortete die Lösung, als „ein nach dem Evangelium lebender Mann des Evangeliums [vir evangelicus]" zu handeln, um den verbreiteten Antiklerikalismus zugrunde zu richten. Im Grunde ging es darum, den Ratschlägen, die Jesus im zehnten Kapitel des Matthäusevangeliums erteilt, zu folgen: sich ohne Gold oder Silber, ohne Reisetasche und Ersatztunika aufzumachen, Unterkunft und Gedeck zu erbetteln und jedem, der es wollte, den Frieden und das Wort des Evangeliums zu schenken. Der Prälat ging mit gutem Beispiel voran, schickte Gepäck und Begleiter mit Ausnahme des Dominikus zurück und machte sich mit zwei Legaten auf den Weg, um gegen die Häresie zu predigen und zu streiten. In demselben Jahr, 1206, verzichtete Franziskus in einem ganz anderen Umfeld in Umbrien auf seine Besitztümer und erhielt vom Bischof von Assisi den Status eines Büßers inmitten der Kirche. Doch während Franziskus in den Lehren, die Christus den Jüngern vermittelt hatte, die Antwort auf eine dringende, persönliche Frage fand, gehorchte Dominikus nur seinem Bischof, der ein

---

60 Jordan von Sachsen, *Libellus*, 20; Bériou-Hodel, S. 618–619.

Eine Lebensbeschreibung des hl. Dominikus

„missionarisches" Problem gemäß dem Evangelium lösen wollte. In diesem Sinne scheint der Heilige vor allem von den Umständen dazu bestimmt worden zu sein, den Stil eines „bettelnden" Apostels anzunehmen. Das war ein Mittel zum Zweck. Später sah sich der Orden mit der Frage konfrontiert, ob er sich für das Betteln entscheiden sollte, und musste die Gründe rechtfertigen und vertiefen, die ihn ursprünglich zur Bettelei veranlasst hatten. Zu Lebzeiten des Dominikus bekundeten einige seiner Gefährten ihre Zurückhaltung oder Uneinigkeit in der Frage, eine so folgenreiche Armut anzunehmen. Der Vorschlag, den Bischof Diego zu den Priestern als Aposteln und Bettlern unterbreitet hatte, muss Dominikus jedoch so tief beeindruckt haben, dass er schließlich die Entscheidung traf, in dem neuen Orden das Predigen des Evangeliums und die radikale Armut strikt miteinander zu verbinden.

Das von Diego und Dominikus durchgeführte Experiment galt, wenn es auch nur von kurzer Dauer war, als überzeugend. Die beiden Männer kehrten nach Osma zurück, wo Dominikus im Frühjahr 1206 auf das Amt des Subpriors des Kapitels verzichtete; er kehrte mit Diego und einigen spanischen Predigern wahrscheinlich im Juli 1206 in das Languedoc zurück, um Bischof Fulko von Toulouse Rückhalt zu geben, der die kastilische Unternehmung in seiner Diözese unterstützen und verbreiten wollte. Der berühmte Troubadour Fulko, später Zisterziensermönch und Abt von Thoronet, wurde im Jahr 1201 zum Bischof von Toulouse ernannt und nahm seine Mission sehr ernst.[61] Dank seiner Hilfe konnte die Predigt-

---

[61] Nachdem Fulko seine Frau und seine Kinder zum Ordensleben geführt hatte, legte er im Jahr 1195 den Habit der Zisterzienser in Thoronet an und wurde zehn Jahre später Bischof von Toulouse. Die treue und standhafte Stütze des Dominikus starb im Jahr 1231 in Toulouse. Dante erwähnt ihn im neunten Gesang des *Paradieses*

tätigkeit im Languedoc an Bedeutung gewinnen. Beim Generalkapitel in Cîteaux, das im September 1206 stattfand, begann man, eine große Kampagne gegen die Häresie im Süden zu organisieren, wobei man der von Diego vorgeschlagenen Strategie folgte. Die Prediger mussten in radikaler Armut wirken, die sich am Vorbild des Evangeliums vom armen und wandernden Apostel orientierte, und die Strenge ihres Lebens musste ein Unterpfand der Wahrheit sein. Diego berichtete dem Papst im November 1206 von seiner Tätigkeit. Innozenz III. war weit davon entfernt, sich über die Ideen eines Bischofs, den er ein Jahr zuvor in seine Diözese zurückgeschickt hatte, zu empören oder auch nur zu beunruhigen, und stimmte voll und ganz mit dessen Ansichten überein. Raoul, der Zisterzienserabt von Fontfroide, wurde zum päpstlichen Legaten und offiziellen Verantwortlichen der Mission ernannt, doch Diego steuerte, begleitet von Dominikus, dank der Prediger, die er aus Spanien hatte kommen lassen, Geist und Elan bei. Das bedeutete den Sieg einer vollkommen neuen apostolischen Linie.

Schon Ende des Jahres 1206 wurde am Fuße des Städtchens Fanjeaux an einem Ort namens Prouilhe in verfallenen Gebäuden, die an eine der Jungfrau geweihte Kapelle, einen ehemaligen Wallfahrtsort, angrenzten, eine Predigtmission oder *praedicatio* eingerichtet. Prouilhe, das damals der Diözese Toulouse unterstand, lag an der Kreuzung der Straßen, die nach Carcassonne, Castelnaudary und Toulouse, Mirepoix und Foix führten. Obgleich der Ort bescheiden war, bildete er ein bedeutendes Zentrum der Häresie. In dem Städtchen und in seiner Nähe waren die Feudalrechte im Besitz von

---

(IX, 93) in der *Göttlichen Komödie*. Vgl. Stanislao Majarelli, „Folco (Folchetto) di Tolosa", *Enciclopedia cattolica*, Tom. 5, Città del Vaticano 1950, Sp. 1468–1479.

etwa 20 adeligen Familien. Alle gehörten der Bewegung der *Guten Menschen* an. Im Jahre 1204 hatten vier Damen, alle Witwen, das *consolamentum* empfangen. Unter ihnen befand sich Esclarmonde, die Schwester des mächtigen Grafen von Foix. Fünf oder sechs Gemeinschaften von „guten Damen", die fast wie Klöster funktionierten, waren im *castrum* ansässig. Dort wurden die Töchter aus gutem Hause im Kindesalter aufgenommen. Einige wurden auf diese Weise selbst zu „Vollkommenen". Fulko, der Erzbischof von Toulouse, gewährte Diego „auf Bitten des Herrn Dominikus von Osma" im Jahr 1206

> „die Kirche der seligen *Maria de Prouilhe* und das angrenzende Land auf beiden Seiten dieser Kirche über 30 Fuß, so wie man es im Kirchenrecht findet, für die Frauen, die von den Predigern bekehrt worden waren, welche entsandt worden waren, gegen die Ketzer, gegenwärtige und zukünftige, zu predigen und die pestartige Häresie abzuwehren, [...]."[62]

Es ging darum, an diesem Ort „bekehrte, fromm lebende Damen" zu versammeln, damit sie inmitten der wiedergefundenen Kirche weiter ein klösterliches Leben in Gebet und Askese, dem sie sich geweiht hatten, führen konnten.[63] Eine spätere Erzählung aus dem 17. Jahrhundert berichtet, dass Dominikus, als er die Nacht in Fanjeaux im Gebet verbracht

---

62 *Monumenta diplomatica*, Appendix II, S. 181–182; Bériou-Hodel, S. 486. Zu dieser Frage siehe den Artikel von Simon Tugwell, „For whom was Prouille founded?", *AFP* 74 (2004), S. 5–125. Die Schenkung erfolgte „vor dem Jahresende" nach dem julianischen Kalender, d. h. vor dem 25. März 1207.

63 *Monumenta diplomatica*, 11. 15. Mai 1211; Bériou-Hodel, S. 491. Die Schenkung der Kirche in Bram erfolgte durch Fulko, den Bischof von Toulouse, zugunsten der „konvertierten Damen".

habe, mit dem Gesicht zur flachen Ebene gewandt, erblickt habe, wie eine Feuerkugel den Himmel durchquert, sich dort gedreht habe und dann auf der Kapelle der Jungfrau im Dörfchen Prouilhe gelandet sei. Er beschloss, dort ein Kloster zu errichten, wo die Vollkommenen, die er zum katholischen Glauben zurückgeführt hatte, aufgenommen werden sollten.[64] Diese erbauliche Erzählung beflügelte die dominikanische Ikonographie seit der Neuzeit. Wie historisch authentisch sie auch immer sein mag, es ist sicher, dass das Predigen des Dominikus einen gewissen Erfolg hatte, und zwar nicht nur, wenn er Frauen zum klösterlichen Leben leitete. Von den drei erhaltenen Manuskripten des Dominikus handeln zwei von Rekonziliationen der Häretiker. Inquisitionsregister, die mehr als 30 Jahre nach seiner Fahrt durch das Languedoc erstellt wurden, bestätigen seine Ausstrahlung. Arnaude de Fremiac, eine Einwohnerin in Fanjeaux, erklärte zum Beispiel, dass Bruder Dominikus ihr die Beichte abgenommen habe und sie von ihm rekonziliert worden sei. Als Buße hatte er ihr aufgetragen, zwei Kreuze auf der Vorderseite ihrer Kleidung zu tragen, bis sie einen Mann gefunden hätte; die Albigenser verabscheuten nämlich die Heirat.[65] Das Mittel, das uns etwas amüsant erscheint, war jedoch wirksam: Arnaude heiratete nach etwa einem Jahr! Die glei-

---

64 *La vie du Glorievx Patriarche S. Dominiqve fondatevr et institvtevr de l'Ordre des Freres Prêcheurs, Et de ses premiers seize Compagnons: avec la fondation de tovs les Couuens & Monasteres de l'vn & l'autre sexe, Dans toutes les Prouinces du Royaume de France, & dans les dix-sept du pays-Bas. Par le Reuerend Pere Iean de Rechac, dit de Sainte Marie, Religieux du Couuent de l'Annonciation de Paris, de l'êtroitte Obseruance, de l'Ordre des Freres Prêcheurs, & Historien general du même*, À Paris, Chez Sébastien Huré, ruë Saint Iacques, au *Cœur-bon*, 1647, S. 691.
65 *Monumenta diplomatica*, Appendix I; Bériou-Hodel, S. 143.

che Taktik wurde bei Pons Roger angewandt. Wenn er wieder fasten wollte, um Buße zu tun, wurde ihm aufgetragen, bei den drei wichtigsten Festen im Jahr die Lebensmittel zu essen, die von den Ketzern absolut abgelehnt wurden.[66] Nicole Bériou und Bernard Hodel stellen zur Rekonziliation des Pons Roger fest:

> „Über die Bußvorschriften hinaus bemüht sich Dominikus in Wahrheit, mit konkreten Gesten die Erfordernisse eines Bekehrungsprozesses, der die Rückkehr zur kirchlichen Gemeinschaft einschließt, wahrnehmbar zu machen."[67]

Die Methode war lobenswert, aber nicht unfehlbar, und die Rekonziliationen durch den kastilischen Kanoniker verhinderten nicht das Risiko eines Rückfalls. Raimonde, die Ehefrau von Guilhem Gasc, war unlängst von Dominikus rekonziliert worden, „nachdem sie an die Irrlehren der Ketzer, wie sie ihr selbst sagten", „über die sichtbaren Dinge", „über die konsekrierte Hostie" „geglaubt hatte", „dass sie nicht der Leib Christi war", „über die Ehe, dass sie keinen Wert hatte" oder „über die Auferstehung des Fleisches, dass es keine geben wird", und bekannte 1246 vor den Inquisitoren, dass es ihr trotz dieser Rekonziliation widerfahren sei, *Gute Menschen* anzubeten, d. h. vor ihnen einen Kniefall zu machen.[68]

Die Arbeit von Diego und Dominikus begann, Früchte zu tragen. Als Antwort darauf mobilisierten die Ketzer ihre Kräfte. Im April 1207 kehrte Diego aus Spanien zurück, wohin er

---

66 *Monumenta diplomatica,* 8; Bériou-Hodel, S. 72–73. Siehe auch Elio Montanari, „Gli scritti di Domenico", in *Domenico di Caleruega e la nascita dell'ordine dei frati predicatori,* Spoleto, Centro italiano di Studi sull'alto Medioevo, 2005, S. 254–255.
67 Bériou-Hodel, S. 69.
68 *Monumenta diplomatica,* Appendix I, S. 178; Bériou-Hodel, S. 141.

sich zur Verwaltung seiner Diözese begeben hatte. Er nahm mit Dominikus an einem Streitgespräch in Montréal teil, das nur wenige Kilometer von Fanjeaux und nicht weit von Carcassonne entfernt liegt. Die *Guten Menschen* hatten als Sprecher ihre bekanntesten und bestausgebildeten Männer bestimmt: Arnaud Oth, Guillabert de Castres, Benoît de Termes und Pons Jourdan. Diego und Dominikus verteidigten den rechtmäßigen Glauben an der Seite des Legaten Petrus von Castelnau und von Raoul de Fontfroide. Vier Laienschiedsrichtern, zwei Rittern und zwei Bürgern, die eher zum Lager der Dissidenz neigten, oblag die Entscheidung. Die Kastilier waren mit ihrer akademischen, rhetorischen, biblischen und theologischen Bildung für die Aufgabe gerüstet. Die Debatte drehte sich um die Kirche, ihr Wesen, ihre Beziehung mit Christus, ihre Sakramente ... Argumente wurden mehrere Tage lang vor zahlreichen Zuschauern ausgetauscht, dann „händigte man die Schriften beider Seiten jenen Laien aus, denen beide Parteien die Vollmacht zur Entscheidung erteilt hatten. Da sie sich nicht entscheiden wollten, trennten sich die einen wie die anderen und ließen die Angelegenheit auf sich beruhen." Laut Wilhelm von Puylaurens, der behauptete, Jahre später Nachforschungen angestellt zu haben, hatte das katholische Lager jedoch insofern gewonnen, als dass ungefähr 150 Ketzer zum Glauben bekehrt wurden.[69] Ein Wunder, das in der *Histoire albigeoise* von Pierre des Vaux-de-Cernay überliefert ist, soll außerdem den Sieg der katholischen Seite öffentlich kundgetan haben: Die Ketzer, wie der zisterziensische Historiker darlegt, versuchten, eine schriftliche Argumentation zu verbrennen, die Dominikus ihnen anvertraut hatte; dreimal schoss das Pergament aus dem Feuer hervor, und zwar unversehrt. Die Niederlage sollte verborgen blei-

---

69 Guillaume de Puylaurens, *Chronica*, 9; Bériou-Hodel, S. 131–132.

ben, aber „ein Ritter, der bei ihnen war und ein wenig unserem Glauben zustimmte, wollte nicht verheimlichen, was er gesehen hatte, und erzählte es einer ziemlich großen Anzahl [von Leuten]"[70].

Zu der Zeit dieses Streitgesprächs kamen schließlich die zwölf Äbte des Zisterzienserordens an, die von ihrem Kapitel im September 1206 ernannt worden waren, jeder in Begleitung eines *socius*, d. h. eines Reisebegleiters, und „bescheiden in ihren Auslagen, ohne Pferde, um sich in allem als nach dem Evangelium lebende Männer zu zeigen." Sie bildeten eine Gruppe von etwa 30 Personen und verteilten sich auf zwei Predigtkampagnen. Diego nutzte die Verstärkung, um in seine Diözese zurückzukehren. In Pamiers nahm er an einem Streitgespräch teil, das von Raimond-Roger, dem Grafen von Foix, organisiert worden war. Der waldensische Anführer Durandus von Osca wurde von den katholischen Argumenten überzeugt. Er unterwarf sich und erwirkte vom Papst, weiterhin die apostolische Armut und mit Zustimmung des Ortsbischofs das Predigen zu praktizieren.[71] Der Vorfall muss

---

70 Pierre des Vaux-de-Cernay, *Historia Albigensis*, 54; Bériou-Hodel, S. 120–121. Jordan von Sachsen verortet das Feuerwunder in Fanjeaux und beschreibt es als Gottesurteil, das eine Entscheidung zwischen den Teilnehmern an der öffentlichen Diskussion herbeiführen soll. Vgl. Jordan von Sachsen, *Libellus*, 24–25; Bériou-Hodel, S. 620–621.

71 Guillaume de Puylaurens, *Chronica*, 8; Bériou-Hodel, S. 128–130. Durandus von Osca, das Oberhaupt der aragonesischen Waldenser, bemühte sich im letzten Viertel des 12. Jahrhunderts darum, von dem katholischen Glauben seines Meisters Petrus Waldes Zeugnis abzulegen. Wie Christus zu Beginn seines öffentlichen Lebens des Lesens und Schreibens unkundige Fischer ausgewählt hatte, um das Evangelium des Heils zu verkünden, rief er wiederum einfache Gläubige, die *Armen Katholiken* [*pauperes catholici*] herbei, um die Unzulänglichkeiten des Klerus auszugleichen. Als Ankläger des korrupten

den Bischof von Osma von der Notwendigkeit ständigen Personals, das kompetent predigen konnte und dabei einen Lebensstil pflegte, der von den Weisungen Christi an seine Apostel geprägt war, überzeugt haben. Er verstand sehr gut, aus welcher Richtung der Wind wehte: Wenn die weltlichen Obrigkeiten fortführen, die Ketzer zu beschützen, müssten sie früher oder später mit Gewalt zum Glauben zurückgebracht werden. Die Worte, die er an die adeligen Herren, Anhänger der Albigenser, gerichtet hatte, bevor er in seine Diözese zurückkehrte, sollten sich als wahrhaft prophetisch erweisen.

„Als er nämlich einmal den aufrührerischen Irrtum der Häretiker in Gegenwart vieler Adliger klar und öffentlich widerlegt hatte, und jene lachend ihre Umstürzler mit freventlicher Entschuldigung verteidigten, erhob er empört seine Hände zum Himmel und rief: ‚*Herr, strecke deine Hand aus und rühre sie an!*' An dieses Wort – im Geiste gesprochen – dachten später jene, die es gehört hatten, als ihnen das Eintreten der *Drangsal den rechten Sinn erschloß*."[72]

Doch Diego sollte die Erfüllung seines Traums nicht mehr erleben; er starb am 30. Dezember 1207 in Kastilien.[73]

---

katholischen Klerus einerseits und besorgt andererseits, nicht unter die Anschuldigungen zu geraten, die gegen die Albigenser erhoben wurden, verfasste Durandus von Osca zwischen 1223 und 1230 den *Liber contra Manicheos*. Er weckte den Argwohn einiger Prälaten, obgleich er den Schutz von Innozenz III. genoss, den dieser dem entstehenden Orden gewährt hatte. Die *Armen Katholiken* verflüchtigten sich während der ersten Hälfte des 13. Jahrhunderts. Vgl. *Catholicisme. Hier – Aujourd'hui – Demain*, Tom. 3, Paris, Letouzey und Ané, 1952, Sp. 1194.
72 Jordan von Sachsen, *Libellus*, 33; Bériou-Hodel, S. 624.
73 Jordan von Sachsen, *Libellus*, 30; Bériou-Hodel, S. 623.

Eine Lebensbeschreibung des hl. Dominikus

Seit dem Herbst des Jahres 1207 war Dominikus allein in Prouilhe mit einigen Gefährten und der Verantwortung für die „Damen", ehemalige Vollkommene, die hier in Gemeinschaft lebten. Mit dem Tod von Diego verlor er nicht nur seinen Bischof, sondern auch seinen Ordensoberen und den Freund, der ihn zu dem Leben als armer Wanderprediger geführt hatte. Zu der Trauer gesellte sich noch ein weiteres Unglück. Die Zisterzienseräbte, die erst ihre Einsatzbereitschaft für die Mission unter Beweis gestellt hatten, resignierten angesichts der gegebenen Schwierigkeiten und des Umfangs ihrer Aufgabe. Die Männer guten Willens waren entmutigt, weil die wichtigen adeligen Herren vor Ort mit den Häretikern Kompromisse schlossen und religiöse Fragen instrumentalisiert wurden, um politische Probleme zu lösen. Die feine Gesellschaft im Süden tolerierte in ihrer Mitte nicht ohne Widersprüche Anhänger und Gegner der Dissidenten. Es begann sich widerspruchsfrei die Idee durchzusetzen, dass nur die harte Art das Languedoc von jeder Häresie befreien könne. Anstatt vor Ort auf das drohende Unwetter zu warten, beschlossen die Äbte, nach Hause zurückzukehren. Abt Guy des Vaux-de-Cernay blieb allein als offizieller Leiter der *praedicatio*, aber die Zukunft der Mission hing in erster Linie von Dominikus ab.

Am 14. Januar 1208 war die Ermordung des päpstlichen Vertreters im Süden, des Legaten Petrus von Castelnau, der Auslöser für den Kreuzzug gegen die Albigenser. Raimond VI., der mächtige Graf von Toulouse, wurde nicht ohne Grund verdächtigt, das Verbrechen in Auftrag gegeben zu haben. Wegen seiner stetig zunehmenden Unterstützung der Ketzer war er von Petrus von Castelnau exkommuniziert worden. Papst Innozenz III. bestätigte die Strafe; der Graf war gezwungen, Abbitte zu leisten. König Philipp II. August von Frankreich lehnte die Ehre ab, die Führung der Truppen zu übernehmen; er musste sich vor England und dem Heiligen Römischen Reich hüten. Daher betraf der Kreuzzug vor allem den niederen Adel aus Nordfrankreich. Im Juli 1209 wurde die Armee der Kreuzfahrer unter das Kommando von Simon de Montfort, dem Helden des vierten Kreuzzugs im Orient, gestellt. Unter den Schüssen der Soldaten fielen die Städte von Béziers über Carcassonne bis Toulouse. Im September 1213 besiegte Montfort Raimond VI. und seine Verbündeten in der Schlacht von Muret. Die *Vita et miracula sancti Dominici* von Constantin von Orvieto berichtet im Zusammenhang mit diesem militärischen Ereignis, dass der Heilige den Tod Peters II. von Aragón wenige Monate vor dessen plötzlichem Eintreten vorhergesagt haben solle. Als Dominikus nämlich von einem Konversen im Zisterzienserorden, der über die Wendung der Ereignisse bekümmert war, befragt wurde, soll er geäußert haben:

> „Gewiss, sie wird ein Ende haben, die Schlechtigkeit dieser Toulousaner; sie wird ein Ende haben, aber das Ende ist in weiter Ferne. In der Zwischenzeit wird das Blut vieler Menschen vergossen werden, und ein König wird sterben, fallen in einer Schlacht dieses Krieges [...]. Fürchtet nicht um den König von Frankreich: Es wird ein anderer König sein, und bald wird ein Rückschlag im gegenwärtigen Krieg sein Leben beenden."[74]

Im Jahr 1214 kapitulierte Toulouse und schloss Frieden mit der Kirche. Die Schlacht von Muret zeigte nicht nur den unaufhaltsamen Niedergang der albigensischen Bewegung und das definitive Ende für den Expansionismus Aragóns in Okzi-

---

74 Constantin d'Orvieto, *Legenda*, 55; Bériou-Hodel, S. 913. Der Text wird von Humbert von Romans übernommen, *Legenda maior*, 49; Bériou-Hodel, S. 971.

tanien an, sondern auch den ersten wichtigen Schritt auf dem Weg zur zukünftigen Eingliederung der Grafschaft Toulouse, des Languedocs und anderer angrenzender Gebiete in das Königreich Frankreich.[75] Im November 1215 zur Zeit des IV. Laterankonzils schien Simon de Monfort die Situation vollkommen im Griff zu haben.[76]

Was tat Dominikus daher in diesen blutigen Jahren? Laut Simon Tugwell kehrte er, weil er ohne Bischof und damit ohne Auftrag war, wahrscheinlich von 1208 bis 1211 nach Spanien zurück. Mit der Zustimmung des neuen Bischofs von Osma und des Bischofs Fulko von Toulouse begab er sich vor dem Juni 1211 mit einer Handvoll kastilischer Chor-

---

75 „Histoire et légende: saint Dominique à Muret?", in *Le temps de la bataille de Muret: 12 septembre 1213*, Actes du 61e Congrès de la Fédération historique de Midi-Pyrénées (Muret, 13. und 14. September 2013), sous la direction de Jean Le Pottier, Jacques Poumarède, Christophe Marquez und René Souriac (Hg.), Société des Études du Comminges, 2014, S. 521–532.

76 Die prophetische Dimension des Lebens des Dominikus wird von Constantin von Orvieto hervorgehoben: „Durch welch große Gunst der göttlichen Gnade der Mann Gottes auch vom Geist der Prophetie erstrahlte, beliebt man, kurz darzustellen […]" (Constantin d'Orvieto, *Legenda*, 50; Bériou-Hodel, S. 909). Den Bericht, den Constantin über die Voraussage des Todes von Simon erstellt, ist besonders aufschlussreich. Das Wiederaufgreifen bei Humbert von Romans unterstreicht außerdem die Freundschaft, die den Heiligen und den Kriegsherrn verband: „[Man darf nicht mehr darüber Stillschweigen bewahren, wie [dem Mann Gottes durch das Geheimnis einer Vision, die ihm die göttliche Macht offenbarte, der Sturz] des herausragenden Mannes Simon, des Grafen de Montfort, seines engen Freundes und seines Vertrauten, der in der Gegend von Toulouse für die Glaubensangelegenheiten, denen er dort tatkräftig nachging, starb, [nicht entging], bevor er die Brüder von Toulouse aus verteilte" (Humbert de Romans, *Legenda maior*, 50; Bériou-Hodel, S. 979).

herren in jedem Fall zurück nach Prouilhe. Laut Jordan von Sachsen „sind seit dem Tode des Bischofs von Osma bis zum Laterankonzil ungefähr zehn Jahre vergangen, in denen er fast allein dort verblieb"[77]. Mit Sicherheit nahm er erneut die Wanderpredigt auf und begab sich wieder ans Werk, um den Schwestern ein richtiges Kloster zu sichern. Jordan erinnert an seinen Eifer und seine Missgeschicke, als die Unruhen noch nicht ganz vorüber waren:

> „So wuchs der Diener Gottes Dominikus an Tugend und an gutem Ruf. Das erregte den Neid der Häretiker. Je mehr er gut war, desto boshafter war ihr Auge, das vor Schlechtigkeit den Strahl nicht ertragen konnte. Sie spotteten über ihn und verhöhnten seine Anhänger, *aus dem bösen Schatz* ihres Herzens Böses *hervorbringend*. Gegenüber dem Hohn der Ungläubigen aber umgab ihn mit dankbarer Freude die Ehrfurcht der Gläubigen. Von allen Katholiken wurde er mit großer Liebe verehrt. Seine liebenswürdige Heiligkeit und die Anmut seines Lebenswandels ergriff auch die Herzen der Magnaten, und die Erzbischöfe, Bischöfe und andere Prälaten erachteten ihn aller Ehre wert."[78]

Tatsächlich ist sein damaliger Lebensstil in den Akten des Heiligsprechungsprozesses überliefert; er war von Strenge und Inbrunst bestimmt. Die aufmerksame Hausherrin, Guillielma, bei der er auf seinen Reisen Unterkunft fand, sagte, er habe mehr als zweihundertmal bei ihr gegessen, aber sie habe nie gesehen, dass er mehr als einen kleinen Bissen Fisch oder zwei Eigelb zu sich genommen habe, nicht mehr als einen Becher Wein, der zu drei Viertel mit Wasser gemischt

---

77 Jordan von Sachsen, *Libellus*, 37; Bériou-Hodel, S. 627.
78 Jordan von Sachsen, *Libellus*, 36; Bériou-Hodel, S. 626.

war, getrunken und nicht mehr als einen Bissen Brot verspeist habe. Mehr als ein Zeuge behauptete, dieser habe nie in einem Bett geschlafen, selbst wenn er krank gewesen sei.[79] Die Wanderungen im Languedoc waren von seelischem Leid, Kränkungen und Askese begleitet. Aus Überzeugung versuchte Dominikus bewusst, die Ketzer in ihrem eigenen Spiel zu schlagen. Wenn sie die Strenge schätzten, bewies er ihnen seine Überlegenheit, bis er sie davon abbrächte, sich mit ihm zu messen. Körperliche Bedrohungen und spöttische Bemerkungen wechselten gewiss einander ab. Die *Legenda sancti Dominici* des Petrus Ferrandi berichtet darüber:

> „Die Ketzer machten sich über den Heiligen lustig und verspotteten ihn auf vielfältige Weise, während sie ihn anspuckten und Matsch und anderen Unrat auf ihn warfen. Später kam einer von ihnen, getrieben von Reue, zur Beichte und sagte, er selbst habe den hl. Dominikus geschlagen, ihn mit Schlamm beworfen und ihm aus Spott Strohhalme am Rücken befestigt."

Wie der Verfasser weiter berichtet, wurde Dominikus von Männern, die ihm aus dem Verborgenen einen Hinterhalt gestellt hatten, mit dem Tod bedroht und, nachdem die Angreifer zur Vernunft gekommen waren und ihn gefragt hatten: „Was hättest du getan, wenn wir dich erwischt hätten?", antwortete er ihnen:

> „Ich hätte euch gebeten, mir keinen schnellen Tod zuzufügen, indem ihr ihn so schnell wie möglich verkürztet, sondern ihr jede meiner Gliedmaßen nach und nach und eine nach der anderen verstümmeltet; und dann, nachdem ihr mir die Gliedmaßen, abgeschnittene Stücke [von

---

79 *Acta canonizationis*, Toulouse, 15; Bériou-Hodel, S. 757.

meinem Körper], vor meine Augen gelegt und mir endlich auch die Augen herausgerissen hättet, hätte ich euch gebeten, meinen halbtoten und zerfetzten Körper zurückzulassen und ihn ganz blutig in seinem Blut baden zu lassen oder nach Eurem Belieben das Abschlachten zu vollenden."[80]

Welcher literarischen Gattung die Legende auch immer angehören mag, physische Bedrohungen und verbale Gewalt bremsten Dominikus nicht, noch brachten sie ihn von seinen Grundsätzen ab. Inbrünstiges Gebet stärkte sein Apostolat, das auf die Bekehrung der Seelen zielte. Der Abt des Klosters *Saint-Paul* in Narbonne, ein Zeuge während des Prozesses in Toulouse, bestätigte im Heiligsprechungsprozess unter Eid, dass Dominikus, wenn er betete,

„so laut schrie, dass man ihn überall hörte. Und mit einem Schrei sagte er: ‚Herr, erbarme dich deines Volkes. Was werden die Sünder tun?' So verbrachte er die Nächte ohne Schlaf, weinend und klagend über die Sünden anderer."[81]

Ohne sich am Kreuzzug zu beteiligen, distanzierte sich Dominikus weder von den Kreuzfahrern noch vom dem sie begleitenden Klerus. Er leistete seinen Beitrag als Prediger vor Ort, indem er unzählige und nicht überlieferte Gespräche mit den Bewohnern in Südfrankreich führte. Von Januar 1213 bis Mai 1214 blieb er jedoch in Carcassonne als Vikar des neuen Bischofs Guy des Vaux-de-Cernay, der sich nach Frankreich begeben hatte, um dort zu predigen und damit den Kreuzzug zu unterstützen. Er war der Familie von Simon de Montfort freundschaftlich verbunden und segnete die Heirat seines

---

80 Pierre Ferrand, *Legenda sancti Dominici*, 17; Bériou-Hodel, S. 816.
81 *Acta canonizationis*, Toulouse, 18; Bériou-Hodel, S. 760.

Sohnes Amaury. Der Anführer des Kreuzzugs half Dominikus auch, die *praedicatio* in Prouilhe zu finanzieren. Dominikus erhielt im Jahr 1214 Einkünfte aus dem Städtchen Casseneuil und dann die Pfründe der Kurie in Fanjeaux. Wenn auch die bescheidenen Predigttätigkeiten des Dominikus die Aufmerksamkeit der Kreuzzugchronisten weniger auf sich zogen als die Kriegsdramen, blieb sein Wirken in seiner Zeit nicht unbemerkt. Drei südliche Diözesen wollten, dass er ihr Bischof werde. Jedes Mal weigerte er sich und behauptete sogar, er nehme seinen Stock und fliehe eher, als ein kirchliches Würdenamt anzunehmen. Im Jahr 1233 bezeugte Bruder Johannes von Spanien, der Mitglied der Provinz Provence und sehr gut informiert über die Ereignisse im Leben des Dominikus im Languedoc war, dass er „zwei- oder dreimal zum Bischof gewählt wurde und sich immer weigerte, weil er vorzog, mit seinen Brüdern in Armut zu leben, als irgendeinen Bischofssitz innezuhaben."[82]

Die Gründung des Predigerordens (1215–1221)

In den ersten Monaten des Jahres 1215, „um jene Zeit, da die Bischöfe zum Laterankonzil nach Rom aufbrachen, schlossen sich dem Bruder Dominikus zwei tüchtige und fähige Männer aus Toulouse an"[83]. Sie legten daher vor dem kastilischen Chorherrn ihr Oblationsversprechen ab und wurden dadurch zu seinen Gefährten und Anhängern. Einer von ihnen, Bruder

---

82 *Acta canonizationis*, Bologna, 28; Bériou-Hodel, S. 724. Bei den Bistümern handelt es sich um Béziers und Couserans, die ebenfalls in den Aussagen in Toulouse Erwähnung finden. Johannes von Spanien erwähnt außerdem das Bistum von Comminges, dessen Titular um das Jahr 1215 Erzbischof von Auch wurde.
83 Jordan von Sachsen, *Libellus*, 38; Bériou-Hodel, S. 628.

Petrus Seilhan, vermachte „die hohen und edlen Häuser, die er in der Nähe des *Château Narbonnais*" an der südlichen Stadtmauer von Toulouse „besessen hatte". Die auf den 25. April 1215 datierte Teilungsurkunde des Erbes von Petrus Seilhan ernennt tatsächlich „Herrn Dominikus" und diejenigen, die diese Häuser nach ihm bewohnen, zu den Eigentümern des Anteils, der Petrus zufällt"[84]. Damals fingen Dominikus und seine Gefährten „erstmalig an, sich zu Toulouse in diesen Häusern niederzulassen, und seitdem begannen alle, die mit ihm waren, zur Armut herabzusteigen und sich dem Ordensleben anzugleichen."[85] Dank der Unterstützung Fulkos hatte Dominikus die finanzielle Möglichkeit, eine Art dauerhafte Einrichtung für Prediger in der Hauptstadt des Südens im Languedoc zu gründen. Am Frühlingsende oder Sommeranfang des Jahres 1215 gewährte der Bischof außerdem „dem Bruder Dominikus und seinen Gefährten, die sich vorgenommen hatten, als Mönche zu Fuß in evangelischer Armut zu gehen und das Wort evangelischer Wahrheit zu verkündigen", den Status als Prediger in der Diözese auf Lebenszeit.[86] Mit dem Prälaten wurde vereinbart, dass die Prediger nicht an eine bestimmte Kirche gebunden waren, sondern nur Hilfeleistungen aus dem Anteil erhielten, den die Diözese für die Armen bereithielt. Der Bischof übernahm außerdem die Verpflichtung für „alles, was während ihrer Krankheit und wenn sie sich manchmal ausruhen wollen, notwendig sein wird", aufzukommen. Schließlich verfügte der Bischof, „wenn nach einem Jahr noch etwas davon vorhanden ist, wollen und entscheiden wir, dass es zur Zierde derselben

---

84 Archives nationales de France (Paris), J/321/60
85 Jordan von Sachsen, *Libellus*, 38; Bériou-Hodel, S. 628.
86 *Monumenta diplomatica*, 63; Bériou-Hodel, S. 172. Jordan von Sachsen erwähnt diesen Text: *Libellus*, 39; Bériou-Hodel, S. 629.

Pfarrkirchen oder zum Nutzen der Armen zurückgegeben wird, je nachdem, was der Bischof für angemessen hält."[87] Nicole Bériou und Bernard Hodel stellen fest:

> „Diese Bestimmung zeugt im Gegensatz zu dem, was in den meisten kirchlichen Einrichtungen geschah, von dem Willen, nicht zu horten, sondern sich mit dem absolut Nötigen zu begnügen. Sie spiegelt die seit 1206 gleichbleibende Haltung des Dominikus wider, das Evangelium vor den Albigensern zu bezeugen, indem er die Armut annahm."[88]

Bischof Fulko überließ Dominikus außerdem im Juni oder Juli 1215 ein Gästehaus an der *Porte Arnaud Bernard* in Toulouse, damit er bekehrte Frauen und die Brüder, die sich um sie kümmerten, dort beherbergen könnte.[89]

In dieser Zeit folgten bereits Hunderte von Männern auf den Wegen in Italien den Spuren des Franziskus von Assisi. Während des Frühjahrs 1215 festigte Simon de Montfort seine Macht über Toulouse, und die Kirche blühte in der mit einem Interdikt belegten Stadt wieder auf; die Gegenwart der Prediger aus dem Lauragais muss ein seltsames Schauspiel geboten haben. Die ersten Grundlagen des Predigerordens wurden gelegt, aber innerhalb der Grenzen einer diözesanen Einrichtung. Die Voraussetzungen dazu, „sich den Sitten der Mönche anzupassen" und Berufene aufzunehmen, die man formen musste, waren jedoch gegeben.[90] Dominikus wollte, dass sechs seiner Gefährten an den Theologiekursen teil-

---

87 *Monumenta diplomatica*, 63; Bériou-Hodel, S. 173.
88 Bériou-Hodel, S. 173, Anm. 3.
89 *Monumenta diplomatica*, 64. Fulko erwähnt das Kloster nicht; es handelt sich vermutlich um Frauen, die von der Häresie bekehrt wurden.
90 Jordan von Sachsen, *Libellus*, 38; Bériou-Hodel, S. 628.

nähmen, die ein *Magister* in der Stadt erteilte, in der es noch keine Universität gab:

> „Sie teilten ihm mit, dass sie Brüder seien, die das Evangelium Gottes gegen die Ungläubigen und für die Gläubigen in der Gegend von Toulouse predigten, und erklärten, dass sie gekommen seien, um seine Schule zu besuchen, und ersehnten und wünschten mit brennendem Herzen seinen Lehren zuzuhören."[91]

Dabei handelte es sich jedoch nur um eine Etappe. Dominikus blieb Chorherr von Osma wie auch einige seiner Gefährten. Die anderen schenkten sich Dominikus und seiner *praedicatio*, was aber keine formell gegründete Ordensgemeinschaft bildete. Das Predigen wurde von ihnen zunächst als ein im Namen der Kirche zu erfüllender Dienst aufgefasst, als eine Aufgabe, eine anspruchsvolle Tätigkeit; nun galt es, diesem eine institutionelle Form zu verleihen. Das ökumenische Konzil, das im November 1215 im Lateranpalast stattfand, musste zu Recht die ehrgeizige Politik von Innozenz III. bestätigen. Seit Beginn seines Pontifikats setzte sich der Papst nicht nur dafür ein, die Kirche zu reformieren, sondern auch die Christenheit, indem er den Fürsten erklärte, dass die königliche Macht den Glanz ihrer Würde von der päpstlichen Autorität erhalte, wie der Mond das Licht von der Sonne. Fulko und Dominikus waren entschlossen, die Gelegenheit zu nutzen und den Papst um eine verbindlichere Anerkennung der Gemeinschaft in Toulouse und ihrer Mission im Süden zu bitten. Jordan von Sachsen, der den Verlauf der Geschichte kannte, notiert dazu schlicht:

---

91 Zu „der Vision der sieben Sterne, die einem Meister in Theologie" aus Toulouse „erscheint", kurz bevor Dominikus sich ihm mit sechs Gefährten vorstellt, siehe Humbert de Romans, *Legenda maior*, 33; Bériou-Hodel, S. 978–979.

Eine Lebensbeschreibung des hl. Dominikus

„Diesem Bischof hat sich Bruder Dominikus angeschlossen, dass sie beide zusammen zum Konzil gingen und gemeinsam bei Papst Innozenz die Bitte vorbrachten: er möge dem Bruder Dominikus und seinen Gefährten den Orden bestätigen, der ‚Orden der Prediger' genannt würde und es auch sei."[92]

Vielleicht begegnete er auf der Reise Franziskus von Assisi. Die zahlreichen ikonographischen Darstellungen der brüderlichen Umarmung von Dominikus und Franziskus bezeugen jedenfalls die Verbindung, die die geistlichen Familien der beiden Heiligen miteinander knüpfen wollten. Als bewusste oder unfreiwillige Gründer neuer Orden betrachteten Dominikus und Franziskus ihre Weihe an Gott und ihr christliches Leben aus einer Sicht, die nicht jener der Mönchsorden oder Kanonikerorden ihrer Zeit entsprach, sondern eine Antwort auf die Pläne des Papstes zu bieten vermochte.[93]

---

92 Jordan von Sachsen, *Libellus*, 40; Bériou-Hodel, S. 629.
93 Marie-Humbert Vicaire nennt in seiner Biographie des Heiligen drei Begegnungen zwischen Dominikus und Franziskus, die in den hagiographischen Quellen Erwähnung finden. Mit Ausnahme einer kurzen Passage des *Livre de résumés sur la vie des saints* des Dominikaners Bartholomäus von Trient, sind alle drei franziskanische Begegnungen. (Bériou-Hodel, S. 1026). Die erste soll sich während der Bestätigung der Gemeinschaft in Toulouse durch Innozenz III. zugetragen haben; die zweite im Jahr 1218 anlässlich des Kapitels der Franziskaner in Portiuncula, die von einem Teil der franziskanischen Überlieferung „Matten-Kapitel" genannt wird und von dem anonymen Verfasser der *Fioretti di San Francesco* erwähnt wird; schließlich soll eine dritte Begegnung 1221 in Gegenwart des Kardinals Ugolino dei Conti di Segni, des zukünftigen Gregor IX., stattgefunden haben. Zu diesen Begegnungen und ihrer hagiographischen Entwicklung siehe auch Manuel-Antoine Cardoso-Canelas, „La rencontre entre saint Dominique et saint François. Perspectives

Innozenz III. hörte in Rom die Bitte des Dominikus an. Er stellte die Gemeinschaft und das Vermögen in Prouilhe unter seinen Schutz. Anstatt aber sofort die *praedicatio* in Toulouse zu bestätigen, bat er Dominikus, zu den Seinen zurückzukehren, „mit ihnen umfassend zu beraten und mit der einhelligen Zustimmung aller" eine Regel für das Ordensleben zu wählen, die „von der Kirche bereits approbiert worden war". Anschließend würde er die erwünschte Bestätigung erteilen.[94] Mit solcher Vorsicht vorzugehen, bedeutete für den Papst sicherlich, die Einrichtung der Prediger in Toulouse zu ermutigen, eine wahrhafte Ordensgemeinschaft zu werden, aber der Papst unterstützte traditionelle Lösungen, um die Ausbreitung umstrittener Bewegungen zu verhindern, wie jene, die im Umfeld des Franziskus von Assisi oder der alten Waldenser bestanden und die man die „Armen Katholiken" nannte. Er wollte nicht, dass die Verbindung von Armut und Predigt die Bischöfe er- und abschreckte, sondern er wünschte im Gegenteil, dass Prediger wie diejenigen, die sich um Dominikus versammelten, überall dort Aufnahme fänden, wo man das Bedürfnis dazu verspürte. Als Constantin von Orvieto in der Mitte des 13. Jahrhunderts, um das Jahr 1245, in einem Klima brüderlicher Rivalität zwischen dem Orden der Minderbrüder und dem Predigerorden schrieb, war er der erste Hagiograph, der in seiner *Vita* einen Traum von Innozenz III. erwähnte, der auf übernatürliche Weise die Bedeutung, die das Werk des Dominikus für die gesamte Kirche hatte, bestä-

---

iconologiques et variations mimétiques", in Augustin Laffay und Gabrielle de Lassus Saint-Geniès (Hg.), *Études d'iconographie dominicaine. Europe occidentale (XVe–XXe siècle)*, „Dissertationes historicae, 25", Institutum Historicum Ordinis Praedicatorum, Rom, Angelicum University Press, 2017, S. 25–45.
94 Jordan von Sachsen, *Libellus*, 41; Bériou-Hodel, S. 629–630.

tigte und eine reiche ikonographische Tradition begründete. Der Papst war zunächst zögerlich, einen „Orden, der Prediger-[orden] heißen und den Predigern gehören sollte", zu bestätigen. Er vernahm in der Nacht,

> „im Traum durch eine Offenbarung, die von Gott zu ihm kam, dass der Laterankirche plötzlich großer Ruin drohte, als ob ihre Struktur zerfiele. Als er sie erblickte, gleichzeitig zitternd und betrübt, kam von der anderen Seite der Mann Gottes Dominikus herbei, der das ganze einstürzende Gebäude auf seine Schultern legte und stützte. [Der Papst war] in Wirklichkeit erstaunt über den neuen Charakter dieser Vision und als er, [durch] die Bedachtsamkeit ihre Bedeutung, sogleich erfasste, lobte [der Papst] das Projekt des Gottesmannes und nahm freudig seine Bitte an und forderte ihn auf, zu seinen Brüdern zurückzukehren und sich mit ihnen sorgfältig zu beraten."[95]

---

95 Constantin d'Orvieto, *Legenda*, 21; Bériou-Hodel, S. 885–886. Diese Vision wurde in der „franziskanischen" Version wegen des von Giotto gemalten Freskos in der Oberkirche *San Francesco* in Assisi berühmt: Der hl. Franziskus stützt die Laterankirche, während der Papst träumt. Die Vision soll ein göttliches Zeichen zugunsten der Regel des Franziskus gewesen sein. In Wahrheit erscheint die franziskanische Version des Traums von Innozenz III. zum ersten Mal in der *Drei-Gefährten-Legende*, 51 (vgl. *François d'Assise. Écrits, Vies, témoignages*, Jacques Dalarun (Hg.), Paris, Éd. du Cerf – Éd. Franciscaines, Bd. 1, 2010, S. 1139). Der Text ist zeitgenössisch zu dem Text des Constantin von Orvieto, dem ersten dominikanischen Nachweis der Episode. Die Ikonographie des hl. Dominikus eignete sich schnell die Szene an, um sie häufig als Motiv zu verwenden: Man erinnere sich nur an den Sarkophag des Heiligen in Bologna, auf dem sie eingraviert ist. Das Thema untersuchte André Vauchez, „Les songes d'Innocent III", in *Studi sulle società e le culture del Medioevo per Girolamo Arnaldi*, Rom, All'insegna del Giglio, 2002,

Dominikus und seine Mitbrüder wählten Anfang des Jahres 1216, als sie nach dem Laterankonzil wieder zurück in Toulouse waren, die Regel des hl. Augustinus, die sie aus der kanonischen Tradition von Osma kannten und praktizierten. Die Regel des hl. Augustinus diente als Grundlage für die Gesetzgebung der Predigerbrüder, entsprach aber nicht genau der Regel, die durch die kirchliche Entwicklung am Ende des 11. Jahrhunderts als Regel des „apostolischen Lebens" bekannt wurde. Sie bestand damals aus zwei Teilen. Der erste Teil enthielt detaillierte Vorschriften; nur der erste Satz wurde im Text der Predigerbrüder beibehalten. Allein der zweite Teil wurde vollständig übernommen. Es handelt sich dabei um eine Reihe geistlicher und moralischer Ratschläge. Der Text entspricht dem Brief 211 des hl. Augustinus, jedoch mit dem Unterschied, dass er an Menschen gerichtet ist. Die Regel bildet daher keine strikt normative Einheit. Nach Jordan von Sachsen nahmen Dominikus und seine Gefährten deswegen einige strengere Bestimmungen zu Nahrung, Lagerstätte und Kleidung an und wählten ein Leben finanzieller Abhängigkeit, „damit der Dienst der Predigt nicht behindert werde durch die Sorge um irdische Güter. Nur das Empfangen von Renten ließen sie bis dahin noch zu"[96]. Die Armut wurde als ein Mittel dargestellt, Christus zu entsprechen. Die Observanzen waren im Wesentlichen Teil kanonischer Traditionen strenger Observanz (*arctiores consuetudines*), die vor allem von den Prämonstratensern stammten.

Das Haus von Petrus Seilhan war zu klein geworden, um die Apostel-Prediger zu beherbergen. Im Juli 1216 übergab das Domkapitel von Toulouse Dominikus und seinen Gefähr-

---

S. 695–706, und übernommen von *Francesco d'Assisi e gli Ordini mendicanti*, Assisi, Edizione Porziuncola, 2005, S. 81–96.
96 Jordan von Sachsen, *Libellus*, 42; Bériou-Hodel, S. 630–631.

ten die nicht weit entfernt liegende Kirche *Saint-Romain*. 16 Brüder schlossen sich in einem Konvent zusammen, den sie nach ihrer Art umbauten, indem sie einen Kreuzgang und „Zellen, die zum Studieren und Schlafen gut geeignet waren"[97], errichteten. Das Predigen erforderte nicht nur ein solides Leben nach Ordensregeln, sondern auch eine intensive, intellektuelle Tätigkeit. Der Tod von Innozenz III. am 16. Juli 1216 und die Wahl von Kardinal Savelli, der den Namen Honorius III. annahm, zwangen Dominikus zu einem erneuten Aufenthalt in Rom, um den neuen Papst darum zu bitten, was sein Vorgänger versprochen hatte. Honorius III. war quasi ein Unbekannter für ihn; man musste ihm erklären, wie sich das apostolische Vorhaben aus dem Jahr 1206 zu einer neuen, religiösen Institution gewandelt hatte. Der Papst ließ sich Zeit, und der Aufenthalt des Dominikus in Rom dauerte an. Aber Dominikus war kein Mann, der aufgab.

> „In seinen Entschlüssen, die er im Hinblick auf Gott und mit klarer Einsicht gefasst hatte, bewahrte er eine solche Herzensfestigkeit, dass er sich kaum jemals, ja niemals herbeiließ, eine Entscheidung, die nach reiflicher Überlegung einmal ausgesprochen war, zu ändern."[98]

Constantin von Orvieto erwähnte zu diesem Zeitpunkt, als ob er dennoch einer übernatürlichen Ermutigung bedurfte, eine zweite Episode der Wundererscheinung, die sich in Rom ereignet hatte und den Gründer in seiner Mission bestärkte:

> „Wie nun der Mann Gottes Dominikus in Rom war und in der Petersbasilika unter dem Blick Gottes für die Erhaltung und Ausweitung des Ordens betete, den seine Rechte

---

97 Jordan von Sachsen, *Libellus*, 44; Bériou-Hodel, S. 632.
98 Jordan von Sachsen, *Libellus*, 103; Bériou-Hodel, S. 664.

verbreitete, indem er ihn zu seinem Mittler machte, *war die Hand des Herrn über ihm*, und durch eine Vision der Vorstellungskraft erkannte er plötzlich die ruhmreichen Fürsten [der Apostel] Petrus und Paulus, die zu ihm kamen. Der erste, Petrus, schien ihm einen Stab zu reichen und Paulus ein Buch; und sie fügten hinzu: ‚Gehe hin und predige, weil du von Gott für diesen Dienst auserwählt worden bist'. Bald, innerhalb eines Augenblicks, schien es ihm, seine über die ganze Welt verteilten Söhne zu erblicken, die zu zweit gingen und den Völkern das Wort des Herrn predigten."[99]

Am 22. Dezember 1216 nahm Honorius III. schließlich die Ordensleute von *Saint-Romain* und ihre Besitztümer unter seinen Schutz, ebenso in Prouilhe. Ihre Existenz als Ordensleute in Toulouse wurde damit bestätigt.[100] Als wirksame Stütze in der Kurie erwies sich Kardinal Ugolino di Segni, der Franziskus von Assisi unterstützt hatte und Franziskus und Dominikus, nachdem er einige Jahre später unter dem Namen Gregor IX. Papst geworden war, heiligsprechen sollte. Neue Bullen von Honorius III. erweiterten den Wirkungsbereich der Prediger aus Toulouse und bestätigten das Wesen ihrer Berufung: Die Bulle vom 21. Januar 1217 war zunächst an den Prior und die Brüder von *Saint-Romain*, an die in der Gegend von Toulouse „Predigenden" (*predicantes*) gerichtet, wurde dann aber korrigiert und an die „Prediger" (*predicato-*

---

99 Constantin d'Orvieto, *Legenda*, 25; Bériou-Hodel, S. 889. Humbert übernimmt die Episode quasi wörtlich: Humbert de Romans, *Legenda maior*, 27. Der Bericht der Apostelerscheinung regte zu einer umfangreichen Ikonographie an.
100 *Monumenta diplomatica*, 77. Bulle *Religiosam vitam* vom 22. Dezember 1216; Bériou-Hodel, S. 177–185.

res) gesandt.[101] Dabei handelt es sich nicht nur um ein bloßes Detail! Dominikus und seine Mitbrüder wurden nicht mehr nur als Priester betrachtet, die von einem Bischof beauftragt worden waren, vorübergehend den Dienst des Predigens auszuüben, sondern wurden wie vollkommen diesem Amt geweihte Ordensleute behandelt. Diese Darstellung wird seit dem 13. Jahrhundert von Thomas von Cantimpré, einem eifrigen Verfechter der Bettelorden und berühmten Verfasser des *Bonum universale de apibus*, verbreitet. Nach seiner Aussage ergriff der Notar der Päpstlichen Kurie die Initiative, die Wörter zu ändern und sein Handeln gegenüber dem „apostolischen Herrn" auf folgende Weise zu rechtfertigen:

> „,Predigend' [prêchant] ist ein Adjektiv, auch wenn es zulässig ist, aus einem Partizip ein Nomen zu bilden, und es ist ein gewöhnliches Nomen [das eine Person bezeichnet], die gerade dabei ist zu handeln; das Nomen ,Prediger' [prêcheurs] ist eigentlich ein Substantiv, und es ist ein Nomen, das sowohl auf ein Verb als auf eine Person verweist, mit dem die Bezeichnung des Amtes ausgedrückt wird, deutlicher geht es nicht."[102]

Die Bezeichnung Prediger benennt seitdem, was die Dominikaner sind und was sie tun; ihre Aufgabe ist es, das Evangelium mutig und beharrlich zu verbreiten, ohne sich von anderen Verpflichtungen ablenken zu lassen. Die Mission konnte

---

101 *Monumenta diplomatica*, 79. Bulle *Gratiarum omnium largitatori* vom 21. Januar 1217; Bériou-Hodel, S. 188–190. Der Text wurde korrigiert, bevor die Brüder ihn erhielten. Die Abrasion und die Änderung des Wortes sind noch in der Bulle sichtbar, die in den *Archives départementales de l'Aude* in Carcassonne unter der Signatur H 317, n 1 aufbewahrt wird.
102 Thomas de Cantimpré, *Le bien universel des abeilles*, 4; Bériou-Hodel, S. 1141.

sich nun ausweiten und neuen Ufern zuwenden. Dominikus besuchte während der Monate seines Aufenthaltes in Rom im Übrigen häufig Kardinal Ugolino und sprach von in weiter Ferne liegenden Tätigkeitsfeldern.[103] Bei ihm traf er nämlich einen jungen Kleriker, Wilhelm von Montferrat, den er ermutigte, zwei Jahre zum Studium nach Paris zu gehen, bevor er sich ihm anschlösse, um „die Heiden zu bekehren, die in Preußen und in anderen Gegenden im Norden lebten"[104]. Wilhelm von Montferrat, der Dominikaner geworden war, berichtete von dieser römischen Begegnung bei dem zukünftigen Papst Gregor IX., der damals noch Bischof von Ostia war. Sie sollte nämlich sein Leben auf den Kopf stellen, und sie beweist auch, dass die missionarische Sehnsucht des Dominikus nicht nachgelassen hatte.

Als Dominikus Ende März des Jahres 1217 in das Languedoc zurückgekehrt war, erkannte er das Ausmaß der politischen Situation und machte sich sicherlich Sorgen. In dem kleinen Traktat, den Stephanus de Salaniaco über die Ordensgründung verfasste, legt er Dominikus harte Worte an die Einwohner von Lauragais, die sich in Prouilhe versammelt hatten, in den Mund: „Dort, wo die Segnung nicht wirkt, soll der Stock herrschen!"[105] Die Worte konnten prophetisch klingen. Simon de Montfort war seit September 1216 umstritten; Graf Raimond VI. von Toulouse wollte seine Stadt zu-

---

103 *Acta canonizationis*, Bologna, 12; Bériou-Hodel, S. 708–709.
104 Die große Familie der Montferrat war sehr am Kreuzzug beteiligt. Der Vorname Wilhelm ist in dieser Familie gut belegt, aber nach Nicole Bériou und Bernard Hodel kann man nicht mit Sicherheit bestätigen, dass dieser Ordensmann diesem Geschlecht angehörte; Bériou-Hodel, S. 708, Anm. 1.
105 Étienne de Salagnac – Bernard Gui, *De quatuor in quibus*, II, 3. Zu den Worten des Dominikus, die in keiner anderen Quelle belegt sind, siehe die Erläuterungen von Bériou-Hodel, S. 1172–1173.

rückgewinnen und war sich dabei der Unterstützung vieler ihrer Einwohner sicher; das Projekt des Dominikus, Schulen in Toulouse zu gründen und Lehrer aus Paris kommen zu lassen, war daher in Gefahr. Die Predigerbrüder riskierten sogar, im Falle einer triumphalen Rückkehr von Raimund VI. wie Verräter betrachtet zu werden. Nach Jordan von Sachsen soll Dominikus von neuen, politischen Dramen „durch den Heiligen Geist Kenntnis" erhalten haben:

> „In einer Vision wurde ihm ein Baum gezeigt, breit und wohlgestaltet, in dessen Zweigen viele Vögel wohnten. Der Baum stürzte um, und die Vögel, die auf ihm ruhten, flohen auseinander. Daraus erkannte der vom Geiste Gottes erfüllte Mann, dass dem Grafen von Montfort, dem großen und erhabenen Fürsten, [franz. Text: Vormund vieler Mündel], ein baldiges Lebensende drohe."[106]

Trotz der Einwände, die von allen Seiten geäußert wurden, beschloss Dominikus, die fünfzehn Brüder, die sich ihm angeschlossen hatten, ausschwärmen zu lassen. Das geschah vielleicht in Prouilhe an Mariä Himmelfahrt des Jahres 1217. Wie eine Legende des hl. Dominikus präzisiert, wusste er, dass „die verteilten Samen Frucht tragen und die gehorteten zusammen verderben"[107]. Die Brüder reisten nach Paris ab. Ihr Verantwortlicher, Bruder Matthias von Frankreich, erhielt den Titel eines Abts (*abbé*). Jordan von Sachsen berichtet:

> „Er war der erste und der letzte, der in diesem Orden *Abt* genannt wurde. Denn später gefiel es den Brüdern, dass

---

106 Jordan von Sachsen, *Libellus*, 46; Bériou-Hodel, S. 633.
107 Pierre Ferrand, *Legenda sancti Dominici*, 27; Bériou-Hodel, S. 827.

um der Demut willen der Vorgesetzte nicht Abt, sondern Ordensmeister genannt werde."[108]

Später beschloss man außerdem, „dass alle anderen niederen Prälaten mit dem Begriff ‚Prior' oder ‚Subprior' bezeichnet werden sollten", erklärt Petrus Ferrandi.[109] Offensichtlich war der Gründungsprozess noch nicht abgeschlossen, und man zögerte noch, wie die verschiedenen Häuser organisiert und die Superioren bezeichnet werden sollten. Die Brüder wurden in zwei Gruppen nach Paris entsandt und mussten dort bei den *Magistern* an der Universität studieren und einen Konvent gründen.[110] Seit Ende des Jahres 1217 zogen die Prediger die Aufmerksamkeit auf sich. Da diese neuartigen Chorherren in der Nähe der Pfarrei *Saint-Jacques* angesiedelt waren, erhielten sie den Spitznamen „Jakobiner", den die französischen Dominikaner fortan bis zur Revolution im Jahr 1789 trugen. Vier weitere Brüder verließen Prouilhe in Richtung Spanien. Zwei Gefährten der iberischen Mission, Bruder Petrus von Madrid und Bruder Sueiro Gomez, „machten sehr große Fortschritte und verbreiteten das Wort Gottes". Ersterer war übrigens von 1221 bis 1230 Superior der spanischen Provinz. Aber die beiden anderen konnten nicht so heimisch werden, wie sie es sich gewünscht hatten, und begaben sich anschließend nach Rom und darauf nach Bologna.[111] Andere Brüder, die „jung und einfach: wie kleine Samenkörner" waren, gingen später nach Orléans.[112] Eine weitere Gruppe machte sich schließlich nach Italien auf.

---

108 Jordan von Sachsen, *Libellus*, 48; Bériou-Hodel, S. 633–634.
109 Pierre Ferrand, *Legenda sancti Dominici*, 27; Bériou-Hodel, S. 828.
110 Jordan von Sachsen, *Libellus*, 51–52; Bériou-Hodel, S. 636–638.
111 Jordan von Sachsen, *Libellus*, 49; Bériou-Hodel, S. 634.
112 Jordan von Sachsen, *Libellus*, 54; Bériou-Hodel, S. 639.

Eine Lebensbeschreibung des hl. Dominikus

Nach ihrer Ankunft in Bologna im Jahre 1218 wurden sie vermutlich in *San Procolo* aufgenommen, bevor sie sich in *Santa Maria della Mascarella* niederließen. „[...] und hatten dort unter der Bedrängnis der Armut viel zu leiden"[113]. Gegen Mitte Dezember des Jahres 1217 begab sich Dominikus nach Rom, um Papst Honorius III. über die jüngsten Ereignisse Bericht zu erstatten. Raimund VI. war in die Stadt Toulouse eingedrungen, und Simon de Montfort hatte sogleich die Stadtmauern belagert. Der Anführer des Kreuzzugs starb am 25. Juni 1218 während der militärischen Operation zur Rückeroberung der Stadt.[114]

In Rom empfing Honorius III. Dominikus wohlgeneigt. Am 11. Februar 1218 veröffentlichte er die erste einer Reihe von Empfehlungsbullen, in denen er die kirchlichen Autoritäten der ganzen Welt anwies, „den Brüdern des Predigerordens, [...] von denen wir glauben, dass ihr nützlicher Dienst und die Religion Gott wohlgefällig sind, beizustehen und sie zu unterstützen". Zum ersten Mal erkannte der Papst den Predigerorden an; er bestätigte auch das Armutsversprechen der Ordensleute und verdeutlichte, dass diejenigen zuvorkommend bei ihrem lobenswerten Vorhaben umgeben und in ihrer Not unterstützt werden müssten, die dessen Zei-

---

113 Jordan von Sachsen, *Libellus*, 55; Bériou-Hodel, S. 639.
114 Simon de Montfort, der sich in Palästina während des vierten Kreuzzugs ausgezeichnet hatte, übernahm 1208 die Führung des Kreuzzugs gegen die Albigenser. Er nahm mutig und energisch, wenn nicht brutal Béziers (1209) ein, Carcassonne gewann über Peter II. von Aragón die Schlacht von Muret (1213). Dadurch erwarb er großflächige Güter zu Lasten von Raimund-Roger, Vicomte von Béziers und Carcassonne, und von Raimund VI. von Toulouse. Er ließ sich den Besitz von Innozenz III. 1215 anerkennen, danach von dem König von Frankreich, musste sich aber dann dem Aufstand der Bevölkerung entgegenstellen.

chen trügen und „das Wort Gottes unentgeltlich und treu verkünden, darauf bedacht sind, die Seelen zu fördern, allein dem Herrn nachfolgen"[115]. Als sich Dominikus im Jahr 1218 in Rom aufhielt, lernte er außerdem eine für die Anfänge des Ordens wichtige Persönlichkeit kennen, einen hochrangigen Geistlichen, der seinen Bischof zum Grab des hl. Petrus begleitete. Reginald, *Magister regens* für Kirchenrecht in Paris und später Dekan von *Saint-Aignan* in Orléans, träumte von einem der Predigt und Armut geweihten Leben. Er bereitete sich auf eine Pilgerreise nach Jerusalem vor. Nachdem er schwer erkrankt war, empfing er den Besuch des Dominikus, der ihn zur „Armut Christi und zum Eintritt in seinen Orden" aufforderte, sodass er von ihm „seine freie und volle Zustimmung, daß er sich dem Orden anschließe" erhielt.[116] Nach dem Gelübde wurde Reginald, wie Jordan von Sachsen berichtet, auf wundersame Weise von der Jungfrau Maria geheilt, die zu ihm kam und „ihm Augen, Nase, Ohren, Mund, Lenden, Hände und Füße mit einer heilsamen Salbe [salbte], die sie mitgebracht hatte" und dabei die Worte sprach: „Ich salbe deine Füße mit heiligem Öl *zur Bereitschaft für das Evangelium des Friedens*", bevor sie ihm den Ordenshabit zeigte.[117] Nachdem Reginald seine Pilgerreise ins Heilige Land beendet hatte, sandte Dominikus ihn als seinen Vikar nach Bologna. Seine Redebegabung und seine Fähigkeiten als Anwerber von Berufenen kamen sowohl bei den Studenten als auch bei den Magistern zur Entfaltung, „sodaß kaum einer so verhärtet war, *daß er sich vor seiner Glut verbergen*

---

115 *Monumenta diplomatica*, 86. Bulle *Si personas religiosas* vom 11. Februar 1218; Bériou-Hodel, S. 191–192.
116 Jordan von Sachsen, *Libellus*, 56; Bériou-Hodel, S. 640.
117 Jordan von Sachsen, *Libellus*, 57; Bériou-Hodel, S. 640.

konnte", schreibt Jordan. „Ganz Bologna war in Erregung."[118] Die Wahl des Dominikus war folglich klar: Die Prediger mussten Gefährten in den beiden größten Universitätszentren Europas, Bologna und Paris, anwerben.

Die Ermutigung des Papstes hatte Dominikus beruhigt, aber er war um den Zusammenhalt unter den Gruppen der Brüder, die er verteilt hatte, besorgt und reiste im Mai 1218 mit Petrus Seilhan und einigen Gefährten nach Spanien. Wie auch in den ersten Tagen der Kampagne im Languedoc predigte Dominikus allen und forderte die Ungläubigen zum Streitgespräch auf. Diesmal musste er sich nicht nur an die Ketzer, sondern auch an die Juden und die Muslime auf der iberischen Halbinsel wenden. Während des Heiligsprechungsprozesses erzählte Bruder Johannes von Navarra, der Zeuge dieser Begegnungen war, wie sehr ihn die Art und Weise beeindruckt habe, mit der Dominikus jeden Menschen behandelt habe, dem er begegnet sei:

„Er zeigte sich freundlich zu allen, Reichen, Armen, Juden und Heiden, die es in Spanien zahlreich gab, und, soweit er bemerkte, wurde er von allen geliebt, mit Ausnahme der Ketzer und der Feinde der Kirche, die er mit Streitgesprächen und Predigten verfolgte und widerlegte. Dennoch ermahnte er sie mit Liebe zur Buße und zur Glaubensbekehrung und forderte sie dazu auf […]."[119]

Den Schwestern eines Klosters in Madrid, das er nach dem Vorbild von Prouilhe errichtete, übergab er den Habit. Ein Jahr später schrieb er ihnen einen Brief, den einzigen persönlichen Brief, der erhalten bleiben sollte. Er ermahnte sie, fest an den monastischen Werten der Disziplin und Strenge fest-

---

118 Jordan von Sachsen, *Libellus*, 58; Bériou-Hodel, S. 641.
119 *Acta canonizationis*, Bologna, 27; Bériou-Hodel, S. 723.

zuhalten und den Teufel mit Gebet und Fasten zu bekämpfen. Als er die Autorität seines Bruders Mamès über die Gemeinschaft bestätigte, betonte er die Verantwortung der Nonnen und nicht der Brüder, neue Berufene anzunehmen. Der Text soll vollständig zitiert werden, wenn auch nur wegen seiner Einzigartigkeit: Wenn Dominikus auch viele Briefe verfasste, sind uns nur drei als Kopie überliefert. Der Gründer des Predigerordens wandte sich außerdem in der ersten Person [Plural] an seine Schwestern:

„Bruder Dominikus, Meister der Prediger, an die geliebte Priorin und die ganze Gemeinschaft der Nonnen in Madrid, Gruß und Fortschritte von Tag zu Tag. Wir freuen uns sehr und danken Gott für die Inbrunst Eurer heiligen Lebensweise und dafür, dass Gott euch vom Gestank dieser Welt erlöst hat. Kämpft, [meine] Töchter, ohne Unterlass gegen den alten Widersacher mit Fasten und Gebeten, denn *nur der wird die Krone erhalten, der gekämpft hat und dabei die Regeln befolgte*. Weil Ihr bis jetzt über keinen Ort verfügt habt, an dem Ihr Eure Religion befolgen könnt, und Ihr jetzt nicht mehr die Entschuldigung vorbringen könnt, nicht durch die Gnade Gottes über äußerst angemessene Gebäude zu verfügen, wo ihr die Religion wahren könnt, will ich hinfort, dass in den verbotenen Orten, nämlich im Refektorium, im Schlafsaal und im Oratorium Schweigen herrsche, und dass überall anderswo die Ordensregel, der Ihr Euch anpasst, eingehalten werde. Dass niemand durch die Tür hinausgehe und niemand eintrete, außer dem Bischof oder einem anderen Prälaten für die Predigt oder zu Besuch. Spart weder an den Kasteiungen noch an den Vigilien. Seid Eurer Priorin gehorsam. Unterhaltet Euch nicht untereinander, verschwendet nicht Eure Zeit mit leerem Geschwätz. Und weil wir Euch in weltlichen Dingen nicht zu Hilfe kommen können, wollen wir Euch keine Last aufbürden, indem wir einem Bruder die Befugnis welcher Art auch immer erteilen, Frauen zu empfangen oder eintreten zu lassen, [eine Befugnis], die allein der Priorin zukommt, mit dem Rat der Gemeinschaft. Außerdem ordnen wir unserem sehr lieben Bruder Mamès, der viel gearbeitet und Euch mit diesem sehr heiligen Stand verbunden hat, an, Euch zu lenken und Euer Leben so zu gestalten, wie es ihm in allen Dingen gut scheint, damit Ihr sehr fromm und heilig lebt. Wir geben ihm jedoch die Befugnis, Euch zu besuchen und zu korrigieren, sowie, wenn es erforderlich ist, die Priorin mit der Zustimmung der Mehrheit der Nonnen zu entlassen; und wir erteilen ihm die Erlaubnis, Euch in bestimmten Punkten die Dispens zu erteilen, wenn er es für richtig hält. Möge es Euch gut gehen in Christus."[120]

Nach dem Aufenthalt in Madrid befand sich Dominikus vor Weihnachten in Segovia, wo er den ersten spanischen Konvent der Brüder gründete.[121] 1219 begab sich der unermüdliche Wanderer ein letztes Mal nach Toulouse. Von dort ging er nach Paris und besuchte auf dem Weg das Marienheiligtum in Rocamadour. Der Pariser Konvent zählte bereits etwa 30 Brüder und übte seinen Einfluss in Richtung Orléans, Reims, Poitiers und Limoges aus. Berufene schwärmten herbei: Dominikus nahm zu dem Zeitpunkt Wilhelm von Montferrat in den Orden auf, wie dieser während des Heiligsprechungsprozesses berichtete; er plante mit ihm eine Mission bei den Sarazenen und Kumanen.[122] Sein Traum von einer Mission war nicht erloschen. Wie die *Vita* des Petrus Ferrandi

---

120 *Monumenta diplomatici*, 125; Bériou-Hodel, S. 83–85.
121 Jordan von Sachsen, *Libellus*, 59; Bériou-Hodel, S. 642.
122 *Acta canonizationis*, Bologna, 12; Bériou-Hodel, S. 709.

belegt, die von Constantin von Orvieto und Humbert von Romans aufgegriffen wurde, soll Dominikus nach der Abreise im Jahr 1217 zeitweilig den Bart der Missionare getragen haben, „als er sich anschickte, das Land der Sarazenen zu gewinnen"[123]. Noch in Paris machte Jordan von Sachsen die Bekanntschaft des Dominikus; die Begegnung veränderte ihn vollkommen. Jordan war in Westfalen geboren, hatte die Pariser Universität abgeschlossen und kam nach reiflicher Überlegung zu dem Entschluss, dem Orden beizutreten, zögerte es aber mit dem Ziel hinaus, seinen Kommilitonen und Freund Heinrich von Köln für das hehre Vorhaben zu gewinnen. Zu Beginn der Fastenzeit des Jahres 1220 trafen sie gemeinsam die Entscheidung und empfingen den Habit im Konvent *Saint-Jacques*.[124] Trotz der Erfolge und Zukunftsaussichten stellte sich während des Pariser Aufenthaltes Unruhe ein: Die Brüder lebten wie die Chorherren und verfügten über ein Einkommen für ihr Haus. Dominikus ermahnte sie, dass „sie alle weltlichen Dinge aufgeben und geringschätzen, sich an die Armut halten, nicht zu Pferde reiten, von Almosen leben und *nichts unterwegs mit sich führen*"[125]. Besitztümer

---

[123] Pierre Ferrand, *Legenda sancti Dominici*, 27; Bériou-Hodel, S. 827.

[124] Im Mai 1220 nahm Jordanus am ersten Generalkapitel in Bologna teil. Ein Jahr später, während des zweiten Generalkapitels, wurde er zum Provinzial der Lombardei ernannt. Er erreichte Italien nach dem Tod des Dominikus. Beim Generalkapitel in Paris im Mai des Jahres 1222 wurde er gewählt, um die Nachfolge des Dominikus bei der Leitung des gesamten Ordens anzutreten. Er kümmerte sich damals um die Festigung und Ausweitung der jungen Ordensfamilie. Er starb im Jahr 1237 bei einem Schiffbruch auf der Rückkehr von einer Reise ins Heilige Land. Er wurde 1826 von Leo XII. seliggesprochen. Siehe Angelus Walz, „Giordano di Sassonia", *Biblioteca sanctorum*, Tom. 6, Città nuova editrice, Sp. 508–511.

[125] *Acta canonizationis*, Bologna, 26; Bériou-Hodel, S. 722.

wurden den Zisterzienserinnen überlassen, aber die Maßnahme, die zur Armut hätte führen sollen, scheint von begrenztem Erfolg gewesen zu sein. Nicht alle waren nämlich noch bereit, so wie zu Beginn des Predigens in Toulouse zu leben. In dieser Zeit gewährte Dominikus den Brüdern im Süden die Eigenständigkeit ihrer Leitung mit Bruder Bertrand de Garrigue an der Spitze. Es zeichnete sich eine erste Aufteilung des Ordens in Provinzen ab.

Von Paris aus begab sich Dominikus in Richtung Italien. Ende August 1219 erreichte er Bologna und fand einen blühenden Konvent vor. Nach der Ankunft von Bruder Reginald am 21. Dezember 1218 hatte sich die Situation nämlich geändert. Die damals wenigen Prediger lebten in großer Armut und wurden in der Nähe der Kirche *Santa Maria e San Domenico della Mascarella* im Gasthaus der Spanier, die der Leitung der Chorherren von Roncesvalles unterstanden, aufgenommen. Reginald war ein Mann nach dem Herzen des Gründers; er weckte Begeisterung und forderte radikale Armut. Die Gemeinde, die bis dahin ein kümmerliches Dasein geführt hatte, sah ihre Mitgliederzahlen plötzlich wachsen.[126] Unter seiner Leitung wurde die Gemeinschaft schnell ziemlich zahlreich und tatkräftig, sodass sie in Florenz, Bergamo und Mailand weitere Gemeinschaften gründen konnte. Bald sollten sie sich auch in Verona, Piacenza und Brescia ausbreiten. Diana, die eine Tochter des adeligen Herrn von Andalò war, förderte die Entwicklung der Brüder in Bologna, als sie sich dort niederließen. Die junge, temperamentvolle und reiche Frau überzeugte ihren Großvater Pietro Lovello, ihnen die Kirche *San Nicolò delle Vigne* zu überlassen, schenkte sich in die Hände des Dominikus „vor dem Altar des seligen Nikolaus in Gegenwart des Meisters Reginald" und beauftrag-

---

[126] Jordan von Sachsen, *Libellus*, 58; Bériou-Hodel, S. 641.

te die Brüder, „ein Haus für Damen zu errichten, das sich nach dem Orden nennen und ihm gehören sollte"[127]. Wie in Prouilhe, Toulouse und Madrid gab es Frauen, die eng mit der Predigtmission [praedicatio] der Predigerbrüder verbunden waren.

Dominikus brach vermutlich in Begleitung der Brüder Wilhelm von Montferrat, Buonviso di Piacenza und Frugiero da Penna auf, um Papst Honorius III. in Viterbo zu besuchen. Er vertraute damals dem Papst seine zwei Wünsche an, ein erstes Generalkapitel abzuhalten sowie eine Mission bei den Heiden zu unternehmen.[128] In seinen Augen war die Institutionalisierungsphase des Predigerordens abgeschlossen, und er meinte, seine Freiheit wiedererlangen zu können. Einmal mehr ließ der Papst seine Hoffnung auf eine Mission zerschellen. Er wünschte, dass in Rom die chaotische Situation des Klosterlebens der Frauen gelöst werde, und bat Dominikus, die römischen Nonnen in einem neuen Kloster in der Nähe der Basilika *San Sisto* an der *Via Appia* anzusiedeln. Die antike Kirche *San Sisto*, die zwischen den Hügeln des Caelius und Aventin liegt, war lange Zeit verlassen. Sie lag in einer Bodenvertiefung und war von den Menschen so sehr vernachlässigt worden, dass sich der Raum in einen Sumpf verwandelt hatte, aber sie war auch in Kriegen und bei Rivalitäten zwischen gegnerischen Gruppen gebrandschatzt und geplündert worden. Die Basilika zog jedoch die

---

127 *ASOP* 1 (1893), S. 181–184. Édition par Hyacinthe-Marie Cormier de la *Chronique* de Sainte-Agnès de Bologne, 3–4; Bériou-Hodel, S. 557. Siehe auch *Acta canonizationis*, Bologna, 46; Bériou-Hodel, S. 722, Anm. 2.

128 *Acta canonizationis*, Bologna. Zu den Reisegefährten des Dominikus in Italien siehe die Zeugenaussagen: 12. Guillaume, Bériou-Hodel, S. 710; 20. Buonviso, Bériou-Hodel, S. 714; 46–47. Frugiero de Penna, Bériou-Hodel, S. 745–747.

Aufmerksamkeit von Innozenz III. auf sich, der wünschte, dass die Gebäude instandgesetzt würden, damit sie die Mitglieder der sieben, mehr oder minder verfallenden oder ruinenhaften Klöster, die die Stadt damals zählte, in einer einzigen Gemeinschaft aufnehmen könne. Architekten machten sich an die Arbeit, die Seitenschiffe der Basilika abzureißen und das Mittelschiff zu bauen. Das Ergebnis war eine neue Kirche von bescheideneren Ausmaßen, aber besser zur Aufnahme einer Ordensgemeinschaft von etwa 60 Nonnen geeignet. Der Plan seines Vorgängers wurde von Honorius III. aufgegriffen, und als sich im Dezember 1219 die englischen Kanoniker von Sempringham, die ursprünglich beauftragt worden waren, sich um die neue Klostergemeinschaft zu kümmern, *de facto* weigerten, nach Rom zu kommen, vertraute Honorius III. Dominikus die Kirche, die laufenden Arbeiten und die Mission an.[129] Der päpstlichen Kurie war sein beflissenes Wirken bei den Nonnen in Prouilhe wohlbekannt, und 1218 erneuerte Honorius III. auf Wunsch des Dominikus die Geste von Innozenz III. und stellte das Kloster im Languedoc unter seinen Schutz.[130] Dominikus nahm seine Aufgabe ernst und schrieb an die Brüder und Nonnen in Prouilhe, Fanjeaux und Limoux, dass sie sich auf eine eventuelle Umsiedlung in die Ewige Stadt einstellen sollten.[131] Während er darauf wartete, die Frauengemeinschaft gründen zu können, ließ er einige Brüder aus Bologna in den Mauern von *San Sisto* unterbringen. Der Konvent in Rom wurde so auf die Schnelle gegründet. Zur selben Zeit, etwa im Dezember des

---

129 Siehe in Bériou-Hodel, S. 539–543: Benedetto da Montefiascone, *La fondation de Saint-Sixte de Rome. Notice historique servant d'introduction au registre des chartes du monastère.*
130 *Monumenta diplomatica*, 90, S. 90–93.
131 *Monumenta diplomatica*, 108 und 113.

Jahres 1219, bat ein Priester aus Friesach in Kärnten darum, in den Orden aufgenommen zu werden, und kehrte bald in sein Land zurück und ermöglichte auf diese Weise, dass der Orden in der germanischen Welt Fuß fasste.[132]

Als das erste Generalkapitel des Predigerordens am 20. Mai 1220 begann, war das ein Beleg für seinen Erfolg. Jordan von Sachsen, Zeuge und Protagonist des Ereignisses, hinterließ einen ebenso persönlichen wie knappen Bericht in seinem *Büchlein über die Anfänge des Ordens*:

> „Im Jahre des Herrn 1220 wurde das erste Generalkapitel dieses Ordens zu Bologna abgehalten, an dem ich selbst teilnahm. Ich wurde von Paris mit drei Brüdern abgesandt; denn Meister Dominikus hatte brieflich angeordnet, daß vier Brüder aus dem Pariser Hause ihm zum Kapitel nach Bologna gesandt werden sollten. Ich war damals, als ich gesandt wurde, noch nicht einmal zwei Monate im Orden. In diesem Kapitel wurde mit allgemeiner Zustimmung der Brüder festgesetzt, daß das Generalkapitel in dem einen Jahr zu Bologna, im anderen dann zu Paris abgehalten werden sollte; jedoch solle es im nächsten Jahr zu Bologna abgehalten werden. Damals wurde auch angeordnet, daß unsere Brüder in Zukunft weder Besitzungen noch Renten haben dürften, und daß sie auch auf jene verzichten sollten, die sie im Gebiet von Toulouse hatten. Noch vieles andere wurde dort bestimmt, was bis heute Gültigkeit hat."[133]

---

132 Simon Tugwell, „Notes on the Life of St Dominic", *AFP* 66 (1996), S. 163; Édition du texte d'une *Historia ordinis praedicatorum in Dania*; Bériou-Hodel, S. 385–386.
133 Jordan von Sachsen, *Libellus*, 86–87; Bériou-Hodel, S. 656–657.

Das Generalkapitel versammelte Brüder aus Bologna und Paris, aber natürlich auch Brüder aus Toulouse und Segovia. Es handelte sich um die Zentren, an denen der Orden vertreten war. Wie man bei der Lektüre der Erzählung Jordans erahnt, waren die im Jahr 1216 in Toulouse angenommenen Bestimmungen nicht mehr ausreichend. Verschiedene Probleme stellten sich: Wie sollte man unterwegs die Pflicht der großen Fastenzeit im Kloster händeln? Wie sollte man die Klosterregeln zur Unterkunft oder zum Gebet erfüllen, wenn man auf Reisen war oder wenn das Apostolat einen Verstoß gegen die Regeln erforderte? Welche Regeln galten für den Habit aus Wolle? Um auf diese Schwierigkeiten eine Antwort zu finden, wurde ein Dispensprinzip von beispiellosem Umfang eingeführt: Es gestattete dem Oberen, einen Ordensmann von allem zu befreien, was dem Studium, dem Predigen oder dem Wohl der Seelen hinderlich wäre. Weitere vom Kapitel verabschiedete Bestimmungen betrafen den Konvent, der zur grundlegenden Einheit des Ordens wurde: Bei der Gründung musste er mindestens zwölf Brüder zählen, die von einem gewählten Prior geleitet wurden, aber auch über einen Lektor, d. h. einen zur Lehre befähigten *Magister* verfügen. Jeder Dominikanerkonvent war daher wie eine kleine Theologieschule konzipiert, in der Ordensleute angeworben und ausgebildet wurden sowie die studierte Lehre weiter vermittelt wurde. Im Kapitel in Bologna schien Dominikus erschöpft, verbraucht und flehte sogar die Brüder an, sich zurückziehen zu dürfen. Wie Bruder Rodolfo da Faenza während des Heiligsprechungsprozesses bezeugte, soll Dominikus gesagt haben: ‚Ich verdiene die Absetzung, weil ich nutzlos und schlaff bin.' Der Zeuge berichtet weiter:

„Da die Brüder ihn nicht absetzen wollten, schien es dem Bruder Dominikus richtig zu sein, dass Definitoren eingesetzt würden, die sowohl über ihn selbst als auch über die anderen und über das ganze Kapitel die Befugnis hätten, zu entscheiden, festzusetzen und anzuordnen, solange das Kapitel andauerte."[134]

Dominikus blieb folglich als Ordensmeister an der Spitze seiner Ordensfamilie. Dieser Titel wurde damals verwandt, um den Generalsuperior der Predigerbrüder zu bezeichnen.

Nachdem er das Gelöbnis seiner Brüder abgenommen hatte, begann Dominikus, in der Lombardei bis zur Erschöpfung zu predigen. Marie-Humbert Vicaire ließ sich in seiner Biographie über den hl. Dominikus ausführlich über diese Episode, die ihm wesentlich erschien, aus, auch wenn, wie er zugab, die Dokumente fehlen, um alle Einzelheiten dieser Mission genau darzulegen. Der Historiker stützte sich auf die Aussagen dominikanischer Zeugen und legte dar:

> „Im Jahr 1220 durchquerte er von den letzten Tagen im Mai bis zum Ende des Jahres die Lombardei; zwischen 1220 und 1221 durchlief er ‚beinahe die gesamte Mark Treviso' und ‚das Gebiet von Venedig'. Die Lombardei, die Marken und Venetien, den ganzen Norden Italiens wird er mit seinen Brüdern durchqueren, die nicht mehr nur junge Akolythen sind, sondern Männer in voller Reife, und vielleicht [ist] auch der eine oder andere [einer] der vom Papst beauftragte[n] Prediger. Die Verirrten, an die er sich wendet, fühlen sich daraufhin erhellt. Es handelt sich um all diejenigen, die in Norditalien systematisch von den Normen des Christentums abweichen, vor allem die Waldenser und Katharer."[135]

---

134 *Acta canonizationis*, Bologna, 33. Aussage des Rodolfo da Faenza; Bériou-Hodel, S. 730.
135 Marie-Humbert Vicaire, *Histoire de saint Dominique*, Tom. II,

Für Vicaire war die Kampagne in der Lombardei im Jahr 1220 folglich wie die Frucht auf die Saat, die Antwort auf die Kampagne im Languedoc im Jahr 1203. Die Methode verfeinerte sich.

Wenn auch die Quellen Dominikus nicht vor Menschenmengen predigend zeigen können, weiß man, dass er den Eifer seiner Mitbrüder wieder entfachte. Nach den Akten des Heiligsprechungsprozesses hielt er „fast jeden Tag" eine Predigt an die Brüder und eine geistliche Unterredung, wenn er sich in einem Haus seines Ordens befand, aber ebenso predigte und regte er zum Guten an, wenn er auf Reisen war und die Ordenshäuser „welchen Ordens auch immer"[136] besuchte. Wenn man auch nicht den Inhalt seiner Predigten kennt, weiß man, dass er viel weinte, aber seine Zuhörer tröstete, diejenigen besuchte, die es bedurften, ermahnte und die Beichte abnahm. In Italien ging Dominikus, wie er es seit seinen Jahren im Languedoc getan hatte, barfuß auf den Wegen, die zwei Städte oder Dörfer miteinander verbanden, wobei er seine Schuhe auf der Schulter trug. Wenn er in die Dörfer zurückkehrte, zog er sie wieder an: Seine Buße brauchte nicht bemerkt zu werden, aber die Brüder, die ihn begleiteten, waren Zeugen davon. Bruder Buonviso hörte den Meister klagen, als er auf einem Weg mit sehr spitzen Steinen vorbeikam: „Ach, ich Armer! Einmal war ich hier gezwungen, die Schuhe anzuziehen." Es hatte geregnet, und die Straße muss unpassierbar geworden sein. Der Begleiter des Dominikus erzählt weiter, dass dieser sich freue, wenn das Unwetter den Weg erschwere. Er „lobte und pries Gott, indem er laut *Ave Maris stella* sang, und nachdem er den

---

Paris, Éd. du Cerf, 1957, S. 241. Man kann dazu das gesamte Kapitel 17 lesen.
136 *Acta canonizationis*, Bologna, 6; Bériou-Hodel, S. 702–703.

Lobgesang einmal beendet hatte, begann er einen weiteren, *Veni Creator Spiritus,* und sang mit lauter Stimme bis zum Schluss."[137] Dominikus verlieh der Predigt der Predigerbrüder einen Stil.

Nachdem er in der Lombardei bis zum Ende seiner Kräfte gepredigt hatte, kehrte Dominikus im Januar 1221 nach Rom zurück. Die Arbeiten an *San Sisto* befanden sich in der Abschlussphase, aber die Zahl der Kandidaten für ein strengeres Klosterleben war zusammengeschrumpft. Während man auf eine Gruppe Schwestern aus Prouilhe wartete, trafen die Nonnen aus den beiden einzigen römischen Gemeinschaften von *Santa Bibiana,* die sich auf dem Esquilin befand, und von *Santa Maria in Tempuli [Tempulo]* am Fuße des Caelius ein. Eine Nonne aus *Santa Maria in Tempuli*, Schwester Cecilia, hinterließ ein Zeugnis von größter Bedeutung über die Reform des Klosterlebens in Rom und die Rolle, die Dominikus dabei zukam. Ihre Gemeinschaft, die wahrscheinlich benediktinisch war, lag ganz in der Nähe von *San Sisto*, und Dominikus hatte zu den Nonnen seit seinen ersten, längeren Aufenthalten in Rom Beziehungen geknüpft. 1219 brachte er ihnen aus Spanien kleine Holzlöffel als Freundschaftsgeschenk mit. Die junge Schwester Cecilia war von der Gestalt des Predigers so angetan, dass sie später ihren Schwestern die einzige Beschreibung vom Aussehen des Heiligen lieferte, die uns bekannt ist:

„So war das äußere Erscheinungsbild des seligen Dominikus [...]: Er [war] mittelgroß und von schlanker Gestalt, [hatte] ein schönes Gesicht, leicht rötlich, seine Haare und sein Bart [waren] leicht rötlich, er hatte schöne Au-

---

137 *Acta canonizationis,* Bologna, 21. Aussage von Buonviso; Bériou-Hodel, S. 715.

gen. Von seiner Stirn und zwischen seinen Augenlidern strahlte eine Art Leuchten, das jeden dazu brachte, ihn zu verehren und zu lieben. Er war immer heiter und munter, außer wenn ihn das Mitleid mit irgendeinem Leid seines Nächsten rührte. Er hatte lange, schöne Hände, er hatte eine kräftige und schöne Stimme, die erschallte, er sprach aus dem Stegreif. Er war nie kahlköpfig, trug den Kranz seiner vollständigen Tonsur, mit einigen weißen Haaren durchsetzt."[138]

Die Begeisterung von Schwester Cecilia, in die Fußstapfen des Dominikus zu treten, wurde zweifellos nicht von allen Schwestern geteilt. Die Äbtissin von *Santa Maria in Tempuli* stellte, nachdem sie ein erstes Mal das Gelübde in die Hände des Dominikus abgelegt hatte, eine Bedingung für ihre Teilnahme an dem Projekt: Wenn das wundertätige Bild der Jungfrau Maria, das die Nonnen gedachten mit sich zu führen, *San Sisto* verlassen müsste, wären sie von ihrem Gelübde völlig entbunden. Dominikus willigte ein. Für ihn lag das Wesentliche gewiss nicht darin. Er erklärte ihnen nämlich, dass sie von nun an das Kloster nicht mehr verlassen dürften, um ihre Lieben zu besuchen. Die Maßnahme entzündete leidenschaftliche Reaktionen in Rom.

„Das hatte zur Folge, dass einige von ihnen das Gelübde bereuten, das sie abgelegt hatten. Der selige Dominikus, der das durch den Heiligen Geist erfuhr, kam eines Morgens zu ihnen und sprach, nachdem er die Messe gelesen und die Predigt gehalten hatte, zu ihnen: ‚Meine Töchter, schon habt ihr bedauert und wollt euren Fuß vom Weg des Herrn zurückziehen. Daher will ich, dass alle, die

---

138 Sœur Cécile, *Miracula S. Dominici*, 15, in Simon Tugwell, AFP 83 (2013), S. 104; Bériou-Hodel, S. 536–537.

aus ihrem eigenen Willen eintreten wollen, erneut das Gelübde in meine Hände ablegen.'"[139]

So geschah es. Am 28. Februar 1221, dem ersten Fastensonntag, betraten die Nonnen ihr Kloster:

„Die erste von allen, Schwester Cecilia, die damals siebzehn Jahre alt war, erhielt vom seligen Dominikus den Habit gleich an der Türschwelle und legte so zum dritten Mal das Gelübde in seine Hände ab, dann die Äbtissin und alle Nonnen ihres Klosters und so viele andere Nonnen oder Laienschwestern, dass sie alle zusammen vierundvierzig waren."[140]

In der folgenden Nacht wurde das Bildnis der Jungfrau Maria „aus Furcht vor den Römern", die die Umsiedlung nicht wünschten, von Dominikus in Begleitung zweier Kardinäle und eines Gefolges barfüßiger Gläubiger hergebracht.[141] Die dominikanische Unternehmung war ein Erfolg: Der Ordensmeister kümmerte sich um die Formung der Schwestern von *San Sisto*. Derweil zogen die Brüder, die während der Arbeiten dort gewohnt hatten, auf den benachbarten Aventin. Die Familie des Papstes namens Savelli besaß auf dem römischen Hügel eine Festung, in deren Mauern sich die antike, frühchristliche Basilika *Santa Sabina* befand. Honorius III. schenkte sie den Brüdern.

Der Orden entwickelte sich, und sein Platz im Herzen der Kirche zeichnete sich klarer ab: Honorius III. beabsichtigte,

---

139 Sœur Cécile, *Miracula S. Dominici*, 14, in Simon Tugwell, *AFP* 83 (2013), S. 101–103; Bériou-Hodel, S. 534–535.
140 *Ebd.*, S. 535–536.
141 Die Ikone folgte den Nonnen, die im 16. Jahrhundert in das Kloster *San Domenico e Sisto*, dann ein weiteres Mal im Jahr 1931 nach *Monte Mario* in Rom umgesiedelt wurden.

ihn in seine Vorhaben einzubinden. Wie Dominikus schon mehrfach geäußert hatte, träumte er damals wahrscheinlich davon, seine „Lauferei" zu beenden, und selbst die Führung einer Gruppe von Missionaren zu übernehmen, die sich zu den Heiden an die Grenze des Christentums begeben sollte. Bruder Frugerio da Penna sagte während des Heiligsprechungsprozesses aus:

> „Er suchte mit großem Eifer nicht nur das Seelenheil der Christen, sondern auch der Sarazenen und anderer Ungläubiger, und er ermahnte die Brüder, das Gleiche zu tun. Und er suchte sogar mit solchem Eifer das Seelenheil, dass er selbst gedachte, nachdem er die Organisation der Brüder abgeschlossen hatte, zu den Heiden zu gehen und für den Glauben zu sterben, wenn es sein musste."[142]

Bruder Paulus Venetus, der Dominikus am Ende seines Lebens auf seinen Reisen begleitete, berichtet von derselben Absicht: „Wenn wir unseren Orden organisiert und aufgebaut haben, werden wir zu den Kumanen gehen und ihnen den Glauben Christi predigen, und wir werden sie für den Herrn gewinnen."[143] Er erreichte im Übrigen, dass der Papst an König Waldemar von *Dacia* schrieb, um den Orden einem Herrscher zu empfehlen, der in den Missionen Livlands tätig war. Was auch immer seine Wünsche gewesen sein mögen, Dominikus befand sich am 2. Juni 1221 bei der Eröffnung des zweiten Generalkapitels in Bologna. Dort wurde beschlossen, Brüder wegen der dortigen Universität nach Oxford und nach Ungarn und Polen zu schicken. Andere Ordensleute wurden

---

142 *Acta canonizationis*, Bologna, 47. Aussage von Frugiero de Penna; Bériou-Hodel, S. 746–747.
143 *Acta canonizationis*, Bologna, 43. Aussage von Paulus Venetus; Bériou-Hodel, S. 742–743.

vielleicht nach Griechenland entsandt. Die territoriale Einteilung des Ordens in Provinzen zeichnete sich ab.[144]

Am Ende des Generalkapitels im Jahr 1221 reiste Dominikus mit Bruder Paulus in die Gegend von Treviso, bevor er sich nach Venedig begab, wo er Kardinal Ugolino begegnete. Im Juli kehrte er erschöpft nach Bologna zurück und legte sich krank zu Bett. Er hatte es sich zur Gewohnheit gemacht, die Nacht in den Kirchen zu verbringen, er betete und wachte, solange er konnte, und es passierte ihm oft, dass er am Tage überwältigt von der Müdigkeit bei Tisch einschlief. Im Dunkeln konnte er bei Kerzenlicht im Schlafsaal der Brüder schreiben, wie er es in *San Sisto* vor der Ankunft der Nonnen tat. Die Müdigkeit überkam ihn, vollkommen bekleidet nickte er ein, gegürtet mit einer eisernen Kette, die um den Körper gelegt war, nur seine Schuhe hatte er ausgezogen. Er ruhte so auf dem Boden, auf einem Stuhl oder manchmal auf einem einfachen Weidengeflecht.[145] Dieser Lebensstil hatte seine Kräfte aufgezehrt. In Bologna musste man ihm eine Zelle und ein Bett besorgen. Als sein Zustand sich verschlechterte und man beschloss, seine Kleidung zu wechseln, stellte man fest, dass er keine Ersatzkleidung besaß. Er war mit einer groben, geflickten Wolltunika bekleidet, trug ein zu kurzes Skapulier, seine Schultern waren mit einem abgenutzten,

---

144 Die ersten Provinzen sind die Lombardei, die Provence, Spanien und die römische Provinz. Bernard Gui nennt außerdem Ungarn, Teutonia und England. Siehe zu diesem Thema Marie-Humbert Vicaire, *Histoire de saint Dominique*, Tom. 2, *Au cœur de l'Église*, Paris, Éd. du Cerf, 1956, S. 307.
145 *Acta canonizationis*, Bologna, 31. Aussage des Rodolfo da Faenza; Bériou-Hodel, S. 727. Der Prokurator des Konvents legt ein sehr glaubwürdiges Zeugnis von der Armut und Strenge des Dominikus ab. Siehe auch *Acta canonizationis*, Bologna, 47. Aussage von Frugerio de Penna; Bériou-Hodel, S. 747.

schwarzen Pluviale bedeckt, mit seiner Kleidung machte der ehemalige Kanoniker von Osma kaum großen Eindruck.[146] In der sengenden Hitze des bolognesischen Sommers wollte man dem Kranken Erleichterung verschaffen, indem man ihn nach *Santa Maria del Monte* brachte, in das kleine Benediktinerpriorat, das auf dem Hügel des *Monte Mario* errichtet worden war und die Stadt überragt. Da fand Dominikus noch die Kraft, vor den Brüdern das Wort zu ergreifen. Er hielt ihnen eine sehr schöne und sehr bewegende Predigt. Zwölf Brüder „von den verständigeren" des Konvents in Bologna wurden anschließend gebeten, ihm beizustehen, und sie hörten ein erstaunliches Bekenntnis: Dominikus gab vor ihnen zu, dass er, obwohl er sein ganzes Leben lang Jungfrau geblieben sei, „in der Unberührtheit des Fleisches bewahrt", mehr Entzücken bei der Bekehrung junger Frauen empfunden habe als bei der alter Frauen![147] Nach diesem Vorfall bestand er darauf, dass man ihn in die Stadt hinunterbringe, und er erklärte seinen Leuten:

> „Gott bewahre, dass ich an einem anderen Ort als unter den Füßen meiner Brüder bestattet werde. Bringt mich hier heraus, dass ich in diesem Weinberg sterbe, dass ihr mich in unserer Kirche bestatten könnt."[148]

Nachdem er in den Konvent zurückgekehrt war, versicherte er den Brüdern, dass er tot nützlicher sei als lebendig. Bruder Rodolfo da Faenza, der den Schweiß auf dessen Gesicht mit einem Tuch getrocknet hatte, bestätigte ausdrücklich wäh-

---

146 Étienne de Salagnac – Bernard Gui, *De quatuor in quibus*, III, 2, S. 33. Der Zeuge ist Bruder Moneta da Cremona.
147 Jordan von Sachsen, *Libellus*, 92; Bériou-Hodel, S. 659.
148 *Acta canonizationis*, Bologna, 8. Aussage des Ventura da Verona; Bériou-Hodel, S. 705.

rend des Heiligsprechungsprozesses, es so gehört zu haben.[149] Aus diesem Versprechen rührt das Responsorium *O spem miram*, das bereits in der im 13. Jahrhundert festgesetzten liturgischen Feier enthalten ist.[150] Jordan von Sachsen merkt an:

> „Er wußte ja, wem er den Schatz seiner Mühe und seines reichen Lebens anvertraut hatte, und daß im übrigen *die Krone der Gerechtigkeit* ihm hinterlegt sei, nach deren Empfang er um so mächtiger werde im Erwirken von Gnaden, je sicherer er schon in die Allmacht des Herrn *eingegangen* sei."[151]

Dominikus starb am 6. August 1221 in Bologna, während die kirchlichen Sterbegebete gesprochen wurden, um die Seele in die Hände Gottes zu befehlen. „Endlich wurde jene fromme Seele vom Fleische gelöst und eilte zum Herrn, der sie geschaffen hatte, die traurige Wohnstatt vertauschend mit der

---

149 *Acta canonizationis*, Bologna, 33. Aussage des Rodolfo da Faenza; Bériou-Hodel, S. 731. Siehe auch die Aussage des Ventura da Verona.

150 *Archivum Generale Ordinis Praedicatorum* (Rom) XIV L 1. Das Manuskript wurde zwischen 1256 und 1259 verfasst. Der Text des Responsoriums der neunten Lesung der Matutin zum Fest des hl. Dominikus lautet: „*O Spem miram quam dedisti mortis hora te flentibus, dum post mortem promisisti te profuturum fratribus:* Imple Pater quod dixisti, nos tuis juvans precibus. *Qui tot signis claruisti in aegrorum corporibus, nobis opem ferens Christi, aegris medére moribus*"; Bériou-Hodel, S. 1484–1485: [dtsch. Übersetzung aus dem Lateinischen] „Oh wunderbare Hoffnung, die du in der Stunde des Todes denjenigen, die um dich weinten, schenktest, als du versprachst, nach dem Tod den Brüdern hilfreich zu sein! Vollbringe, Vater, was du sagtest, indem du uns mit deinen Gebeten hilfst. Du, der mit so vielen Zeichen an den Körpern der Kranken erstrahltest, der du uns die Hilfe Christi bringst, heile von den kranken Sitten."

151 Jordan von Sachsen, *Libellus*, 93; Bériou-Hodel, S. 660.

ewigen Freude der himmlischen Wohnung", schreibt Jordan von Sachsen.[152] Der Bruder, der Bruder Dominikus an der Ordensspitze nachfolgte, berichtete von der Vision eines Wunders, und diese schien das Urteil zu bestätigen:

„Am gleichen Tage und zur gleichen Stunde seines Todes war Bruder Guala, der Prior von Brescia und später Bischof dieser Stadt, der sich in der Glockenstube der Brüder von Brescia ausruhte, in einen leichten Schlaf verfallen. Da schaute er gleichsam eine Öffnung im Himmel, durch die zwei leuchtende Leitern herabgelassen waren, deren eine am obersten Ende Jesus Christus hielt, die andere seine Mutter. [...] Am untersten Ende der Leiter [...] und auf dem Sitz saß einer wie ein Bruder aus dem Orden, das Gesicht verdeckt mit der Kapuze, wie es bei der Beerdigung unserer Toten Brauch ist. Christus der Herr und seine Mutter zogen allmählich die Leitern zu sich empor, bis er, der am untersten Ende seinen Platz hatte, ganz oben ankam. Als er dann in unermesslichem Glanz unter dem Gesang der Engel in den Himmel aufgenommen war, wurde jene strahlende Öffnung des Himmels geschlossen, und es erschien weiter nichts mehr. Der Bruder, der dies gesehen hatte, [...] machte sich eilends auf den Weg nach Bologna. Dort erfuhr er, daß der Diener Christi Dominikus am gleichen Tage und zur gleichen Stunde gestorben war, wie wir es aus seinem Berichte entnahmen."[153]

---

152 Jordan von Sachsen, *Libellus*, 94, Bériou-Hodel, S. 660.
153 Jordan von Sachsen, *Libellus*, 95; Bériou-Hodel, S. 660–661.

Die Heiligkeit des Dominikus

Dominikus starb im Ruf der Heiligkeit in einer Stadt, die mit Begeisterung seine Predigt angenommen hatte. Sofort hätten die Tugenden, durch die sich der Gründer der Predigerbrüder auszeichnete, seine Verehrung in der nach Wundern hungrigen Bevölkerung begründen können. Wie Jordan von Sachsen ausführt, entwickelten sich nach dem Tod des Dominikus die Devotion der Menschen und die Verehrung der Völker:

> „Es strömten viele herbei, die mit den verschiedensten Gebrechen aller möglichen Krankheiten behaftet waren. Bei Tag und bei Nacht harrten sie dort aus und bekannten laut, dass sie vollkommene Wiederherstellung der Gesundheit erlangt hätten. Sie brachten auch Weihegaben zum Zeugnis und hängten beim Grabe des heiligen Mannes wächserne Nachbildungen von Augen, Händen, Füßen und anderen Gliedern auf: je nach der verschiedenen Art ihrer Krankheit und nach der Vielfalt wiedergewonnener Gesundung der Leiber oder Güter".[154]

Kardinal Ugolino hielt sich nicht weit entfernt von Bologna auf. Die Freundschaft zog ihn dorthin, um den Obsequien des Dominikus persönlich vorzusitzen, weil er „ihn als einen gerechten und heiligen Mann geschätzt [hatte]"[155]. In einem später verfassten moralischen Portrait, dem die gleiche Berühmtheit verheißen war wie der Beschreibung Schwester Cecilias über das Aussehen des Dominikus, stellt Jordan von Sachsen folgende Persönlichkeitsmerkmale bei dem Gründer des Predigerordens fest:

---

154 Jordan von Sachsen, *Libellus*, 97; Bériou-Hodel, S. 662.
155 Jordan von Sachsen, *Libellus*, 96; Bériou-Hodel, S. 661–662.

„Alle Menschen nahm er auf in den reichen Schoß seiner Liebe, und da er allen mit Liebe begegnete, wurde er von allen geliebt. Sich zu freuen mit den Fröhlichen und zu weinen mit den Weinenden, das machte er sich zur Eigenart, überreich an Güte ganz hingegeben an die Sorge für die Nächsten und an das Mitleid mit den Elenden. Eines auch machte ihn allen besonders liebenswert, daß er geraden Weges ging und niemals eine Spur von Falschheit oder Täuschung zeigte."[156]

Der Weg schien offen für die offizielle Anerkennung der Heiligkeit des hl. Dominikus, aber die Brüder, wie Jordan von Sachsen weiter anmerkt, verhinderten den Kult, der sich nach den ersten Wundern an seinem Grab zu entwickeln begann.

„Aber darunter war kaum einer von den Brüdern, der einer solchen göttlichen Gnade mit gebührender Danksagung begegnet wäre. Ja die meisten waren der Ansicht, man solle von den Wundern nicht soviel Aufhebens machen, damit man nicht unter dem Deckmantel der Frömmigkeit dem Verdacht des Gelderwerbs verfalle. Und während sie so in unerleuchteter Heiligkeit für den eigenen Ruf eiferten, vernachlässigten sie den allgemeinen Nutzen der Kirche und verdunkelten den Ruhm Gottes."[157]

Die von dem Gründer zu Lebzeiten an den Tag gelegte Zurückhaltung und die zaghafte Haltung der Brüder führten dazu, dass die Figur des Dominikus relativ in Vergessenheit geriet, obwohl sein Werk Solidität und Kohärenz bewies. Die von ihm gegründeten Konvente, vor allem der in Bologna, entwickelten sich immer weiter. Ab dem Jahr 1228 war die

---

156 Jordan von Sachsen, *Libellus*, 107; Bériou-Hodel, S. 666.
157 Jordan von Sachsen, *Libellus*, 98; Bériou-Hodel, S. 662.

Erinnerung an den Gründer so sehr verblasst, dass das Grab des Dominikus wegen der Bauarbeiten an der neuen Kirche sogar schlechtem Wetter ausgesetzt war.[158]

Dominikus hatte immer ein klares Bewusstsein dafür, was die Liebe von Christen verlangt. Das Evangelium des Heils zu predigen, war nach seiner Auffassung wie eine dringende Notwendigkeit denjenigen geboten, die authentische Jünger Christi sein wollten. Im Jahr 1233, in einer Weltuntergangsstimmung, wurde Norditalien von Halleluja, einer Verkündigungsbewegung, erschüttert, die die sofortige Versöhnung aller Christen und die allgemeine Bekehrung pries.[159] Die Predigerbrüder hatten an der Seite der Franziskaner daran ihren Anteil, insbesondere Bruder Johannes von Vicenza, der eine Wiederbelebung der Verehrung des Dominikus auslöste.[160]

---

158 Jordan von Sachsen, *Libellus*, 124.
159 André Vauchez, *Ordini mendicanti e società italiana*, Ordini mendicanti e società italiana, *XIII–XV secoli*, Mailand 1990, S. 119–161; Vito Fumagalli, „In margine all'Alleluia del 1233", *Bisime* 80 (1968), S. 257–272; Augustine Thompson, *Revival Preachers and Politics in the Thirteenth Century Italy*, Oxford 1992.
160 Nach André Duval soll Johannes von Vicenza, der um 1200 geboren sein soll, um das Jahr 1220 in den Orden in Padua eingetreten sein. Aber es handelt sich dabei nur um Vermutungen. „Er tauchte 1233 als der beliebteste dieser Prediger in Norditalien auf, die ihr Handeln bis auf die politische Ebene treiben, die Statuten der Komune kontrollieren und reformieren, zu einer großen Bewegung der Versöhnung und des Friedens anregen (*Halleluja* im Jahr 1233). Weil er in Bologna wie ein Heiliger und Wundertäter verehrt wird, bewirkte Johannes dort im Mai desselben Jahres die feierliche Überführung der Gebeine des Gründers der Predigerbrüder, den Auftakt zu seiner Heiligsprechung im folgenden Jahr." Seine Beliebtheit erreichte am 28. August 1233 in der Nähe von Verona ihren Höhepunkt: Er versammelte eine riesige Menge. Anschließend verflüchtigt er sich, auch wenn er im Jahr 1247 als Inquisitor in der Lombardei genannt wird, verlieren die Historiker danach seine Spur.

Aussagen von Menschen, die durch ein Wunder geheilt worden waren, wurden gesammelt und an den Papst gesandt. Die Ordensleute fragten Gregor IX., ob der Körper des Dominikus feierlich in die Konventskirche überführt werden könne. Der Papst, der die Bettelorden sehr unterstützte, erteilte von Herzen sein Einverständnis; er hatte gerade die Predigerbrüder als Richter bei den neuen Inquisitionsgerichten eingesetzt und wusste, dass er sich auf sie verlassen konnte. Während der Überführung, die am 24. Mai 1233 stattfand, strömte ein wunderbarer Duft aus dem Grab. Er hielt acht Tage später noch an, als die Reliquien zur Verehrung für diejenigen ausgesetzt wurden, die bei der Öffnung des Grabes nicht hatten anwesend sein können. Die Predigerbrüder baten beim Papst um die Heiligsprechung des Dominikus. Die offizielle Untersuchung wurde im Sommer 1233 eröffnet. Das Verfahren war neu; mehrere Dutzend Zeugen, Kleriker, Ordensleute, Laien, Männer und Frauen wurden befragt. Die vom Papst ernannten Kommissare wandten sich zuerst an die Brüder aus Bologna; einige abgestellte Kommissare, die in Toulouse ansässig waren, wurden anschließend beauftragt, Informationen über das Wirken und die Wunder des Dominikus im Languedoc zu sammeln. Die Zeugnisse stellen eine einzigartige und kostbare Informationsquelle dar, um sich über die Art und Weise des Apostolats und die Botschaft des hl. Dominikus zu informieren. Am Ende des Verfahrens wurde Dominikus am 3. Juli 1234 von Gregor IX. in Rieti heiliggesprochen. Sein liturgisches Fest wurde zunächst auf den 5. August festgelegt, dann auf den 4. August und schließlich auf den 8. August verschoben. Ein prächtiges Denkmal wurde auf seinem Grab in Bologna in der Patriarchalbasilika errichtet.

André Duval, „Jean de Vicence", *Catholicisme. Hier – Aujourd'hui – Demain*, Bd. 6, Paris, Letouzey et Ané, 1967, Sp. 578.

2. Die Quellen zum Leben des hl. Dominikus zwischen Geschichte und Hagiographie

Im Zeitraum zwischen dem Tod des hl. Dominikus im Jahr 1221 und der Mitte des 14. Jahrhunderts verwandte die Leitung des Predigerordens große Aufmerksamkeit darauf, der im Ruf der Heiligkeit verstorbenen Brüder zu gedenken und die Verehrung der bereits heiliggesprochenen zu fördern. Das geschah vor allem während der Generalkapitel, die damals jedes Jahr stattfanden. Das Leben des hl. Dominikus ist als Geschichte eines Menschen schon seit langem Gegenstand zahlreicher Forschungen, wie zum Beispiel die Biographie des Dominikaners Marie-Humbert Vicaire[161] belegt; die Entwicklung des hagiographischen Portraits des Heiligen hingegen weckte insbesondere während der ersten Jahrzehnte der Ordensentwicklung kein spezielles Interesse, das änderte sich erst mit der Veröffentlichung der Studien Luigi Canettis, dem das Verdienst zukommt, die Verehrung und die Hagiographien des Gründers in Zusammenhang zu setzen mit der Ausformung einer dominikanischen Identität, die von den ersten Predigergenerationen begründet wurde. Auf den folgenden Seiten werden wir versuchen, die hagiographischen Quellen des hl. Dominikus vorzustellen und die Gründe zu erläutern, die den Orden dazu bewogen, diese Dokumente zu erstellen und zu verbreiten.

---

161 Marie-Humbert Vicaire, *Histoire de saint Dominique*, Paris, Éd. du Cerf, ²2004.

Die Heiligsprechung des hl. Dominikus, der Heiligsprechungsprozess und der *Libellus*

Die Übertragung der Gebeine (translatio) im Jahr 1233

Der hl. Dominikus starb am 6. August 1221 in Bologna, wo er zunächst in der Klosterkirche *San Nicolò delle Vigne* bestattet wurde. Die Bulle *Visibilium et invisibilium* von Papst Gregor IX. eröffnete am 13. Juli 1233 den Heiligsprechungsprozess, und am 3. Juli des folgenden Jahres wurde Dominikus in die Liste der Heiligen aufgenommen, wie die Bulle *Fons sapientiae* belegt.[162]

Man kann sich fragen, warum die Heiligsprechung zwölf Jahre nach dem Tod des Dominikus erfolgte, wo doch der Predigerorden in den vorhergehenden Jahren keinerlei Anzeichen von Interesse in diese Richtung gezeigt hatte. Wie der anonyme Verfasser eines Berichts über die Translation des Körpers erinnert, ereigneten sich nämlich Wunder am Grab des Gründers, aber die Brüder verhinderten mit allen Mitteln die Entstehung eines eventuellen Kultes aus Angst, dass „ihre Frömmigkeit eigennützig erscheint"[163].

Im Gegensatz zum üblichen Brauch fand die Überführung am 24. Mai 1233, d. h. vor der Eröffnung des Heiligsprechungsprozesses, wahrscheinlich unter dem Druck von Papst Gregor IX. statt.[164] In der Nacht vor dem feierlichen Akt öffneten die Brüder im Beisein der zivilen Würdenträger (der

---

162 *Monumenta historica Sancti Patris Nostri Dominici*, MOPH 16, Institutum historicum FF. Praedicatorum, Romae ad S. Sabinae 1935, S. 115–117 und 190–194.

163 *Ebd.*, S. 83, Anm. 122.

164 Vgl. Roberto Paciocco, „Il papato e i santi canonizzati degli ordini mendicanti. Significati, osservazioni e linee di ricerca (1198–1303)", in *Il Papato duecentesco e gli ordini mendicanti. Akten der XXV. Inter-*

Podestà von Bologna) und der kirchlichen Würdenträger (dem Bischof von Ravenna, der päpstlicher Gesandter war) sowie des Ordensmeisters, Jordan von Sachsen, das Grab.

Die Einzelheiten der Überführung sind uns dank einer Enzyklika, die nach Ansicht einiger Historiker[165] von Jordan selbst geschrieben wurde, bekannt. Simon Tugwell[166] vertritt die Ansicht, dass der Verfasser des Briefes eher ein Mitglied des Dominikanerkonvents in Bologna Mitte des 13. Jahrhunderts war und dieser auch Augenzeuge der Translation gewesen sein könnte.

Zwischen April und Juni 1233, parallel zu den Vorbereitungen für die Überführung des Körpers, breitete sich die religiöse Bewegung *Halleluja*, die bereits in der Emilia-Romagna und in Venetien durch franziskanische und dominikanische Prediger Fuß gefasst hatte, in Bologna dank des Dominikaners Johannes von Vicenza aus.[167] Er erzielte wichtige Ergebnisse, wie die Reform der Satzungen der Stadt Bologna, die den moralischen Grundsätzen des Bettelordens angepasst wurden, und die Versöhnung zwischen der kommunalen

---

nationalen Konferenz (Assisi, 13.–14. Februar 1998), Spoleto 1998, S. 263–341.

165 Das ist die Meinung von Heribert Christian Scheeben, einem herausragenden Spezialisten zum Leben des hl. Dominikus. Vgl. Heribert Christian Scheeben (Hg.), *Iordani de Saxonia Libellus de principiis Ordinis Praedicatorum*, MOPH 16, S. 1–25.

166 Simon Tugwell, *The so-called „Encyclical" on the translation of saint Dominic ascribed to Jordanus of Saxony. A Study in early Dominican Hagiography*, Oxford, 1987, insbesondere S. 137–138.

167 Zu dieser Bewegung vgl. André Vauchez, „Une campagne de pacification vers 1233. L'action politique des ordres mendiants d'après la réforme des statuts communaux et les accords de paix", *Mélanges de l'École française de Rome – Moyen Âge* 78 (1966), S. 503–549. Italienische Ausgabe: *Ordini mendicanti e società italiana (XIII–XV secc.)*, Mailand 1990, S. 263–341.

Podestà und dem dortigen Bischof.[168] Wahrscheinlich verdankt man Johannes von Vicenza das plötzliche Wiederaufleben des Interesses an Dominikus. Einer der Zeugen des Heiligsprechungsprozesses, Bruder Stephan, der damals Provinzial der Lombardei war, berichtet, dass Johannes von Vicenza als erster die Heiligkeit des hl. Dominikus zum Gegenstand seiner Predigt vor dem Volk gemacht habe. Außerdem scheint Johannes persönlich die Initiative ergriffen zu haben, die Stadt Bologna aufzufordern, dass sie den Heiligsprechungsprozess des Dominikus unterstütze.

Das Büchlein über die Anfänge des Predigerordens (Libellus)

Der *Libellus de principiis Ordinis Praedicatorum* des seligen Jordan von Sachsen dürfte in der Zeit von April bis Mai 1233 fertiggestellt worden sein.[169] Das *Büchlein* oder der *Libellus* ist unstrittig eine Quelle ersten Ranges zur Geschichte des hl. Dominikus und den Anfängen des Predigerordens.

Der Prolog berichtet nicht von der Überführung des Körpers von Dominikus, und aus diesem Grund ist es wahrscheinlich, dass er vor dem feierlichen Akt verfasst wurde. Einen *terminus post quem* liefert die Erwähnung Fulkos, des 1231 verstorbenen Bischofs von Toulouse. Simon Tugwell geht davon aus, dass Jordan schon lange vor dem Jahr 1233 mit der Niederschrift seines Textes begonnen habe.[170]

---

168 Zur Aktivität des Johannes von Vicenza in Bologna siehe Augustine Thompson, *Revival Preachers and Politics in Thirteenth-Century Italy*, Oxford 1992.
169 Die Diskussion zum Erstellungsdatum des *Libellus* ist in Bériou-Hodel, S. 602–603 zusammengefasst.
170 Jordan von Sachsen, *Libellus*, 110–120; Bériou-Hodel, S. 667–672. Der Schluss des *Libellus*, d. h. die Geschichte eines gewissen Bruders Bernhard, der vom Teufel besessen ist, scheint diese

Die literarische Gattung ist nicht eindeutig: Der Verfasser erstellt eine Mischung aus Ordensgeschichte und Hagiographie. Einige Elemente beziehen sich eindeutig auf die Gründungsgeschichte, wie beispielsweise der Titel des Textes, der in zahlreichen Handschriften *Libellus de initio Ordinis* lautet, oder wie auch der Schluss des Manuskripts. Hier lobt Jordan von Sachsen über mehrere Seiten hinweg die Tugenden des Dominikus und erzählt dann die Geschichte eines gewissen Bruders Benediktus von Bologna, der von einem Dämon besessen war. Im Konvent in Bologna führte das Ereignis zu dem Brauch, am Abend die Antiphon *Salve Regina* zu singen. Unstrittig ist aber, dass das Werk nicht wirklich als historisch betrachtet werden kann: Der Zeit nach dem Tod des Dominikus wird nämlich sehr wenig Aufmerksamkeit geschenkt, und viele, sehr unbedeutende Ereignisse finden hingegen Erwähnung. Der *Libellus* wurde außerdem von Beginn an zu liturgischen Zwecken als Informationsquelle zum Leben des Dominikus verwendet. Die Paragraphen, in denen Jordan die Tugenden des Heiligen beschreibt, zeichnen sich besonders durch einen rein hagiographischen Charakter aus.

Welches Ziel sollte daher mit dem *Libellus* verfolgt werden? Simon Tugwell stellt die Vermutung auf, dass Jordan den Dominikanern ein authentisches Portrait des Gründers habe bieten und die Beziehung des Heiligen zum Orden habe klären wollen, als dieser sich 1233, dem Jahr der Überführung, in einer kritischen Phase seiner Entwicklung befunden habe. In dem Prolog wird der sel. Dominikus deswegen als „dieses Ordens erster Stifter, Meister und Bruder" be-

---

These zu stützen: Wenn Jordanus seinen Text im Jahr 1233 verfasst hätte, hätte er sich wahrscheinlich an die wichtigeren Ereignisse im Ordensleben erinnert. Vgl. Simon Tugwell, „Notes on the Life of St Dominic", *AFP* 68 (1998), S. 21–33.

zeichnet. Das Ziel des Jordan von Sachsen war folglich, Dominikus nicht nur als den Ordensgründer, sondern auch als einen seiner Brüder darzustellen.[171] Ein weiteres Ziel des Jordan bestand darin, so Simon Tugwell, die Ordenszugehörigkeit des Dominikus gegen die Ansprüche der Stadt Bologna zu behaupten und zu verhindern, dass seine Fama von der Bewegung des Johannes von Vicenza ausgebeutet werde.[172] Jordan hatte nämlich wohl die Tätigkeit des Johannes von Vicenza und anderer Brüder unterschätzt, die bei den Angelegenheiten, die von den Laien abgewickelt wurden, zu Macht und Einfluss gelangt waren. Die Entscheidung des Generalkapitels im Jahr 1234, die Einflussnahme der Brüder auf die weltlichen Angelegenheiten einzuschränken, scheint diese Annahme zu bestärken.[173]

Sehr deutlich wird jedoch, dass der *Libellus* mit Blick auf die Eröffnung des Heiligsprechungsprozesses fertiggestellt wurde.[174] Diesen strebten die Dominikaner vor allem deshalb an, weil sie sich von den Minderbrüdern, was die Anzahl der kanonisierten Heiligen betraf, hatten überholen lassen.[175] In-

---

171 Die Darstellung spiegelt übrigens treu die Haltung des Dominikus wider. Rodolfo da Faenza berichtet von dessen Verzicht auf sein Amt während des ersten Generalkapitels in Bologna im Jahr 1220 und über den Vorschlag, Definitoren mit großen Befugnissen zu wählen, ebenso wie über den Generalmeister (vgl. *MOPH* 16, S. 151).
172 Simon Tugwell, „Notes on the Life of St Dominic", *AFP* 68 (1998), S. 16.
173 *Acta Capitulorum Generalium Ordinis Praedicatorum, I. 1220–1303*, B. M. Reichert (Hg.), *MOPH* 3, S. 4.
174 Unter den Dokumenten, die dem Papst zugesandt wurden, ist der *Libellus* verzeichnet, die einzige „Biographie" des Dominikus, die 1233 verfügbar war (vgl. Simon Tugwell, *The So-Called „Encyclical"*, S. 133f.). Das Hinzufügen einer Biographie zur Akte des Antrags auf Heiligsprechung entsprach der üblichen Praxis.
175 Im Jahr 1233 hatten die Franziskaner bereits zwei kanonisierte

dem Jordan von Sachsen das Portrait des Dominikus genau nachzeichnete, wollte er verhindern, dass der Heilige für die Prediger die Rolle spielte, die Franziskus bei den Minderbrüdern einnahm. Die internen Zwistigkeiten der Franziskaner waren nämlich durch die Autorität bedingt, die durch die Bedeutsamkeit des Franziskus seine Regel erhielt.

Luigi Canetti betont, dass Jordan als erster ein Modell der Heiligkeit des Ordensgründers verbreitet habe; diese Rolle stellt die spätere Hagiographie nicht in Frage. Sein Portrait des Dominikus, das eine Mischung biblischer Reminiszenzen und traditioneller, hagiographischer Schemata darstellt, ist dem dominikanischen Ideal treu, das in den Konstitutionen festgelegt wurde. Sein Dominikus ist ein Modell der Regularobservanz und der traditionellen, monastischen Tugenden. Für die Dominikaner späterer Jahrhunderte ist der Respekt vor den Konstitutionen und der Regel wichtiger, als das Leben ihres Gründers nachzuahmen. Das unterscheidet die Dominikaner sehr deutlich von den Minderbrüdern, die im Leben des Franziskus eine Antwort auf die Fragen und Anforderungen der Gegenwart suchten. Daher war die Entwicklung der franziskanischen Hagiographie von gewaltigen und unvermeidlichen internen Konflikten begleitet.[176]

Der Heiligsprechungsprozess des Dominikus

Nach der Überführung richteten der Bischof von Bologna und die kommunalen Autoritäten Bittschreiben an den Papst für die Eröffnung des Heiligsprechungsverfahrens. Daraufhin

---

Heilige: Franziskus von Assisi (1228 heiliggesprochen) und Antonius von Padua (1232 heiliggesprochen); die Dominikaner hatten keinen.
176 Siehe Giovanni Miccoli, *Francesco d'Assisi. Realtà e memoria di un'esperienza cristiana*, Turin, Einaudi, 1991, S. 190–193.

übertrug der Papst am 13. Juli 1233 drei bolognesischen Klerikern die Prozessführung.[177] Dieser bestand aus zwei Phasen: Die erste Phase fand in Bologna statt und bot die Möglichkeit, Zeugenaussagen vor Ort zu sammeln.

Die Dominikaner in Bologna ernannten Filippo di Vercelli als Prokurator. Er wählte die Zeugen aus und stellte sie den Gesandten des Papstes vor. Neun Mitglieder des Ordens, die namentlich bekannt sind, wurden für diese Phase ausgewählt; andere Zeugenaussagen, sofern es sie gab, sind uns nicht überliefert.[178] Ein Teil der Akten des Prozesses in Bologna ist mit Sicherheit verloren.[179] Es scheint, dass man Filippo di Vercelli die Liste der *articuli interrogatorii* verdankt, d. h. die Fragenserie zu den Tugenden des Heiligen, mit deren Hilfe die Ermittler direkt zum Hauptthema kommen und so unnötige Abschweifungen vermeiden konnten.[180]

---

177 *Monumenta historica Sancti Patris Nostri Dominici, MOPH* 16, S. 169.
178 *Ebd.*, S. 123–167.
179 Nach Simon Tugwell ist der Brief des päpstlichen Legaten vom 19. August, der die zweite Prozessphase im Languedoc einleitet, der Beweis. Er besagt nämlich: „Wir haben bereits zahlreiche Zeugenaussagen über sein Leben, seinen Lebenswandel in Italien und einige Wunder gehört." Nun kann aber die Anhörung von neun Zeugen nur schwerlich dem lateinischen Adjektiv *multos* [Akk. Pl. m.: viele] entsprechen; es fehlen ebenso die Suche und die Sammlung der Wunder, die sich *post mortem* ereignet haben. Der Text der Heiligsprechungsbulle betont gleichfalls die Existenz einer großen Anzahl von Zeugen (vgl. *Monumenta historica Sancti Patris Nostri Dominici, MOPH* 16, S. 193).
180 Vicaire nimmt an, dass der Prozess des Dominikus der erste gewesen sei, in dem vorgefertigte Fragen, *articuli interrogatorii*, zur Anwendung gekommen seien. Diese Praxis fand ziemliche Verbreitung. Während des Verfahrens in Bologna verwandte man nur eine abgekürzte Fragenliste, die vervollständigt wurde, wenn sich zu den bereits gesammelten Zeugenaussagen neue gesellten. Marie-Hum-

Die zweite Prozessphase fand im Languedoc in Toulouse statt, der Region, in der Dominikus den größten Teil seines Lebens als apostolischer Missionar verbracht hatte. Die geladenen Zeugen, Ordensleute und Laien, kamen aus verschiedenen Orten im Languedoc. Die Mehrzahl von ihnen begnügte sich damit, die Liste der bereits zusammengestellten *articuli* zu bestätigen; einige wussten jedoch von neuen, biographischen Episoden zu berichten. Die Phase in Toulouse führte zu keiner Untersuchung der *post mortem* vollbrachten Wunder, was nicht verwunderlich ist, wenn man die Entfernung zwischen der Stadt und dem Grab des Dominikus bedenkt. Dennoch konnten einige Zeugenaussagen zu den Wundern gesammelt werden, die sich zu Lebzeiten des Heiligen ereignet hatten.

Von dem Antwerpener Jesuiten Guillaume Cuypers wurde ein heute verschollenes Manuskript, das aus der Bibliothek des Kapitels von Osma stammte, für die Akte verwendet, die in der Sammlung der Bollandisten der *Acta Sanctorum* dem hl. Dominikus gewidmet war. Das Manuskript enthielt eine Liste von 20 Wundern *post mortem*, die laut Berthold Altaner zur Zeit des Heiligsprechungsprozesses zusammengestellt worden sein müssen.[181] Die Liste unterscheidet sich von anderen Schriften hagiographischen Charakters insbesondere

---

bert Vicaire, *Histoire de saint Dominique*, Tom. 2, Paris, Éd. du Cerf, 1957, S. 350.

181 Vgl. *Acta Sanctorum Augusti Ex Latinis & GrÅcis, aliarumque gentium Monumentis, servata primigenia veterum Scriptorum phrasi, Collecta, Digesta, Commentariisque & Observationibus illustrata a Joanne Bapt. Sollerio, Joanne Pinio, Guillielmo Cupero, Petro Boschio, e Societate Jesu Presbyteris Theologis. Tomus I Quo dies primus, secundus, tertius & quartus continentur*, Antwerpen 1733, S. 558–559; Berthold Altaner, *Der heilige Dominikus. Untersuchungen und Texte*, Breslau 1922, S. 9–10.

durch den teilweise aus der Regionalsprache stammenden Wortschatz, was den dokumentarischen Charakter des Textes bestätigt. Dagegen ereignete sich keines der berichteten Wunder unerwartet am Grab des Dominikus, und es wurde keine Einzelheit über die Gesten der Frömmigkeit und Dankbarkeit, die die durch ein Wunder geheilten Menschen nach ihrer Genesung vollbrachten, mitgeteilt.[182]

Luigi Canetti untersuchte die Akten des Heiligsprechungsprozesses aus der Perspektive der Mentalitätsgeschichte. Aus seiner Studie geht hervor, dass die von den bolognesischen Zeugen am häufigsten genannte Tugend des Dominikus die der *amor regularitatis* war, das heißt die strenge Observanz der Regeln des monastischen Lebens. Der *zelus animarum* oder Seeleneifer, der nach André Vauchez das typische Merkmal der Heiligkeit der Bettelorden ist, fand jedoch seltener Erwähnung. Der Predigteifer wurde noch weniger häufig genannt. Das Verfahren in Toulouse brachte darüber hinaus eine Neuheit mit sich. Die Liste der Standardfragen wurde nämlich durch die Tugend des *persecutor hereticorum* erweitert, auch wenn sie nur von einer begrenzten Zeugenanzahl erwähnt wurde. Wie man sehr wohl weiß, war und hätte Dominikus kein Inquisitor sein können; in technischer Hinsicht stellte überdies die Mission des Papstes, an der er teilnahm, keine *inquisitio* dar. Später jedoch wurde das Amt mit seinem Namen assoziiert. Dieser Vorgang ging außerdem mit der Ver-

---

[182] Siehe zu diesem Punkt die Vermutungen von Simon Tugwell in dem Band *Miracula sancti Dominici mandato magistri Berengarii collecta*, MOPH 26, S. 21–109. Der Verfasser der ersten Legende des hl. Dominikus, der Spanier Petrus Ferrandi, kannte und verwandte diese Liste; die Erzählungen der Wunder wurden von späteren Hagiographen übernommen.

ankerung des Inquisitoramtes im institutionellen Bewusstsein des Ordens einher.[183]

Die Bulle *Fons sapientiae* von Papst Gregor IX. stellt schließlich das letzte Dokument zur Heiligsprechung in der chronologischen Ordnung der Sammlung dar. Dominikus und der Predigerorden werden durch sie in einen ekklesiologischen und eschatologischen Kontext gesetzt, der ihnen eine wichtige Rolle in der Heilsgeschichte zuweist. Der Papst verwendete in seinem Text aus der Bibel eine Vision des Propheten Sacharja, in der vier Wagen beschrieben werden, die jeweils von roten, schwarzen, weißen und gescheckten Pferden gezogen werden (Sach 6,1–7). Die Vision wird auf die Geschichte der Kirche übertragen: Die roten Pferde sind die Märtyrer, gefolgt von den schwarzen Pferden, die den hl. Benedikt und seine Mönche darstellen; um den erschöpften Kämpfern wieder Kräfte zu schenken, kommen dann die weißen Pferde, d. h. die Zisterzienser und die Anhänger des kalabresischen Mönches Joachim von Fiore; schließlich beginnt in der elften Stunde, wenn die Sonne dabei ist unterzugehen und die Liebe fehlt, die Mission der gescheckten Pferde, der Minderbrüder und Predigerbrüder. Hier handelt es sich um eine Anspielung auf die Beschreibung der Endzeit, wie sie im Evangelium nach Matthäus dargestellt wird (Mt 24,12). Die Bettler (Mendikanten) sind folglich die kräftigen Pferde in rehbraun-weißem (gescheckten) Kleid, die das Universum durchqueren, sie bilden die *militia promptior*, eine kampfbereite Armee. Die Analogien zur Heiligsprechungsbulle des hl. Franziskus, *Mira circa nos*, fehlen in diesem Text nicht. In diesem Dokument ist die eschatologische Anspielung auf

---

183 Luigi Canetti, *L'invenzione della memoria. Il culto e l'immagine di Domenico nella storia dei primi frati Predicatori*, Spoleto 1996, S. 223f.

die elfte Stunde ebenfalls vorhanden. Die Mitglieder der beiden großen Bettelorden stellen sich als die Arbeiter der elften Stunde vor, die denselben Lohn verdienen wie diejenigen, die seit dem Morgen im Weinberg gearbeitet haben. Um die Worte des Gleichnisses aus dem Matthäusevangelium wieder aufzugreifen, werden die Letzten (*novissimi*) die Ersten (*primi*) sein (Mt 20,1-16).

Die Heiligsprechung des Dominikus wird daher auch vom ekklesiologischen Standpunkt aus als bedeutendes Ereignis dargestellt.[184] Sie heiligt vor der ganzen Kirche nicht nur die Rolle der Dominikaner, sondern auch die der Bettelorden, und bestätigt deren Legitimität und Überlegenheit im Verhältnis zu den älteren Formen des Ordenslebens.

Die „Lebensbeschreibungen" des hl. Dominikus

Petrus Ferrandi Hispanicus

Da der *Libellus*, wie eben dargelegt wurde, nicht als eine wahrhafte Biographie des hl. Dominikus gelten kann, ist man der Ansicht, dass die erste Lebensgeschichte oder Legende des Dominikus von dem spanischen Dominikaner Petrus Ferrandi verfasst wurde.[185] Die Entstehung des Textes liegt im Dunkeln. Heribert Christian Schebeen stellte die Hypothese auf, dass Petrus Ferrandi die Legende unmittelbar nach der Heiligsprechung auf den Wunsch des Jordan hin verfasst habe. Es gibt jedoch wenige Angaben, die diese Vermutung bestätigen könnten. Nach Simon Tugwell soll Petrus Ferrandi

---

184 Roberto Paciocco, „Il papato e i santi canonizzati ...", S. 294-296.
185 Marie-Hyacinthe Laurent, *Petri Ferrandi Legenda S. Dominici*, dans *Monumenta historica*, *MOPH* 16, S. 209-260.

nicht im Auftrag, sondern aus Eigeninitiative tätig gewesen sein. Seine Legende sei später vielleicht von einer Kommission überarbeitet worden, die zu diesem Zweck von den Kapiteln 1235 oder 1236 eingerichtet worden sei. Die neue Version sei anschließend von dem Generalkapitel im Jahr 1238 approbiert und danach zum liturgischen Gebrauch verwendet worden.

Die Hauptquelle für die Legende des Petrus Ferrandi bildet der *Libellus* des Jordan von Sachsen, den er fast wörtlich mit Ausnahme der Teile übernimmt, die von anderen Personen als Dominikus handeln. Die Legende enthält auch die Liste der Wunder, die wir zuvor erwähnten. Diese Liste, die gewiss erweitert und stilistisch verbessert wurde, müsste dem Papst bei der Heiligsprechung verlesen worden sein.

Interessant und neuartig ist an dem Prolog, dass er die Rolle der Predigerbrüder bei der universalen Heilsökonomie basierend auf verschiedenen biblischen Gleichnissen und der Bulle *Fons sapientiae* erwähnt. Nach Petrus Ferrandi wurde der neue Orden in der Endzeit von Gott entsprechend dem Vorbild des Evangeliums gesandt, wonach der Diener die Einladung bringt, damit man sich zum Festmahl begebe (Lk 14,17–18). Ein weiteres, bereits in der Heiligsprechungsbulle verwandtes Bild aus dem Neuen Testament greift das der Arbeiter der elften Stunde auf. Der Ordensgründer wird nach Petrus Ferrandi zum Abendstern, *novum sidus* oder *vesperus*, der den von Johannes dem Täufer begonnenen Tag, der als *lucifer*, Morgenstern, definiert wird, beschließt.[186] Der neue, von Gott für die Endzeit gesandte Orden ist in der Tat ersterer,

---

186 Vgl. Marie-Humbert Vicaire, „Vesperus (L'Étoile du soir) ou l'image de saint Dominique pour ses frères au XIIIe siècle", *Dominique et ses prêcheurs*, Fribourg, Éd. Universitaires – Paris, Éd. du Cerf, 1977, S. 280–304.

weil seine Mission, zu deren Erfüllung er berufen ist, so bedeutend ist.

Es ist offensichtlich, dass ein gewisser joachimischer Einfluss in dem Diskurs vorhanden und dessen Ausmaß zu prüfen ist. Die Themen, die aus der Lehre des kalabresischen Abtes stammen, tauchen bereits in der Heiligsprechungsbulle auf und sind bis zum *Liber vitae fratrum* nachweisbar.[187] Die Forschungen von Marjorie Reeves[188] zeigen, dass der Einfluss der Schriften des Joachim von Fiore, seien sie authentisch oder apokryph, wirklich bedeutsam war. Ihm ist es zu verdanken, dass sich Dominikaner und Franziskaner mit den beiden *ordines* der geistlichen Menschheit identifizieren konnten, die Joachim ankündigte. Die Legende des Petrus Ferrandi wurde vor den 1240er Jahren verfasst, als Joachim von Fiores Ideen vor allem im franziskanischen Umfeld ihre größte Verbreitung erfuhren. Es ist daher wahrscheinlich, dass Petrus Ferrandi nicht nur von den Schriften Joachim von Fiores beeinflusst war, sondern auch von der apokalyptischen Eschatologie, deren Einfluss seit dem 11. Jahrhundert spürbar ist.[189]

---

187 Der *Liber* berichtet, dass die Mönche des *Abbé* Joachim die Predigerbrüder begrüßten wie diejenigen, deren Ankunft von ihrem Meister vorausgesagt worden war, vgl. *Gerardi de Fracheto O.P. Vitae Fratrum Ordinis Praedicatorum*, ed. Benedictus Reichert (Hg.), Louvains, Charpentier & Schoonjans, S. 13; Bériou-Hodel, S. 314.
188 Vgl. Marjorie Reeves, *The Influence of Prophecy in the Later Middle Ages*, Notre-Dame – London 1993, S. 145 und f. sowie S. 161–174.
189 Das Auftauchen der apokalyptischen Eschatologie steht mit der Kirchenreform unter Gregor VII. in Verbindung. Er legte den Schwerpunkt auf die Lektüre der Apokalypse und ihre Anwendung auf politische und soziale Gegebenheiten, wobei er sich jedoch vom Apokalyptismus des Kaisers unterschied, der auf Texten nichtbiblischer Herkunft basierte.

Ein weiteres, besonders interessantes Element der Legende des Petrus Ferrandi ist das geistliche Testament, das der Heilige auf seinem Sterbebett hinterließ und das vom Verfasser des *Libellus*, Jordan von Sachsen, übernommen wurde. Am Ende des letzten Textes ermahnt Dominikus „zwölf von den verständigeren Brüdern", die er um sein Bett versammelt hat, die Gesellschaft der Frauen zu meiden:

> „Seht", sagte er, „bis zu dieser Stunde hat mich die göttliche Barmherzigkeit in der Unversehrtheit des Fleisches bewahrt; jedoch bekenne ich dieser einen Unvollkommenheit nicht entgangen zu sein, daß die Gespräche mit jungen Frauen mein Herz mehr angeregt haben als die Anreden der alten."[190]

Nun war Jordan aber zum Todeszeitpunkt des Dominikus nicht anwesend; Ventura da Verona und Rodolfo da Faenza waren die beiden einzigen Zeugen, die beim Prozess in Bologna über den Tod des Heiligen berichteten, diesen Diskurs aber nicht erwähnten. Nach Simon Tugwell ergibt in dem vorliegenden Kontext die Ermahnung, dass die Brüder davon absehen sollten, die Gesellschaft junger Frauen zu suchen, keinen Sinn: Dominikus hätte sich an die jüngeren Brüder wenden müssen und nicht an „die verständigeren Brüder". Der ursprüngliche Kontext könnte eine von Bruder Ventura überlieferte Begebenheit sein, wonach sich Dominikus an Novizen wandte, oder außerdem die – ebenfalls von Bruder Ventura erzählte – Episode der Generalbeichte seines ganzen Lebens, die Dominikus vor mehreren Mönchen ablegte. Es ist anzunehmen, dass Jordan von Sachsen die beiden Begebenheiten vereinte.[191] Das

---

190 Jordan von Sachsen, *Libellus*, 92; Bériou-Hodel, S. 659.
191 Vgl. Simon Tugwell, „Notes on the Life of St Dominic", *AFP* 66 (1996), S. 96–98.

Kapitel im Jahr 1242 in Bologna verfügte, dass die von Dominikus gebeichtete Unvollkommenheit aus der Legende des Petrus Ferrandi gelöscht werden müsse.[192] Die später veröffentlichten Legenden des Constantin von Orvieto und des Humbert von Romans greifen sie nicht auf.

Dieselbe Episode veranlasste die Historiker zu einer anderen Mutmaßung. Luigi Canetti unterstützt zum Beispiel die Annahme, dass ein Zusammenhang zwischen dem letzten Rat, den Dominikus auf seinem Sterbebett erteilte, und dem Problem der *cura mulierum*, genauer der Begleitung der Nonnen im Orden, bestehe. Die Bedenken des Dominikus bei dieser Frage spiegelten in der Tat die Ansicht des Jordan von Sachsen wider, der sich einer „frauenfeindlichen" dominikanischen Strömung angenähert haben soll, die fest entschlossen war, jede Eingliederung von Frauenklöstern zu verhindern. Jordan, der sich bei verschiedenen Gelegenheiten als Freund und Beschützer der Nonnen erwiesen hatte, wie seine geistliche Korrespondenz mit Diana von Andalò bestätigt, hätte mit den Verfechtern der strengen Linie einen Kompromiss anstreben können.[193] Das Kapitel im Jahr 1228 hatte nämlich bereits untersagt, dass ein Bruder die Leitung von Nonnen oder Büßerinnen übernehme. Zum Zeitpunkt der

---

192 Vgl. *Acta Capitulorum I*, S. 24. Die Änderung erklärt sich nach André Vauchez aus der Notwendigkeit, dem Modell der Heiligkeit zu entsprechen, das der Heilige Stuhl damals anerkannte und das die dauerhafte Wahrung der christlichen Vollkommenheit implizierte, das gänzliche Fehlen von Sünde, was grundlegender als die gelegentliche Praxis einiger Tugenden war: *La sainteté en Occident aux derniers siècles du Moyen Âge d'après les procès de canonisation et les documents hagiographiques*, Rom 1981, S. 602.

193 Vgl. Berthold Altaner, *Die Briefe Jordans von Sachsen, des zweiten Dominikanergenerals (1222–1237). Text und Untersuchungen*, Leipzig 1925.

Veröffentlichung des *Libellus* dürfte über diese Entscheidung noch lebhaft diskutiert worden sein.[194]

Ein weiterer Aspekt des geistlichen Testaments des Dominikus stellt die Verfluchung der Gegner des Armutsgelübdes dar. Das Thema wird in allen späteren Legenden außer in der des Bartholomäus von Trient aufgegriffen.

> „Dieser berühmte Pater", merkt Petrus Ferrandi an, „untersagt strengstens, dass man in diesen Orden weltliche Besitztümer einführen könne, wobei er auf schreckliche Weise den Fluch Gottes und den seinen über denjenigen ausspricht, der die Kühnheit besitzt, diesen Orden, dessen Armutsgelübde besonders zur Zier gereicht, vom Staub der irdischen Reichtümer welk werden zu lassen."[195]

Die Ermahnung wurde von Petrus Ferrandi in die dominikanische Literatur eingeführt und allgemein als ein Originalbestandteil des Testaments von Dominikus betrachtet, bis ihre Echtheit im 20. Jahrhundert in Frage gestellt wurde.[196]

Im Predigerorden wurde die Bettelarmut nicht widerspruchslos akzeptiert. Das Kapitel im Jahr 1220 war das erste, das auf Eigentum und feste Einkünfte verzichtete, aber die Verfügung war nur dank des persönlichen Einflusses von Dominikus möglich. Man kann daher die Vermutung anstellen, dass die von Petrus Ferrandi dem Dominikus zugeschriebene

---

194 Vgl. Luigi Canetti, *L'invenzione della memoria*, S. 269–309.
195 Pierre Ferrand, *Legenda sancti Dominici*, 43; Bériou-Hodel, S. 845.
196 Ein Artikel von Raymond Creytens zeigt, dass die Äußerung der Verfluchung nicht authentisch sein kann; der Rest des Diskurses, der die als Erbe zurückgelassene Liebe und Demut erwähnt, ist nur ein *topos*, den man im Leben zahlreicher anderer Heiliger wiederfindet: „Le testament de saint Dominique dans la littérature ancienne et moderne", *AFP* 43 (1973), S. 29–72.

Äußerung den Wunsch des Hagiographen widerspiegelt, seine Mitbrüder an ein Ideal zu erinnern, das in den Augen des Heiligen von größter Bedeutung war.[197]

Constantin von Orvieto

Obwohl die Legende des Petrus Ferrandi mehrere Wunder *post mortem* erwähnt, scheint das für den Geschmack der Zeit nicht ausreichend gewesen zu sein. Die jüngst entdeckten Wunder sollten in Erinnerung bleiben. Das Generalkapitel, das im Jahr 1245 in Köln zusammenkam, ordnete daher an, dass die Berichte über die Wunder, die in der Legende des Petrus Ferrandi fehlten, zusammengetragen und an das nächste Kapitel gesandt werden sollten.[198]

Man weiß außerdem, dass eine Maßnahme ergriffen wurde, um die Verehrung des Dominikus zu fördern. Das Kapitel im Jahr 1239 setzte fest, dass in jedem Konvent wöchentlich eine Votivmesse zu Ehren des hl. Dominikus gefeiert werden solle.[199] Die Bruderschaft des hl. Dominikus, die in Bologna gegründet und deren Statuten 1244 vom Ordensmeister Johannes von Wildeshausen genehmigt wurden, erhielt den Auftrag, die Anstrengungen zu unterstützen.[200]

Wahrscheinlich wünschte ab dem Jahr 1245 der deutsche Ordensmeister selbst, dass eine neue Legende des hl. Dominikus verfasst werde. Er sandte nämlich an Constantin von Or-

---

197 Zum möglichen Kontext der Verfluchung, vgl. Luigi Canetti, *L'invenzione della memoria*, S. 350–398.
198 *Acta Capitulorum*, I, MOPH 3, S. 33.
199 *Acta Capitulorum*, I, MOPH 3, S. 11.
200 Vgl. Gilles Gérard Meersseman, *Ordo Fraternitatis. Confraternities and the piety of the laity in the Middle Ages*, Rom 1977, S. 578–579. Sowie Simon Tugwell, *Miracula sancti Dominici*, MOPH 26, S. 24.

vieto die Berichte über die Wunder, die nach dem Kapitel des Jahres 1245 zusammengetragen worden waren. Der Prolog der von Constantin von Orvieto verfassten Legende verdeutlicht, dass es sich zunächst darum handelte, die neuen Elemente in die bereits vorhandene Legende einzufügen; die Idee zu einer vollständigen Überarbeitung kam erst später.[201]

Von den neu hinzugekommenen Wundern, die sich im ungarischen Kloster Somlyo (heute Erdsomlyó in Serbien) ereigneten, sind etwa 20 von besonderem Interesse.[202] Eine Reliquie des Heiligen wurde an diesem Ort verehrt. Constantin berichtet von den Erzählungen über die Wunder, bevor er auf diejenigen eingeht, die sich zur Zeit der Heiligsprechung ereigneten. Die Reliquien des Dominikus wurden sicherlich recht früh nach Ungarn gebracht und begründeten rasch einen Kult. Ebenso interessant ist, mit welcher Geschwindigkeit die Dominikanerprovinz in Ungarn auf den Aufruf des Kapitels im Jahr 1245 reagierte.

Es ist bemerkenswert, dass sich die Verehrung des hl. Dominikus innerhalb des Predigerordens parallel zum Kult des hl. Franziskus innerhalb des Ordens der Minderbrüder entwickelte.[203] Ein sehr eindeutiges Beispiel dafür bietet eine Entscheidung des dominikanischen Kapitels in Köln im Jahr

---

201 Constantin d'Orvieto, *Legenda*, 2; Bériou-Hodel, S. 867.
202 *Sumlu* in den Handschriften. Somlyo wird von György Györffy mit Érsomlyó in Vojvodina (Serbien) identifiziert. Zur Lokalisierung dieses Ortes, vgl. Bériou-Hodel, S. 930, Anm. 1.
203 Vgl. Giulia Barone, „L'agiografia domenicana alla metà del XIII secolo", *Aux origines de la liturgie dominicain: le manuscrit Santa Sabina XIV L1*, Rom 2004, „Collection de l'École Française de Rome, 327", S. 368–377. Zur handschriftlichen Überlieferung der Legende und der neuen Liturgie des Humbert von Romans, vgl. in demselben Band Simon Tugwell, „The Legenda of saint Dominic in the Prototype and Other Manuscripts", S. 355–363.

1245. Ein Jahr zuvor, im Jahr 1244, ordnete das Kapitel der Minderbrüder in Genua allen Brüdern an, der Kurie der Franziskaner alle Informationen über das Leben, die Zeichen und Wunder des hl. Franziskus mit dem Ziel mitzuteilen, die *Vita prima* des Thomas von Celano zu vollenden. Das gesammelte Material wurde tatsächlich von Thomas für die *Vita secunda* verwendet, die er 1247 fertigstellte. Die Ähnlichkeit der Umstände mit dem Werk, das Constantin von Orvieto anvertraut wurde, ist auffallend. Seine Legende wurde in den Jahren 1246 bis 1247 verfasst und dann im Generalkapitel des Jahres 1247 vorgestellt. Es scheint, dass die beiden Orden gemeinsam die Überzeugung teilten, dass die Biographien ihrer Gründer ihrer jeweiligen Wundertätigkeit *post mortem* nicht gerecht würden.[204]

Diese Art von Synchronismus lässt sich zum Teil mit den ähnlichen Bedürfnissen beider Orden erklären, die nach dem Modell eines Gründers aufgebaut sind und ihre Mitglieder zu seiner Nachahmung aufrufen. Man darf jedoch nicht vergessen, dass zu dieser Zeit die Beziehungen zwischen den Predigerbrüdern und den Franziskanern besonders schwierig waren, vor allem weil die einen wie die anderen nicht davor zurückscheuten, die Bewerber, die bereits mit dem Konkurrenzorden in Kontakt standen, für das ihre Ordensleben zu gewinnen.[205] Der historische Hintergrund erklärt, weshalb

---

[204] Bériou-Hodel, S. 860–861.
[205] Um die eigenen Interessen zu verteidigen, griff jede Partei auf die Waffe einer päpstlichen Bulle zurück. Die Dominikaner erhielten von Papst Innozenz IV. die Bulle *Quo vos*, die den Franziskanern untersagte, Novizen, die bereits in den Predigerorden eingetreten waren, zu sich zu holen. Als Vergeltung riefen die Franziskaner dem Papst die Bulle *Non solum* seines Vorgängers Gregor IX. in Erinnerung, die den Dominikanern verbot, diejenigen anzunehmen, die kein vollständiges Noviziat abgeschlossen hatten. Am 17. Juni

die Dominikaner die Fortschritte der Franziskaner mit einer gewissen Angst verfolgten. Weil sie befürchteten, ins Hintertreffen zu geraten, achteten die Predigerbrüder darauf, dass die Minderbrüder sie nicht bei der Förderung ihrer Heiligen überträfen.

Doch kommen wir auf Constantin von Orvieto zurück: Seine Aufgabe bestand darin, einen Dominikus darzustellen, der mit Franziskus, was seine Heiligkeit, sein Charisma und seine Fähigkeiten als Wundertäter betraf, konkurrieren konnte. Folglich erscheint Dominikus in seiner Legende als alleiniger Ordensgründer: Er allein ging zu Papst Innozenz III., um das Projekt für einen neuen Orden (*inchoandi ordinis*) genehmigen zu lassen. Constantin erwähnt ferner als erster, dass der Papst gezögert habe, bevor er seine Zustimmung erteilt habe. Dagegen ließ er alle Einzelheiten über die Predigtmission [*praedicatio*] aus, die Dominikus und Fulko in einem von Toulouse zur Verfügung gestellten, diözesanen Umfeld aufgebaut hatten; der *Libellus* des Jordan von Sachsen und die Legende des Petrus Ferrandi verwendeten dennoch Zeit darauf, Einzelheiten hinzuzufügen. Seine Legende verweilte nicht mehr auf der Rolle wichtiger Persönlichkeiten wie Fulko, Diego und Innozenz III., deren Ideen jedoch sehr zur Gründung des entstehenden Ordens beigetragen hatten. Die „grob vereinfachende" Version der Fakten, die Constantin lieferte, sollte jedoch die spätere dominikanische Geschichtsschreibung stark beeinflussen.

In demselben Zusammenhang kann man unterstreichen, dass der Bericht über die Mission der ersten Brüder im Jahre

---

1244 veröffentlichte Innocenz IV. erneut die Bulle, wobei er klarstellte, dass das Noviziat ein Jahr dauern müsse; am 24. Juni erinnerte er in der Bulle *Meminibus* an die vorhergehende Bulle *Quo vos*, die an beide Orden gerichtet war.

1217, wie sie die Legende des Constantin von Orvieto beschreibt, die politischen Umstände des Geschehens, wie z. B. den Kampf gegen die Albigenser, weder in Erinnerung ruft noch erwähnt. Die historische Darstellung weicht einer Vision, die Dominikus im Petersdom in Rom erlebt haben soll. Im Vatikan erschienen ihm demnach der hl. Petrus und der hl. Paulus und hielten ihn so zu der apostolischen Sendung an: „Gehe und predige, da du ja von Gott für diesen Dienst auserwählt worden bist."[206]

Constantin war nicht der einzige, der Dominikus als alleinigen Gründer darstellte. Das Kapitel im Jahr 1259 in Valencia entschied, dass in der Legende des Dominikus Diegos Name überall in Dominikus umgeändert werden müsse. Die Korrektur musste von dem Zeitpunkt an vorgenommen werden, als Diego, Bischof von Osma, das Kloster der Nonnen in Prouilhe gründete.[207]

Schließlich erinnerte die Legende des Constantin von Orvieto auch als erste an die Ekstasen des Dominikus während der Messe im Moment der Elevation der konsekrierten Hostie.[208]

Daher führte die Legende des Constantin von Orvieto nachhaltig in die Geschichtsschreibung das Bild eines Heiligen, der eine persönliche Offenbarung erfahren hatte, eines inspirierten Gründers verbunden mit dem eines wirkmächtigen Wundertäters ein.

---

206 Constantin d'Orvieto, *Legenda*, 25; Bériou-Hodel, S. 889.
207 *Acta Capitulorum*, I, *MOPH* 3, S. 98.
208 Constantin d'Orvieto, *Legenda*, 61; Bériou-Hodel, S. 919: „Häufig war er bei der Erhebung des Leibes des Herrn während der Messe von einer so großen Ekstase ergriffen, als ob er dort den fleischgewordenen Christus gegenwärtig sähe, und aus diesem Grund hörte er lange Zeit nicht mit den anderen die Messe."

Humbert von Romans

Die letzte Legende des Dominikus ist mit dem Namen von Humbert von Romans verbunden. Sein Werk begleitet die letzte Entwicklungsphase des offiziellen Heiligenbildes. Nachdem Humbert von Romans im Kapitel des Jahres 1254 in Buda zum Ordensmeister gewählt worden war, wurde er überdies damit beauftragt, die von seinem Vorgänger Johannes von Wildeshausen eingeleitete Liturgiereform zu vollenden. Die Kapitel in den Jahren 1255 und 1256 approbierten die neue Liturgie; ein Manuskript wurde von 1256 bis 1259 ausgehend von dem Archetyp erstellt, der gerade von dem Orden genehmigt worden war, damit es als Referenzkopie diene, die im Kloster *Saint-Jacques* in Paris aufbewahrt werden sollte. Die Handschrift wird heute in *Santa Sabina* aufbewahrt und ist unter dem unpassenden Namen „Prototyp"[209] bekannt. Im Zusammenhang mit ihrer Erstellung verfasste die von Humbert geleitete Liturgiekommission die letzte offizielle Version der Legende des Dominikus. Das im Jahr 1260 in Straßburg stattfindende Kapitel erteilte dieser Legende seine offizielle Approbation.[210]

Es ist nicht schwierig, hier eine Parallele zur *Legenda maior* des hl. Franziskus zu erkennen, die gleichfalls von dem Generalminister des Ordens, Bonaventura, verfasst

---

209 Vgl. *Acta Capitulorum I, MOPH* 3, S. 73 und 78. Siehe auch den Band von Leonard Boyle, Pierre-Marie Gy und Pawel Krupa (Hg.), *Aux origines de la liturgie dominicaine*.
210 *Acta Capitulorum I, MOPH* 3, S. 105. Bériou-Hodel, S. 1448. „Der Meister ordnet an, dass die Brüder die *Legende* des seligen Dominikus verwenden sollten, die in das Lektionar eingefügt worden war, und hinfort die anderen Legenden nicht mehr kopiert werden sollten."

wurde.[211] Die beiden Autoren betonen in ihren jeweiligen Prologen die universale Rolle der beiden Gründer in der Heilsgeschichte. Im Gegensatz zu Bonaventura gibt Humbert jedoch nicht vor, mit einer neuen Darstellung des Dominikus aufzuwarten. Sein Orden hatte das auch nicht nötig.

Inhaltlich handelt es sich bei der Legende um die Verbindung der beiden vorhergehenden Versionen. Um die Geschehnisse um das Jahr 1215 darzustellen, greift Humbert daher in zahlreichen Punkten den Text von Petrus Ferrandi auf, z. B. um über die Tätigkeit der ersten Brüder in Toulouse zu berichten; ansonsten repräsentiert der Text eine neue Phase in der Entwicklung, das Bild des Dominikus zu schematisieren, das immer mehr dem Ideal des heiligen Gründers und des vollkommenen Fürsprechers entspricht.

Die Entstehungszeit der Legende war vom Konflikt mit dem Säkularklerus und Universitäten geprägt, die sogar die Legitimität der Bettelorden in Frage stellten. Die Rivalität zwischen den Predigerbrüdern und den Minderbrüdern endete zu dem Zeitpunkt, als sie erkannten, dass ein gemeinsamer Feind sie bedrohte. Humbert von Romans und sein franziskanischer Amtskollege, der Generalminister Johannes von Parma, richteten im Jahr 1255 außerdem eine Enzyklika an die Mitglieder ihrer beiden Orden, um sie zu gegenseitiger Nächstenliebe zu ermahnen.

Die Legende des Humbert von Romans beschließt die Liste der offiziellen Legenden des hl. Dominikus.

---

211 Die Legende wurde so offiziell, dass das Kapitel der Franziskaner in Paris im Jahr 1266 die Vernichtung aller anderen Biographien, einschließlich der von Thomas de Celano verfassten, anordnete. Die Teilnehmer des Kapitels versuchten auf diese Weise, die Sicht Bonaventuras auf Franziskus durchzusetzen und die Risiken der vorhergehenden Legenden, die zu sehr von dieser Sicht abwichen, zu vermeiden.

Weitere Wundersammlungen des hl. Dominikus

Mitten im Konflikt mit dem Säkularklerus regte das Generalkapitel des Jahres 1255 die Brüder an, neue Wunder des hl. Dominikus und des hl. Petrus von Verona, auch Petrus Martyr genannt, zusammenzutragen; letzterer war 1253 heiliggesprochen worden.[212]

Eine zweite Konfliktwelle ereilte die Mendikanten in den Jahren 1254 bis 1266 [Mendikantenstreit]. Im Mittelpunkt des neuen Konflikts stand die Frage nach der Legitimität des pastoralen Handelns der Bettelorden.[213] Im Jahr 1254 sahen der Säkularklerus und die Universität in Paris ihre Position mit der Veröffentlichung der Bulle *Etsi animarum* von Innozenz IV., die die Vorrechte der Mendikanten hinsichtlich der Predigt und der Beichte aufhob, bestätigt. Bereits im folgenden Jahr wurden die Maßnahmen jedoch von dem neuen Papst, Alexander IV., mit der Bulle *Quasi lignum vitae* aufgehoben. Aber die Gefahr war noch nicht gebannt. Wilhelm von Saint-Amour veröffentlichte 1256 in Paris die Abhandlung *De periculis novissimorum temporum* (*Die Gefahren der jüngsten Zeiten*), mit der die Legitimität der Bettelorden, ein pastorales Amt auszuüben, in Frage gestellt wurde, was nach seiner Auffassung das Vorrecht des Säkularklerus war.

---

212 Zu den Konflikten mit dem Säkularklerus siehe C. Hugh Lawrence, *The Friars. The Impact of the Early Mendicant Orders on Western Society*, New York, Longman, 1994.

213 Zu einer Analyse der *querelle* [Streit] siehe Yves Congar, „Les aspects ecclésiologiques de la querelle entre mendiants et séculiers dans la seconde moitié du XIIIe siècle et le début du XIVe", in *Archives d'Histoire doctrinale et littéraire du Moyen Âge* 36 (1961), S. 35–151. Siehe auch Michel-Marie Dufeil, *Guillaume de Saint-Amour et la polémique universitaire parisienne (1250–1259)*, Paris, Picard, 1972.

Die Quellen zum Leben des hl. Dominikus

Zwei wichtige Maßnahmen wurden während des Generalkapitels im Jahr 1255 ergriffen und im folgenden Jahr erneuert: Die eine zielte darauf, Sammlungen lokaler Wunder, die mit den beiden Heiligen des Ordens in Verbindung standen, zusammenzutragen: Die Aufgabe sah vor, damit die Prioren der Konvente in Bologna und Mailand, wo sich die jeweiligen Gräber befanden, zu beauftragen; die andere Maßnahme verlangte eine Art kollektive Hagiographie, eine Sammlung erbaulicher Geschichten über die Ordensmitglieder zu erstellen. Dem Ordensmeister Humbert von Romans oblag es, diese Texte zusammenzutragen. Das zweite Projekt mündete in der Veröffentlichung des *Liber vitae fratrum*. Die Wundersammlungen zu Dominikus und Petrus von Verona waren dazu bestimmt, ihre Verehrung zu verewigen. Die Anerkennung der Heiligkeit eines Lebens, sei es in offizieller Weise oder nicht, erforderte eine authentische Legende, aber auch eine so umfassende Zusammenstellung von Wundern wie nur möglich, die von der Fähigkeit des Heiligen Zeugnis ablegte, Wunder zu vollbringen. Neben den beiden Textsammlungen griffen die Generalkapitel auf andere Mittel zurück, um die Verehrung der beiden dominikanischen Heiligen sowohl innerhalb als auch außerhalb des Ordens zu fördern.[214]

---

214 Bruderschaften wurden zum Beispiel unter dem Patrozinium dieser Heiligen in mehreren Städten gegründet. 1247 ordnete das römische Provinzkapitel allen Bruderschaften an, ein Bild des hl. Dominikus zu besitzen und sein Fest in den Ortskalender einzufügen. Das Generalkapitel in Budapest im Jahr 1254 ermahnte die Brüder, die Feste der beiden Heiligen zu feiern und die Namen des Dominikus und des Petrus von Verona in ihre liturgischen Kalender einzutragen. Dasselbe Kapitel ordnete an, dass das Fest des Märtyrers Petrus von Verona auf den Rang *totum duplex* zu erheben sei. Die Kapitel in den Jahren 1254 bis 1256 führten den Namen des Domi-

Die Existenz von Wundersammlungen ist nur indirekt belegt. Nach Simon Tugwell lässt die handschriftliche Überlieferung der *Vitae fratrum* bei ihrer Analyse die Vermutung zu, dass solche Sammlungen existiert haben müssen. Jacobus de Voragine schöpfte zweifellos neben anderen Quellen aus einer bolognesischen Sammlung[215]; die von Thomas Agni de Lentino verfasste Legende des hl. Petrus Martyr stützt sich fraglos auf eine in Mailand aufbewahrte Sammlung. Ein neuer Aufruf, Wunder zu sammeln, erfolgte später, im Jahr 1289, durch den Spanier und damaligen Ordensmeister Munio von Zamora beim Generalkapitel in Trier. In der Aufforderung werden weder Mailand noch Bologna erwähnt. Die dort zusammengestellten Wundersammlungen waren wahrscheinlich schon in Vergessenheit geraten.

Munio von Zamora plante wohl, eine Lebensgeschichte des Dominikus zu schreiben, aber zur selben Zeit begann Dietrich von Apolda, ein deutscher Dominikanerbruder, aus eigener Initiative, eine Art Biographie über Dominikus mit dem Titel *Vita S. Dominici*[216] zu verfassen. Bereits im Jahr 1288 hatte er wichtige Materialien zusammengetragen, z. B. die Akten des ersten Heiligsprechungsprozesses in Bologna; er war daher der erste Hagiograph, der sie verwendete. Kurz nachdem er mit seiner Arbeit begonnen hatte, erhielt er einen Brief von Munio, der ihm offiziell den Auftrag erteilte, eine neue Lebensbeschreibung des hl. Dominikus zu erstellen.[217]

---

nikus in die Professformel ein, die Entscheidung wurde von den drei folgenden Kapiteln bestätigt.
215 Simon Tugwell, *Miracula sancti Dominici*, MOPH 26, S. 40–41.
216 Nur die französische Ausgabe ist verfügbar: Thierry d'Apolda, *Livre sur la vie et la mort de saint Dominique*, traduit et annoté par Amédée Curé, Paris, Œuvre de Saint-Paul, 1887. Siehe ebenfalls Bériou-Hodel, S. 983–998.
217 Die Anfrage erfolgte wahrscheinlich um das Jahr 1288: Die Le-

Simon Tugwell deutet dieses Werk, mit dem eine neue Wundersammlung geschaffen und eine neue Legende verfasst werden sollte, als Echo auf die Wahl des franziskanischen Kardinals Girolamo Masci d'Ascoli im Jahr 1288 auf den Papstthron, der den Namen Nikolaus IV. annahm. Der neue Papst hatte sich zuvor gegen Munio von Zamora gestellt. Die ersten Anzeichen eines Konflikts zwischen dem Pontifex und dem Predigerorden zeichneten sich bereits im Jahr 1289 ab, als Nikolaus IV. die Regel für die franziskanischen Büßer anerkannte und den hl. Franziskus zu ihrem Gründer erklärte, wohingegen den Dominikanertertiaren die Anerkennung der gleichen Regel verweigert wurde.[218] Dieser Konflikt führte zum Sturz von Munio von Zamora. Nikolaus IV. versuchte, ihn vom Kapitel im Jahr 1290 absetzen zu lassen.[219] Das Manöver war nicht erfolgreich, der Papst enthob ihn 1291 seines Amtes. Die Untersuchung der Wunder im Jahr 1289 könnte mit diesen Ereignissen in Zusammenhang stehen.

Das Kapitel, das im Jahr 1314 unter dem Generalat von Berengar von Landora in London stattfand, führte zu einer

---

gende von Dietrich enthält daher kein Element, das aus der Untersuchung im Jahr 1289 resultieren könnte. Es ist auch möglich, dass die Untersuchung ergebnislos blieb. Man weiß nicht, ob Munio von Zamora ein ähnliches Vorhaben zur Legende des hl. Petrus Martyr verfolgte. Zur Legende des Dietrich, Berthold Altaner, *Der heilige Dominikus*, S. 170f.

218 Die Regel der franziskanischen Tertiaren war von Caro um das Jahr 1284 erneut verfasst worden; Munio von Zamora tat das Gleiche im Jahr 1285 für die an den Predigerorden gebundenen Büßer, was wie ein Angriff auf die franziskanischen Interessen erscheinen konnte. Da der Papst diese Regel ablehnte, wurde sie erst 1405 dank der Bemühungen des Thomas von Siena approbiert.

219 Vgl. William A. Hinnebusch, *The History of the Dominican Order. I. Origins ad Growth to 1500*, New York 1966, S. 224–229.

weiteren Untersuchung, die dazu diente, Wunderberichte zu sammeln.[220] Wie im vorhergehenden Fall war auch das Ansuchen des Kapitels nicht allein von dem Wunsch motiviert, die Verehrung der heiligen Dominikaner zu mehren, sondern spiegelte eine neue und schwierige Situation wider, die der Predigerorden durchlebt hatte.[221] Der historische Hintergrund ist wohlbekannt. Der Tod von Kaiser Heinrich VII. im Jahr 1313 in der Nähe von Siena hatte Anlass zu einem Mordverdacht gegeben, der vor allem seinen Beichtvater, den Dominikaner Bernardo von Montepulciano, belastete. Obwohl seine Unschuld erwiesen worden war, kursierten weiterhin böse Gerüchte, was eine wahrhafte Verfolgung der Predigerbrüder, vor allem im deutschsprachigen Raum, auslöste. Anhand der Umstände ist verständlich, dass eine neue Fülle von Wundern des Dominikus dazu beitragen konnte, das Ansehen des Ordens wiederherzustellen.

Durch die Untersuchung im Jahr 1314 konnten zwei Wundersammlungen zusammengetragen werden, die auf Anweisung des Ordensmeisters Berengar erstellt worden waren. Die Wundersammlung des hl. Dominikus enthält neunzehn Wunder, von denen aber nur einige als wirklich neu betrachtet werden können. Man muss besonders zwei Wunder, die sich im Kloster von Ersomlyó in Ungarn zugetragen haben, hervorheben: Die beiden Geschichten hängen mit dem Was-

---

220 Vgl. *Acta Capitulorum Generalium Ordinis Praedicatorum, II*, B. M. Reichert (Hg.), *MOPH* 4, S. 73.
221 Die Schwere der Situation wird bei anderen Kapitelentscheidungen deutlich, wie bei der Vorschrift von Litaneien und wöchentlichen Votivmessen zu Ehren der Jungfrau Maria sowie auch bei Votivmessen für den hl. Dominikus. Man legte 1315 die Feier einer, alle zwei Wochen stattfindenden Votivmesse zu Ehren des hl. Petrus Martyr fest. Von 1318 bis 1320 wurde eine Anrufung des hl. Petrus Martyr bei der Feier der Vespern hinzugefügt.

ser zusammen, in das die berühmte Fingerreliquie des hl. Dominikus getaucht wurde, die in diesem Kloster aufbewahrt wurde. Das Wasser, das in den Mund eines Kranken und eines Toten gegossen worden war, hatte zur Heilung des ersten und zur Auferstehung des zweiten geführt.

Man darf durchaus die Frage zu stellen, inwieweit die Untersuchung, die auf Ersuchen von Berengar von Landora durchgeführt wurde, zu einem positiven Ergebnis führte. In der Tat ist nur ein einziges Manuskript der Dokumente, die er zusammenstellen ließ und auf die teilweise später die Hagiographen zurückgriffen, überliefert. Die Rarität belegt, dass man bei der Verbreitung des Kultes des hl. Dominikus und des hl. Petrus von Verona auf Hindernisse stieß. Lokale Pilgerfahrten, die an einen konkreten Ort gebunden waren, hatten größere Chancen auf Erfolg. Die Verehrung der heiligen Dominikaner konnte sich nur dann ausbreiten, wenn die Laien gegenüber dem Predigerorden eine solche Verbreitung befürworteten. Als die Wunder der Jahre 1289 und 1314 untersucht wurden, hatte sich das Paradigma geändert: Es ging nicht mehr darum, die Legenden des Heiligen aufzufrischen, da die Legitimität des Ordens nicht mehr in Frage gestellt wurde.[222] Was die Verantwortlichen des Ordens erwarteten, waren neue Wunder, die für die Predigt bestimmt und geeignet waren, die Gläubigen in großer Zahl innerlich zu bewegen.

Wie aufgezeigt, wandte sich der Orden seinen Heiligen in Krisenzeiten zu. Mehr als den Willen, lokale Kulte zu fördern, äußerten die Prediger den Willen, ihre an Altären ver-

---

222 Das Zweite Konzil von Lyon im Jahr 1274 lobte Franziskaner und Dominikaner für die von ihnen für die Kirche geleisteten Dienste. Den anderen Bettelorden wurde eine weniger begünstigende Behandlung zuteil. Vgl. Giuseppe Alberigo (Hg.), *Les Conciles œcuméniques. Les décrets*, Paris, Éd. du Cerf, 1994, S. 678–681.

ehrten Brüder im Interesse des Ordens einzusetzen, damit er schlechten Phasen trotzen könne. Simon Tugwell fasst es so zusammen:

> „Es ist nichts Erstaunliches in dem Umstand, dass sich das Generalkapitel und der Ordensmeister an der Entwicklung der Legende und der Aktualisierung der *miracula* seiner Heiligen in dem Moment beteiligten, als der Orden mit allen möglichen Krisen zu kämpfen hatte: im Jahr 1245, als die Rivalität mit den Franziskanern besonders gefährlich wurde, in den 1250er Jahren, als die Feindseligkeit der Säkularpriester den Orden bedrohte, indem sie seine Daseinsberechtigung in Frage stellten, 1289, als der Orden seine erste schwere Kraftprobe mit dem Papsttum erlebte, und schließlich 1314, als böse Gerüchte drohten, das Reich und seine Anhänger gegen den Orden aufzubringen."[223]

---

[223] Simon Tugwell, *Miracula sancti Dominici*, MOPH 26, *Introduction* citée, S. 57. Die Übersetzung stammt aus unserer Feder.

II.
DER DOMINIKANISCHE WEG

Der Dominikanische Weg

Die Botschaft der Dominikaner ist das Evangelium. Es gehört nicht dem Predigerorden, sondern ist ihm von der Kirche als eine besondere Sendung anvertraut, „damit alle im Himmel, auf der Erde und unter der Erde ihr Knie beugen / vor dem Namen Jesu" (Phil 2,10). Die Dominikaner sind nicht die einzigen, die die Frohe Botschaft des Heils verkünden, aber sie gehören zu denjenigen, die sich exklusiv dieser Aufgabe geweiht haben, und sie entwickelten in den acht Jahrhunderten der dominikanischen Abenteuergeschichte eine eigene Art und Weise, ihr nachzugehen. Die dominikanische Botschaft ist daher nicht in erster Linie eine Angelegenheit staubiger Archive. Wie neuartig der Weg war, den der hl. Dominikus im 13. Jahrhundert beschritt, wurde den Generationen, die ihm nachfolgten, auf zweierlei Wegen vermittelt, wobei man den einen als Erbgut und den anderen als Erbe bezeichnen kann.

Das Erbgut bedingt biologisch, was wir sind. Die Geschichte des Predigerordens kann als Gnade verstanden werden, zu predigen und zu gründen, die Dominikus erhielt und die sich in der Zeit entfaltete. Genauso wie der hl. Paulus die Kirche als Leib betrachtet, so kann der Predigerorden innerhalb der Kirche als ein lebendiger Organismus verstanden werden, der ständig neue Mitglieder aufnimmt und ihnen ein Erbgut von unglaublichem Reichtum vermittelt. Die Formel der seit dem 13. Jahrhundert im Orden gültigen Ordensprofess bindet gegenüber Gott, der Jungfrau Maria, aber auch dem hl. Dominikus und dem Ordensmeister, der ihm nachfolgte. Durch die Profess wird ein Mann oder eine Frau wirklich „Dominikaner:in". Es handelt sich dabei nicht um ein bloßes Etikett, das man entfernen kann, wenn man es nicht mehr möchte, sondern um eine neue Identität. Durch das Ordensgelübde wird man quasiblutsverwandt mit dem hl. Dominikus. Jedes Ordensmitglied weiß das. Das Erbgut, an dem folglich derjenige teilhat, der die Gelübde abgelegt hat, enthält die dominikanische Form gemeinschaftlichen Lebens, eine Form des (gemeinschaftlichen und persönlichen) Gebets, aber auch das beharrliche Studium, all das im ausschließlichen Dienst, das Wort Gottes zu predigen. Ihr Erbgut bestimmt die Prediger zu ihrer Mission.

Ein zweiter Aspekt muss jedoch den des Erbguts ergänzen: der Begriff des Erbes. Der erste Terminus erinnert an die Biologie, der zweite an das Recht und die Geschichte. Das dominikanische Erbe ist immens. Es setzt sich aus allen Taten, guten oder schlechten, derer zusammen, die uns vorausgegangen sind. Wenn man nicht das Risiko eingehen möchte, in einem unglaubwürdigen Museum ohne Besucher zu wohnen, muss in jeder Generation eine Auslese an dem Erbe vorgenommen werden. Eine sorgfältige, historische Prüfung ermöglicht das. Umsicht und Respekt müssen dabei leiten. Es ist ein Glück zu erben, aber das Erbe anzunehmen, bringt ganz eigene Erfordernisse mit sich, die mit dem Fortleben der Mission in Einklang stehen müssen.

1. Die Mission der Predigerbrüder

Der Lebenssinn des hl. Dominikus, d. h. die Sendung des Predigerordens, ist die Verkündigung der Lehre des Evangeliums als Antwort auf das Gebot des Herrn: „Darum geht und macht alle Völker zu meinen Jüngern; tauft sie auf den Namen des Vaters und des Sohnes und des Heiligen Geistes und lehrt sie, alles zu befolgen, was ich euch geboten habe." (Mt 28,19-20) Humbert von Romans, der von 1254 bis 1263 Ordensmeister war, rechtfertigte in seinem *Liber de eruditione Praedicatorum* mit einer gewissen Ironie diesen Primat der Predigt:

> „Jesus Christus hat in all der Zeit, die er auf Erden war, die heilige Messe nur einmal, am Tag des Abendmahls, gefeiert; es wird auch nicht gesagt, dass er eine Beichte abgenommen habe; er hat die Sakramente nur selten gespendet, und zwar nur einer kleinen Anzahl; er verwendete keine Mühe auf das Aufsagen des Stundengebets; und man könnte über alles andere die gleiche Beobachtung anstellen, mit Ausnahme des Predigens und des Gebets; ebenso ist einer Anmerkung würdig, dass er, seitdem er zu predigen begonnen hatte, sein Leben darauf noch mehr als auf das Gebet verwandte."[1]

---

1 Humbert de Romans, *Liber de eruditione Praedicatorum*, in *Opera de vita regulari* ed. curante Joachim Joseph Berthier (Hg.), Bd. 2, Marietti, 1956, c. [Kap.] XXI, S. 433. Französische Übersetzung: *Traité de l'instruction des prédicateurs* composé par le bienheureux S. Fr. Humbert de Romans, Rom, Typographie polyglotte vaticane, 1910, S. 120.

Welche andere Berufung können die Apostel Christi für sich beanspruchen? Der hl. Paulus tat nichts anderes, als die Predigt an die erste Stelle seiner Anliegen zu stellen: Der Apostel dankt Gott, dass er nur wenige Menschen getauft habe, und sagt, dass er nicht gesandt worden sei, um zu taufen, sondern um das Evangelium zu verkünden (vgl. 1 Kor 1,17).[2]

Die Zeugenaussagen, die für den Heiligsprechungsprozess des Dominikus zusammengetragen wurden, belegen umfassend, dass Dominikus ein Mann des Wortes war. Einer seiner Reisegefährten, Bruder Ventura aus Verona, beschreibt ihn folgendermaßen:

> „Während er unterwegs war, wollte er allen oder fast allen, die mit ihm auf Reisen waren, das Wort Gottes selbst oder durch andere unterbreiten. [...] Er wollte immer über Gott streiten oder kommentieren oder lehren, während er unterwegs war, oder viel beten. Und sogar während der Reise feierte er fast jeden Tag die Messe, wenn er eine Kirche fand."[3]

Bruder Stephan aus Spanien fügt hinzu, dass Dominikus

> „den Predigten stete Sorgfalt und Aufmerksamkeit zumaß und so ergreifende Worte fand, dass er selbst und die Zuhörer mit ihm sehr oft zu Tränen erschüttert waren, dass er niemals einen Mann gehört hat, dessen Worte die Brüder so sehr, bis hin zu Schmerz und Tränen, ergriffen hätten. [...] er hatte die Gewohnheit, immer von Gott oder mit Gott im Haus, außerhalb des Hauses und unterwegs zu sprechen."[4]

---

2 *Ebd.*
3 *Acta canonizationis*, Bologna, 3; Bériou-Hodel, S. 700–701.
4 *Acta canonizationis*, Bologna, 37; Bériou-Hodel, S. 734.

Der Spruch *de Deo vel cum Deo*, der aus der Lebensgeschichte des hl. Stephan von Muret stammt, setzte sich im Orden durch.[5]

Die Seelen retten

„Unser Orden wurde, wie man weiß, von Anfang an insbesondere für die Predigt und das Seelenheil gegründet."[6] Diese Erklärung findet man ab dem Jahr 1220 in allen Ausgaben der dominikanischen Konstitutionen. Es handelt sich dabei um die institutionelle Antwort des hl. Dominikus auf das zweifache Gebot des Evangeliums der Gottes- und Nächstenliebe: „Dominikus hatte einen sehr brennenden Durst nach dem Seelenheil", das heißt, er war ein „sehr großer Kämpfer für Seelen", wie ein Zeuge des Heiligsprechungsprozesses feststellt.[7] Jordan von Sachsen fügt im *Libellus* hinzu: „Er mühte sich mit ganzer Kraft und glühendem Eifer, so viele Seelen wie nur möglich für Christus zu gewinnen. Er war beseelt von einem wunderbaren und fast unglaublichen Eifer für das Heil aller."[8] Sieben Jahrhunderte später wagte es P. Humbert Clérissac (1864–1914), von der Mission des Ordens

---

5 Zum Spruch siehe Bériou-Hodel, S. 734, Anm. 1: Die lateinische Formel *de Deo vel cum Deo*, „über Gott oder mit Gott sprechen", die sich in den alten Konstitutionen des Predigerordens findet, wurde von Stephan von Muret [auch Stephan von Grandmont] übernommen. Der französische Eremit wurde an der Schule kalabresischer Einsiedler ausgebildet und gründete im 11. Jahrhundert den Orden von Grandmont [Grammontenser].
6 Antonin H. Thomas, *De oudste Constituties van de Dominicanen*, „Bibliothèque de la Revue d'histoire ecclésiastique, 42", Leuven 1965, S. 311; Bériou-Hodel, S. 207.
7 *Acta canonizationis*, Toulouse, 18. Aussage des *Abbé* von *Saint-Paul* in Narbonne; Bériou-Hodel, S. 758.
8 Jordan von Sachsen, *Libellus*, 34; Bériou-Hodel, S. 625.

als von der Suche nach der Wahrheit zu sprechen, die mit einer ungeheuren Jagd nach Seelen einherging:

> „Gott ist der große Jagdherr; die Apostel sind seine Meutenführer; die Gebete der Heiligen zerreißen die Luft wie ein Trompetenschall. Allseits fliehen die rebellischen und ängstlichen Seelen vor dem Annähern der göttlichen Gnade. Doch das edle Rudel der Spürhunde tobt mit einem unwiderstehlichen Ungestüm und lässt sein Geschrei erschallen. Wer also wünschte nicht, sich den Spürhunden des hl. Dominikus anzuschließen?"[9]

Mit diesen Worten griff der französische Theologe ein Bild aus dem Mittelalter auf, das von Humbert von Romans stammt:

> „Die Prediger suchen", schreibt er, „als beflissene Jäger die Sünder aller Art, weiterhin wilde Seelen, die sie dem Herrn wie ein Festmahl darzubringen begehren. Denn er hat Gefallen daran, diese Beute auf seinem Tisch zu sehen, wie die Großen der Erde ein köstliches Wildbret als Annehmlichkeit haben. Liest man nicht in der Genesis, dass Isaak mit Vergnügen die Jagd des Esau gegessen habe? Die Freude, die Gott an dieser Seelenjagd hat, ist dergestalt, dass er die Prediger dazu anregt, sich daran zu beteiligen, und ihnen wie Isaak seinem Sohn sagt: ‚Nimm jetzt dein Jagdgerät, deinen Köcher und deinen Bogen, geh aufs Feld und jag mir ein Wild! Bereite mir dann ein leckeres Mahl, wie ich es gern mag, und bring es mir zum Essen, damit ich dich segne, bevor ich sterbe.' (*Gen* 27,3–4)."[10]

---

9 Humbert Clérissac, *L'Esprit de saint Dominique. Conférences spirituelles sur l'Ordre de Saint-Dominique*, traduites de l'anglais par René Salomé, Saint-Maximin, Éd. de la Vie spirituelle, 1924, S. 9.
10 Humbert de Romans, *Liber de eruditione Praedicatorum*, I^a, C. IV,

Ein solcher Eifer ist nur bei einer Frage von Leben oder Tod gerechtfertigt.

Der Streitgegenstand des Kampfes, zu dem die Apostel angeworben sind, ist das Reich Gottes. Ein Christ weiß, dass er mit Jesus gegen den alten Feind des Menschengeschlechts kämpft, aber das Ungleichgewicht zwischen seinen Kräften und denen des Gegners verursacht Angst und Schmerz. Die Tränen, die Dominikus im Überfluss für das Seelenheil vergoss, lassen sich nicht mit einer durch die Übel der Zeit überreizten Empfindsamkeit erklären: Irrtum und Lüge, Krieg und Krankheit, Ungerechtigkeit und Unwissenheit ... Sie zeugen von einem tiefen Mitgefühl für seinen Nächsten, besonders für die Sünder, und das seit seiner Jugendzeit in Palencia, wie Jordan von Sachsen erinnert:

> „Gott hatte ihm die besondere Gabe verliehen, zu weinen über die Sünder, über die Elenden, über die Bedrückten, deren Unglück er im innersten Heiligtum seines mitleidigen Herzens trug, wobei das brennende Mitgefühl in seinem Innern nach außen hervorbrach durch das Tor der Augen."[11]

Der Abt von *Saint-Paul*, Guillaume Petri, erklärte gegenüber den kirchlichen Ermittlern im Jahr 1233, dass er „keinen Mann gesehen hat, der so oft im Gebet versunken gewesen war und so eine Fülle an Tränen vergossen hat"[12]. Doch diese Tränen vergoss er nicht über sich selbst. Dominikus weinte um die anderen, und er wollte seinen Gefährten die einzigartige Gnade, für die anderen zu weinen und sich ihnen zu schenken, vermitteln. Eine Anekdote aus den *Vitae fratrum* belegt das:

S. 380–381. Französische Übersetzung: *Traité de l'instruction des prédicateurs*, S. 22–23.
11 Jordan von Sachsen, *Libellus*, 12; Bériou-Hodel, S. 612–613.
12 *Procès de canonisation*, Toulouse, 18; Bériou-Hodel, S. 760.

> „[Dominikus] verbot eines Tages Bruder Bertrand, seinem Gefährten, über seine Verfehlungen zu weinen, sondern sagte ihm, er solle über die der anderen weinen, da er bemerke, dass er sich zu sehr ob seiner eigenen Sünden gräme. Diese Worte waren so mächtig, dass er hinfort reichlich für die anderen weinte, aber nicht [mehr] für sich selbst weinen konnte, selbst wenn er es gewollt hätte."[13]

Diese persönliche Aussage stimmt mit der von Guillaume Petri überein, der berichtet, dass Dominikus beim Gebet

> „so sehr schrie, dass man ihn überall hörte. Und beim Schreien sagte er: ‚Mein Herr, erbarme dich deines Volkes. Was werden die Sünder tun?' So verbrachte er die Nächte schlaflos, weinte und klagte über die Sünden der anderen."[14]

Das von Christus gebrachte Heil öffnet den Weg zur Vergebung der Sünden. Dominikus zeigte daher nicht nur beim Dienst des Predigens Beharrlichkeit, sondern auch bei dem der sakramentalen Beichte, wie einige Zeugen während des Heiligsprechungsprozesses erinnerten. Sein zweiter Nachfolger an der Ordensspitze, der hl. Raimund von Peñafort, war außerdem einer der Meister der Moraltheologie und des Kirchenrechts seiner Zeit.[15] Erst als Student und dann als Professor in Bologna setzte er sich besonders dafür ein, die Priester für das Amt des Bußsakraments auszubilden. Für Humbert von Romans, den vierten Nachfolger von Dominikus, ist

---

13 *Vitae Fratrum*, pars 2^a, 19; Bériou-Hodel, S. 1102. Bei dem Ordensmann handelt es sich um Bruder Bertrand de Garrigue.
14 *Procès de canonisation*, Toulouse, 18; Bériou-Hodel, S. 760.
15 André Vauchez, „Raimundo de Penyafort, saint", *Bibliotheca Sanctorum*, Tom. 11, Rom, Città Nuova Editrice, 1968, Sp. 16–24.

eine fruchtbringende Predigt mit Bekehrungen verbunden. Wenn der Prediger sich weigert, die Beichten zu hören, wird er wie jener faule Bauer, der sich nicht die Mühe macht, das zu ernten, was er zuvor gesät hat, „denn durch die Predigt sät man, und durch die Beichte erntet man die Früchte; wie Jesaja sagt: *Sät und erntet*"[16]. Die Freude, erlöst zu sein, erfährt man bereits in der Vergebung.

Ein geschwisterlicher Orden

Das Predigen kann mitnichten als ein Abenteuer eines Einsiedlers oder die Angelegenheit einer einzelnen Person definiert werden. Es entspringt und entwickelt sich nämlich inmitten eines Ordens, der aus Männern und Frauen, Schwestern und Predigerbrüdern, Klerikern und Laien besteht. Vor allem ist auf die Besonderheit des weiblichen Zweiges des Predigerordens hinzuweisen. Er ist eng mit dem Leben des hl. Dominikus verknüpft. Sein ganzes Dasein und sein Werdegang waren von zahlreichen Beziehungen zu Frauen geprägt, die sich durch Zuneigung, Respekt und Freundschaft auszeichneten: zunächst zu seiner Mutter Johanna, dann zu den Schwestern in Prouilhe, Madrid und *San Sisto*, aber auch zu den Hausherrinnen, die ihn während seiner Wanderpredigt bei sich zu Hause im Süden aufnahmen und sich während des Heiligsprechungsprozesses so präzise an konkrete Details zu seiner Schlafstätte, seiner Kleidung

---

16 Humbert de Romans, *Liber de eruditione Praedicatorum*, c. XLIV, S. 479. Der Autor zitiert Jes 37, 30: „Seminate et metite", „[...]„sollt ihr wieder säen und ernten" (Einheitsübersetzung)]. Französische Übersetzung: *Traité de l'instruction des prédicateurs*, S. 211. Zu Humbert de Romans siehe Marie-Humbert Vicaire, s. v., *Dictionnaire de spiritualité*, Tom. 7, 1969, Sp. 1108–1116.

oder auch zu seiner Ernährungsweise zu erinnern wussten. Eine von ihnen war Guillielma, die Ehefrau von Hélie Martin; sie erklärte, dass sie ihm persönlich ein *Cilicium* gewebt habe. „Sie glaubt, dass er Jungfrau gewesen sei", heißt es weiter in dem Protokoll, und als erfahrene Hausherrin hielt sie es für angebracht, genau anzugeben, dass sie mit ihm „zweihundert Mal und mehr" ein mageres Mahl geteilt habe. Guillielma erinnerte sich weiter, dass er, als er aus Krankheitsgründen bettlägerig gewesen sei, die Bettstatt abgelehnt habe, die seine Reisegefährten ihm bereitet hätten, und er sich seiner Gewohnheit entsprechend auf den Boden gelegt habe.[17] Zwei weitere Zeugen, Tolosana Rogueza und Beceda, eine Nonne aus Sainte-Croix-Volvestre, bestätigten ebenfalls, ihm raue Büßerhemden [*Cilicium*] gewebt zu haben. Die Worte letzterer sind Ausdruck ihrer Zuneigung, aber auch ihrer bewundernden Aufmerksamkeit gegenüber ihrem heiligen Besucher. Beceda erklärte nämlich,

> „Ochsenschwänze gesammelt" zu haben, „um ein *Cilicium* zu seinem Gebrauch und dem des Bischofs Fulko von Toulouse zu fertigen. Sie hat von ihm niemals ein einziges, sinnloses Wort gehört, obgleich sie ihm sehr nahe stand. Wie oft sie ihm auch ein Bett bereitet hatte, er schlief nicht darin, sondern, im Gegenteil, sie fand das Bett am Morgen so vor, wie sie es zurückgelassen hatte, nachdem sie es bereitet hatte. Das tat er sogar, wenn er krank war. Noch häufiger fand sie ihn oft ohne Decke auf dem Boden schlafend, und nachdem sie ihn zugedeckt hatte, traf sie ihn, wenn sie zurückkam, betend, entweder im Stehen oder kniend, an. Sie hatte nämlich große Sorge um ihn. Sie sagte auch, dass er, obwohl er

---

17 *Procès de canonisation*, Toulouse, 15; Bériou-Hodel, S. 757.

mehr als zweihundert Mal in dem Haus, in dem sie wohnte, gegessen habe, höchstens zwei Eier zu sich genommen habe, obwohl andere Speisen für ihn zubereitet worden seien."[18]

Einer weiteren weiblichen Gestalt kommt ein besonderer Platz in der Gründungsgeschichte des Predigerordens zu: Diana von Andalò gründete das Kloster in Bologna und liebte Bruder Dominikus „mit der ganzen Zuneigung ihres Geistes". Sie zog so „viele adelige Damen und ältere Frauen [*matrones*] in die Stadt" zu den Brüdern herbei, dass sie durch ihre Familie, die verhindern wollte, dass sie Dominikus folgte und sich dem Ordensleben anschlösse, Gewalt erlitt. Als sie angesichts der Weigerung ihrer Eltern versuchte, wenigstens den Habit im Kloster von Ronzano unweit von Bologna anzulegen, eilte ihre Familie herbei, um sie gewaltsam nach Hause zu bringen: „Sie holten sie mit einer solchen Brutalität heraus, dass sie ihr eine Rippe brachen. Sie behielt eine Spur des Bruchs bis zum Tag ihres Todes." Erst nach dem Tod des Dominikus konnte sie sich endlich den Nonnen in Bologna anschließen, aber dazu musste sie in der Nacht aus ihrem Haus fliehen.[19]

Das fruchtbringende, geschwisterliche Band zwischen den dominikanischen Brüdern und Schwestern wird ohne Unterlass im Laufe der Jahrhunderte sichtbar. In den Jahren nach dem Tod des hl. Dominikus bestärkten Jordan von

---

18 *Procès de canonisation*, Toulouse, 16 et 17; Bériou-Hodel, S. 758.
19 *Analecta Sacri Ordinis Praedicatorum* 1 (1893), S. 181–184. Édition par Hyacinthe-Marie Cormier de la *Chronique* de Sainte-Agnès de Bologne, 4. Chronique de Sainte-Agnès de Bologne. Siehe auch die französische Übersetzung bei Bériou-Hodel, S. 557–560, entsprechend der vorläufigen Version, die ihnen Simon Tugwell zukommen ließ.

Sachsen und Diana von Andalò einander durch ihre Freundschaft, die dank der Briefe des Jordan von Sachsen gut dokumentiert ist. Die Briefe belegen ihre vertrauliche und geschwisterliche Beziehung.[20] Im 14. Jahrhundert entwickelte sich im Umgang mit zahlreichen weiblichen Gemeinschaften im Rheintal die dominikanische Mystik Meister Eckharts, Heinrich Seuses und Johannes Taulers. In der religiösen Literatur, die im 14. Jahrhundert in den „lebenden" Sprachen verfasst wurde, war der Teil, der sich mit der *cura monialium* befasste, d. h. der Begleitung der Klostergemeinschaften des Ordens durch die Brüder, sehr wichtig. Wie ein Historiker darlegte, „sind Traktate und Predigten von Eckhart, Seuse und Tauler für gebildete, an hoher Spiritualität interessierte Nonnen [*Moniales*] verfasst. Adolf Harnack übertreibt nicht, wenn er in der spirituellen Bewegung, die sich damals in den Schwesternkonventen ausbreitete, eine wahre ‚Quelle lebendiger Ideen' erkennt"[21]. Zur Zeit des Aufenthaltes der Päpste in Avignon knüpften Katharina von Siena und Raimund von Capua eine beispielhafte, anspruchsvolle, geschwisterliche Freundschaft, die durch ihren Briefwechsel gut belegt ist.[22] Katharina war keine Nonne, sondern eine ganz Gott geweihte *Mantellata*, obgleich sie stark in der Stadt eingebunden war; ihr Einfluss erwies sich als entscheidend für die Reform des Ordens, den sie dabei unterstützte, den Elan wieder zu erwecken, der durch die Krisen des 14. Jahrhunderts und vielleicht auch durch eine gewisse Verbürgerlichung, die mit der

---

20 *Beati Iordani de Saxonia epistulae*, Angelus Walz (Hg.), *MOPH* 23, apud Institutum Historicum Fratrum Praedicatorum, Romae ad S. Sabinae 1951.
21 Jules Augustin Bizet, „Henri Suso (Heinrich Seuse; bienheureux)", *Dictionnaire de Spiritualité*, Tom. 7, Sp. 242.
22 S. Caterina da Sienna, *Le lettere*, Umberto Meattini (Hg.), Mailand, Edizioni Paoline, 1987.

kontinuierlichen Ausweitung der Dominikaner während der 150 Jahre ihres Bestehens einherging, gebremst worden war. In den folgenden Jahrhunderten gab es auch eine enge Zusammenarbeit zwischen Brüdern und Schwestern bei den missionarischen Unternehmungen, sei es bei den Auslandsmissionen, wie im Irak oder in Brasilien, oder bei den wahren Missionen in Ländern christlicher Kultur, wie jene des sel. Johannes Joseph Lataste in den Frauenzuchthäusern im 19. Jahrhundert oder auch die Gründung der Kongregation der Dominikanerinnen in Bethanien sowie die Gründung der Bruderschaften, die sich auf denselben Geist christlicher Liebe berufen.[23]

In Wahrheit tauchten seit den Anfängen des Ordens, wenn man sich dabei auf die Frage der Klöster beschränkt, Schwierigkeiten auf. Marie-Humbert Vicaire erinnert: Das Klosterleben der Dominikanerinnen

„begann formell erst 1267, als der Papst alle von den Predigerbrüdern gegründeten Frauenklöster unter die Jurisdiktion des Ordens stellte: Prouilhe (1207), Madrid (1218–1220) und *San Sisto* in Rom, die alle dem Orden eingegliedert wurden. Da andere Klöster dem Beispiel der vorher genannten gefolgt waren, versuchte der Orden 1239 die Anzahl der Klöster, nachdem er zugestimmt hatte, sie einzugliedern, zu begrenzen; [er tat das] dann, im

---

23 Die Frage der wichtigen Zusammenarbeit von Brüdern und Schwestern des Predigerordens ist noch weitgehend zu erörtern. Zur Gründung von Bethanien und zur Geschichte der Predigt von P. Lataste vor den weiblichen Inhaftierten siehe Jean-Marie Gueullette, *„Ces femmes qui étaient mes sœurs …" Vie du père Lataste apôtre des prisons (1832–1869)*, Paris, Éd. du Cerf, 2012 [dt.: Jean-Joseph Lataste. Apostel der Gefängnisse. Mit einem Nachwort von Jordana Schmidt. Aus dem Französischen von Michael Lauble, St. Benno, Leipzig 2010].

Jahr 1246, um die Verwaltungslast zu vermeiden, und schließlich 1252, um sie für alle, außer für die beiden Haupt[klöster], abzuwehren, bevor 1267 die Vereinbarung mit dem Papst zustande kam."[24]

Die Gesetzgebung der Nonnen stammt aus der Zeit nach dem Leben des hl. Dominikus, da sie größtenteils das Werk des Humbert von Romans ist, der sie 1259 allen Klöstern auferlegte und damit die vielfältigen, vorhergehenden Regeln ersetzte.

Nur wenige schriftliche Zeugnisse dokumentieren, was dem hl. Dominikus wesentlich für sein Ordensleben war. Von der ersten Gesetzgebung in Prouilhe ist keine Aufzeichnung überliefert, aber einige Elemente werfen ein Licht auf die Funktionsweise und den Geist der Madrider Gründung. Die Gründung des Klosters muss in den ersten Monaten des Jahres 1219 erfolgt sein, bevor Dominikus nach Paris ging.[25] Vermutlich verfasste Dominikus anlässlich des ersten Generalkapitels 1220 in Bologna einen Brief an die Nonnen in Madrid, den er seinem Bruder Mamès anvertraute, der beauftragt war, das Kloster zu leiten, zu besuchen und zu korrigieren. Als er sich an seine Schwestern wendet, spricht Dominikus nicht in einem herablassenden Tonfall wie zu kleinen Mädchen, die wie Unmündige behandelt werden. Er stellt eindeutig klar, nicht zu wollen, dass die Priorin ohne Zustimmung der Mehrheit der Nonnen entlassen werden kann. Außerdem verlangt er, dass der Priorin und ihrem Rat die Befugnis, Kandidatinnen in der Gemeinschaft zu empfangen oder

---

24 Siehe Valerio Ferrua und Humbert Vicaire, *San Domenico e i suoi frati*, presentazione di Enzo Bianchi, „Ritorno alle fonti", Turin, Piero Gribaudi editore, 1984, S. 41.
25 Bériou-Hodel, S. 79.

aufzunehmen, vorbehalten bleibe.[26] Wie Nicole Bériou und Bernard Hodel darlegen, bringt Dominikus seine Sorge zum Ausdruck, das alltägliche Leben der Nonnen „realistisch und flexibel" zu organisieren, ohne etwas für die Erfordernisse des geistlichen Kampfes, den man im Stillen in den Klöstern führt, zu opfern.[27] Die außergewöhnliche Abfolge von Wundern des Heiligen, deren Zeugin Schwester Cecilia war, von denen sie berichtete und die mehrere Jahrzehnte später von einer ihrer Gefährtinnen, Schwester Angelica, niedergeschrieben wurden, bieten keinen Hinweis darauf, dass Dominikus persönlich auf die Konstitutionen der Nonnen Einfluss nahm[28], aber man erkennt gewisse Züge des Heiligen in seinem Verhältnis zu den Ordensfrauen wieder: Er übt Autorität aus, indem er verteidigt, verfügt, bittet, entscheidet, aber auch als spiritueller Lehrer erscheint, dessen Predigt seine Zuhörer fasziniert und dessen Kampf gegen den Teufel sich mit dem geistlichen Kampf der Nonnen verbindet.[29]

Eines der Geheimnisse für diese glückliche, geschwisterliche Beziehung zwischen Männern und Frauen wurde vielleicht in der letzten Beichte enthüllt, die Dominikus ablegte, als er im Sterben lag. Er gestand den Brüdern, die ihm beistanden, dass er immer Jungfrau geblieben sei, fügte jedoch hinzu, dass ihm die Unterhaltung mit den jungen Frauen

---

26 Simon Tugwell, „La lettre de saint Dominique aux moniales de Madrid", *AFP* 56 (1986), S. 12–13.
27 Bériou-Hodel, S. 81.
28 Zur Struktur von *San Sisto* in Rom siehe Bériou-Hodel, S. 571–573: Sie übernehmen die Regel des hl. Benedikt, die Bestimmungen der Zisterzienser, nennen die Regel des hl. Augustinus, aber greifen auch auf die Strukturen von Sempringham und die Statuten von Prémontré [Prämonstratenser] zurück.
29 Bériou-Hodel, S. 505.

mehr Freude als mit den alten Frauen bereitet habe.[30] An dem Doppelgeständnis störten sich die späteren Generationen. Beim Generalkapitel des Jahres 1242 in Bologna verlangten die Brüder aus einer Art verkehrter Scham, dass das Element aus seiner Legende, d. h. aus der Lobrede auf seine Tugenden, entfernt werde.[31] Die öffentliche Aussage des Dominikus ist jedoch von größtem Interesse. Wenn er jungfräulich und keusch geblieben war und das auch im Augenblick seines Todes unbedingt bestätigen wollte, so lag das zweifellos daran, dass er eine sehr erhabene Vorstellung und Auffassung von der auf Christus gegründeten Geschwisterlichkeit hatte. Der hl. Paulus lehrt Folgendes: „Es gibt nicht mehr Juden und Griechen, nicht Sklaven und Freie, nicht männlich und weiblich; denn ihr alle seid einer in Christus Jesus." (Gal 3,28) Für die in das Reich Gottes Verliebten gibt es nur noch Brüder und Schwestern, die gerufen sind, für die Ewigkeit an der Tafel desselben Vaters zu sitzen. Der Dominikanerorden prophezeit diese Dimension der Güter in der Zukunft. Nonnen und Brüder teilen sich die Rollen nicht auf, indem sie den ersten die Kontemplation zuweisen und den zweiten die Aktion vorbehalten. Die einen wie die anderen führen mitten in einer einzigen Familie ein und denselben Kampf, nur auf unterschiedliche Weise.

---

30 Pierre Ferrand, *Legenda sancti Dominici*, 42; Bériou-Hodel, S. 843.
31 *Acta capitulorum generalium ordinis Praedicatorum*, Bd. 1, rec. Benedictus Maria Reichert, *MOPH* 3, Rom 1898, S. 24. Nicole Bériou und Bernard Hodel stellen folgenden Punkt fest: „Ein derartiges Vertrauen des Dominikus könnte darauf hindeuten, dass er nicht die absolute Vollkommenheit erreicht hatte, die von einem Heiligen erwartet wird" (Bériou-Hodel, S. 1444, Anm. 2).

Ein Leben, dargeboten in Armut

Der brüderliche Geist, der den Predigerorden beseelt und charakterisiert, war zweifelsohne seit seinen Anfängen gegenwärtig und kam bei der Suche nach Einmütigkeit inmitten der Gemeinschaft zum Ausdruck. Der vierte Paragraph der Gründungskonstitution des Ordens ruft deutlich in Erinnerung:

> „Da wir an der Mission der Apostel teilhaben, nehmen wir auch ihr Leben in der vom hl. Dominikus entworfenen Form an, indem wir uns bemühen, das gemeinsame Leben in Einmütigkeit zu führen, treu in unserem Bekenntnis der evangelischen Räte, inbrünstig bei der gemeinsamen Feier der Liturgie, insbesondere der Eucharistie und des Gottesdienstes, so auch im Gebet, eifrig im Studium, beharrlich in der Regularobservanz."[32]

Dominikus und seine Gefährten entschieden im Jahr 1216, die Regel des hl. Augustinus zu übernehmen. Die Entscheidung muss nicht seltsam oder nebensächlich erscheinen. Diese Ordensregel nennt von Beginn an das Ordensleben in der Gemeinschaft als Ziel: „Zusammen wohnen in Einmütigkeit, um ein einziges Herz und eine einzige Seele in Gott zu sein."[33] Humbert von Romans betont in seinem Kommentar zu den Konstitutionen, dass „die Einheit der Herzen ein Gebot ist"[34]. Die ganze Gemeinschaft bewegt sich folglich aus

---

32 *Liber Constitutionum et Ordinationum Fratrum Ordinis Praedicatorum*, Curia generalitia, Rom 2018, S. 11.
33 „Primum, propter quod in unum estis congregati ut unanimes habitetis in domo et sit vobis anima una et cor unum in Deo" (*Regula ad servos Dei*, 1, 2).
34 Humbert de Romans, *Expositio super Constitutiones Fratrum Praedicatorum*, Prologus, in *Opera de vita Regulari*, II, S. 3.

einem einzigen Herzen auf ein gemeinsames Ziel zu: das Seelenheil. Die Fundamentalkonstitution verdeutlicht es im zweiten Paragraphen:

> „Der Predigerorden des hl. Dominikus ist ‚bekanntlich von Anfang an vor allem für die Predigt und das Heil der Menschen gegründet worden'. Daher sollen unsere Brüder, nach der Weisung des Stifters, ‚überall wie Männer, denen ihr eigenes und der anderen Heil am Herzen liegt, ein beispielhaftes religiöses Leben führen. Sie sollen Männer des Evangeliums sein und in der Nachfolge ihres Erlösers mit Gott sprechen oder miteinander und mit anderen von Gott reden'".[35]

Wird die Brüderlichkeit mit dem Anspruch auf Einmütigkeit gelebt, bereitet sie die Prediger des ewigen Wortes auf ihre Mission vor, weil sie ihnen die Möglichkeit zur gegenseitigen Unterstützung gibt. Die von Gerhard von Frachet[36] zusammengestellte Sammlung der *Vitae fratrum* enthält eine Aussage des Jordan von Sachsen, wonach ein eifriger Ordensmann den Vorsänger im Chor nachahmen solle, der den Ton erhöhe, wenn die Stimmen der Brüder dazu neigten abzufallen:

> „Sobald er bemerkt, dass nutzlose Worte geäußert werden, muss er aufbauende Worte oder Züge einflechten, um schädlichen Gesprächen Einhalt zu gebieten. Ebenso müssen wir uns außerdem, wenn uns die Verdorbenheit

---

[35] *Liber Constitutionum et Ordinationum Fratrum Ordinis Praedicatorum*, 1 § 2.
[36] Zu den *Vitae Fratrum* siehe Simon Tugwell, „L'évolution des *vitae fratrum*. Résumé des conclusions provisoires", *Cahiers de Fanjeaux* 36 (2001), S. 415–418 sowie Bériou-Hodel, S. 391–392 und S. 1067–1068.

des Fleisches nach und nach vom religiösen Eifer abfallen lässt, gegenseitig anspornen."³⁷

Als Bruder Paulus Venetus, ein Reisegefährte des Dominikus in dessen letzter Lebensphase, im Rahmen des Heiligsprechungsprozesses befragt wurde,

> „erinnerte er sich nicht, ein nutzloses oder verunglimpfendes oder schmeichelndes oder schädliches Wort von ihm gehört zu haben. Ferner, wenn er mit ihm auf Reisen war, sah er ihn entweder beten oder predigen; oder er widmete sich dem Gebet oder der Meditation über Gott. [...] der Meister Dominikus sagte zu diesem Zeugen und zu anderen, die bei ihm waren: ‚Geht voraus, und lasst uns an unseren Erlöser denken', und er hörte ihn stöhnen und seufzen. Ebenso sagte er, dass wo immer dieser Meister gewesen sei, er immer von Gott oder mit Gott gesprochen und seine Brüder ermuntert habe, und er habe das in der Regel der Predigerbrüder niederschreiben lassen."³⁸

Die Aufmerksamkeit für andere, sogar in den kleinsten Details, ist ein weiterer Vorzug der Brüderlichkeit. Wenn sich der Vater der Prediger unterwegs anstrengendes Fasten auferlegte, ließ er seine Brüder wegen der beschwerlichen Reise essen:

> „Wenn sie irgendwo Unterkunft finden oder essen mussten, folgte er nicht seinem Willen, sondern dem seiner Brüder, die bei ihm waren. Wenn er schlecht versorgt

---

37 *Vitae Fratrum*, IIIª pars, 14. Französische Übersetzung von Hugues Lecoq: *Vies des Frères de l'Ordre des Frères-Prêcheurs*, Paris, Lethielleux, 1912, S. 197.
38 *Acta canonizationis*, Bologna, 41. Aussage von Bruder Paulus Venetus; Bériou-Hodel, 740–741.

war, zeigte er größere Anzeichen von Freude, als wenn er gut umsorgt gewesen wäre."[39]

Wenn er dagegen während der Mission im Süden Ausnahmen von seinem asketischen Ernährungsplan machte, so geschah es immer, wie ein Zeuge erklärte, „wegen der Brüder oder der Begleitung":

> „Außer Brot und Wein aß er kein Gericht, [...] er probierte ein wenig von der Kost. Aber er wollte immer, dass die anderen im Überfluss versorgt würden, je nach den Möglichkeiten des Hauses und so, wie es die Mittel erlaubten."[40]

Brüderliche Feinfühligkeit beherrschte sein Verhalten, ohne Schwäche oder Steifheit. „Untertags im Umgang mit den Brüdern und Gefährten war niemand freundlicher, niemand angenehmer", stellt Jordan von Sachsen fest.[41] Und da die Brüderlichkeit durch Gesten gepflegt wird, „brachte" Dominikus, als er 1219 aus Spanien nach Rom zurückkehrte und die Nonnen von *San Sisto* besuchte, „den Schwestern als kleines Geschenk kleine Löffel aus Zypressenholz, einen für jede Schwester mit"[42]. In der römischen Gemeinschaft teilte er einen vollen Becher Wein mit den Nonnen und ermutigte sie, den Nektar „in ausreichendem Maße" zu kosten, ohne kleinliche Angst zu verspüren.

> „Nun gab es damals eine Anzahl von 104 Schwestern, die alle aus dem Weinbecher, so viel sie wollten, tranken, aber der Becher nahm nicht [an Inhalt] ab, sondern er

---

39 *Acta canonizationis*, Bologna, 22. Aussage von Bruder Buonviso; Bériou-Hodel, S. 716.
40 *Acta canonizationis*, Toulouse, 18. Aussage von Guillaume Pierre Godin; Bériou-Hodel, S. 759.
41 Jordan von Sachsen, *Libellus*, 104; Bériou-Hodel, S. 665.
42 Sœur Cécile, *Miracula S. Dominici*, 10; Bériou-Hodel, S. 528.

blieb im Gegenteil so voll, als ob man immer Wein hinzugefügt hätte."[43]

Die wenigen brüderlichen Trankopfer haben den alleinigen Sinn, gemeinsam die Freude der Erlösung zu genießen. Die Predigerbrüder, die geweiht sind, um die Wahrheiten des Heils zu predigen, sind außerdem sowohl in der Gemeinschaft als auch als Einzelne zur Armut verpflichtet. Die Wanderpredigt erfordert nämlich Reisen. Die ersten Konstitutionen stellen klar, dass die Brüder „Gold, Silber, Geld oder Geschenke weder empfangen noch tragen dürfen, abgesehen von Nahrung und Kleidung und das Notwendige an Gütern und Büchern"[44]. Aber das ist nicht alles. Viele Zeugen bestätigten übereinstimmend, wie wichtig die Armut für Dominikus gewesen sei. Jordan von Sachsen schreibt im *Libellus* dazu:

> „Die Armut liebte er wahrhaftig, darum trug er auch ärmliche Kleidung. Beim Essen und Trinken zeigte er sich überaus mäßig, vermied feinere Gerichte und begnügte sich gern mit einfacher Kost. Er hatte seinen Leib fest in der Gewalt. Wein trank er so stark mit Wasser verdünnt, dass er zur notwendigen körperlichen Erfrischung diente, aber niemals seinen feinsinnigen und klaren Geist beschwerte".[45]

Bruder Amizo von Mailand war Zeuge im Heiligsprechungsprozess und bestätigte, dass Dominikus

> „mehr als alle anderen ein Meister in der Regularobservanz war und eine sehr große Liebe zur Armut hegte, so-

---

43 Sœur Cécile, *Miracula S. Dominici*, 6; Bériou-Hodel, S. 520.
44 Albert H. Thomas, *De oudste Constituties*, S. 364 [Dist. II, c. 31]; Bériou-Hodel, S. 257.
45 Jordan von Sachsen, *Libellus*, 108; Bériou-Hodel, S. 666–667.

wohl bei der Nahrung als auch bei der Kleidung seiner Ordensbrüder und seiner eigenen sowie auch bei den Gebäuden und Kirchen der Brüder, beim Gottesdienst und der Verzierung der liturgischen Gewänder. In der Tat hat er mit großer Sorge Acht gegeben und sein Leben lang darauf verwandt, dass die Brüder in den Kirchen weder Purpur- noch Seidenstoffe für sich selbst noch auf den Altären benützten und keine [liturgischen] Gegenstände aus Gold oder Silber bis auf die Kelche hätten."[46]

Bruder Rodolfo, der Dominikus in Bologna kennengelernt hatte, fügte hinzu:

„Dominikus liebte die Armut sehr und regte die Brüder zur Armut an. Und er weiß das, weil, als dieser Bruder Dominikus nach Bologna kam, Herr Odorico Galliciani den Brüdern einige seiner Besitztümer schenken wollte, die weit mehr als 500 Pfund aus Bologna wert waren, aber der Bruder Dominikus ließ den Vertrag lösen, er wollte nicht, dass sie diese oder andere Besitztümer besäßen: sie durften nur von Almosen und genügsam leben, weil er nicht wollte, dass sie, wenn sie in ihrem Haus etwas für einen Tag zum Leben hätten, an diesem Tag etwas annähmen noch [jemanden] losschickten, um Almosen zu erbitten."[47]

Derselbe Bruder, der als Prokurator des Konvents in Bologna damit beauftragt war, für die Bedürfnisse der Gemeinschaft zu sorgen, nutzte die Abwesenheit des Dominikus, um die

---

46 *Acta canonizationis*, Bologna, 17. Aussage von Bruder Amizo von Mailand; Bériou-Hodel, S. 712–713.
47 *Acta canonizationis*, Bologna, 32. Aussage von Bruder Rodolfo; Bériou-Hodel, S. 728–729.

Die Mission der Predigerbrüder

Zellen der Brüder „um eine Armlänge" zu erhöhen: Als der Meister zurückkehrte, machte er ihm Vorwürfe wegen der Arbeiten:

> „Er begann weinend Bruder Rodolfo und den anderen Brüdern mehrfach Vorwürfe zu machen und sagte auch zu den anderen Brüdern: ‚Ihr wollt so schnell die Armut aufgeben und große Paläste bauen!' Daher befahl er ihnen, die Baustelle aufzugeben, und sie blieb so unvollendet, solange er lebte."[48]

Dominikus wollte von Almosen leben, nicht nur um das Leben der Konvente zu sichern, sondern auch um jeden Tag für den Unterhalt der Brüder zu sorgen. Bruder Paulus Venetus erinnerte sich,

> „dass er ein sehr armseliges Kleid getragen und sich am Ausgang der Dörfer und Städte die Schuhe ausgezogen hat und barfuß auf Reisen gegangen ist. [...] dass er diesen Bruder, den seligen Dominikus, manchmal von Tür zu Tür gehen sah, um Almosen zu erbitten und Brot wie ein Armer zu erhalten. Als er in Dugliolo um Almosen bat, überreichte ihm ein Mann ein ganzes Brot, das dieser Pater in sehr großer Demut und Frömmigkeit auf Knien empfing. Er wollte – und er sagte es, wie er es oft gehört hat –, dass die Brüder von Almosen lebten."[49]

Aber diese Bestimmung währte nicht lang, ebenso wenig wie die Regeln, die die Höhe der Dominikanerkirchen begrenzten. Der Pariser Dichter und Hungerleider Rutebeuf konnte die

---

48 *Acta canonizationis*, Bologna 38. Aussage von Bruder Stephan; Bériou-Hodel, S. 736.
49 *Acta canonizationis*, Bologna 42. Aussage von Bruder Paulus Venetus; Bériou-Hodel, S. 741–742.

entstehenden Bettelorden bewundern, ihn stellte nicht mehr zufrieden, was aus den Dominikanern der Mitte des 13. Jahrhunderts geworden war:

> „Die Jakobiner kamen in die Welt, gekleidet in weiße und schwarze Gewänder; bei ihnen sind alle Tugenden im Überfluss vorhanden, das mag glauben, wer will. Wenn sie durch den Habit rein und sauber sind, wisst ihr wohl, es ist die Wahrheit, dass ein Wolf unter einem geschlossenen Umhang einem Priester gliche."

Daher nahm sich der Dichter fest vor, ihnen keinen *Sou* zu geben, nicht einmal „die Schale eines Apfels"! Wie kann man in der Tat Männern vertrauen, die „ohne Sorge zu tragen, sie haben, ohne irgendjemanden zu betreuen, wobei sie beanspruchen, versorgt zu werden?"[50]

Die Armut war in den Augen des Dominikus so wichtig, weil sie die brüderliche Gemeinschaft und das unentgeltliche Predigen ermöglichte, da die Bettler nichts zu verkaufen hatten und daher ihre Zeitgenossen nicht wie Händler verführen konnten. Sie befreit von allem nicht Wesentlichen und ermöglicht es, das unentgeltlich empfangene Evangelium unentgeltlich weiterzugeben. Die Regel der Brüder, die ab dem Jahr 1215 in Toulouse eingeführten Bestimmungen, dann die ersten, während der Generalkapitel in den Jahren 1220 und 1221 verabschiedeten Konstitutionen, verfolgten kein anderes Ziel, als die Brüderlichkeit im Dienst der Mission in einer Atmosphäre der Armut zu bewahren. In den ersten Konstitutionen des Ordens wurden schwere Verfehlungen gegen das Armutsgebot, welche die persönliche Aneignung von unberechtigt übergebenen Gütern betrafen, unter dieselben Stra-

---

50 Rutebeuf, *Œuvres complètes*, Bd. 1, Paris, Picard, 1977, S. 209–211.

fen wie Verfehlungen gegen das Fleisch gestellt. Es waren tatsächlich eine sehr schwere Strafe und vorübergehender Entzug der Kommunion, des Friedensgrußes und des Predigens vorgesehen für

> „denjenigen, der Dinge empfangen hat, die er nicht empfangen darf, [...] wenn er verborgen hat, was ihm gegeben wurde, denn der sel. Augustinus sagt, dass man diesen Mann bestrafen müsse, wie man einen Diebstahl verurteile. Dasselbe gilt, wenn jemand der Fleischessünde verfallen ist, was unserer Meinung nach härter bestraft werden muss als alles andere."[51]

Bruder Rodolfo äußerte dazu:

> „Bruder Dominikus hielt die Regel und den Orden der Predigerbrüder, was ihn und die anderen betraf, vollkommen unversehrt aufrecht, ob es sich um Kleidung, Essen und Trinken, Fasten und alles andere handelte. [...] Er wollte, dass sie kleine Häuser und armselige Kleidung hätten. Auch in der Kirche wollte er nicht, dass es Seidenstoffe gebe, sondern dass die Verzierungen aus Steifleinen oder aus einem anderen Stoff seien."[52]

Das gemeinschaftliche Leben und die damit verbundene Armut machen die Herzen zugänglich, die Gaben Gottes zu empfangen. Beim Eintritt in den Orden hört jeder Bruder, wie ihm die Frage gestellt wird: „Was begehrst du?" Er wird gebeten zu antworten: „Die Barmherzigkeit Gottes und die

---

[51] Albert H. Thomas, *De oudste Constituties*, S. 336–337 [Dist. I, c. 23]; Bériou-Hodel, S. 233.
[52] *Acta canonizationis*, Bologna, 31–32. Aussage von Bruder Rodolfo; Bériou-Hodel, S. 727–729. Steifleinen ist ein Stoff, der durch eine geeignete Behandlung fest wird.

eure." Der Bruder bekennt, dass er fehlbar ist, aber er weiß, dass er auf die Gegenwart Gottes und die brüderliche Unterstützung zählen kann. Diese zweifache Gewissheit ist die Quelle einer tiefen Freude, die an jene des ersten Pfingstfestes erinnert, und davon legt zum Beispiel der mittelalterliche Bericht von Reginald von Orléans über die Einkleidung des Bruders Roland von Cremona Zeugnis ab:

> „Getragen vom Geist Gottes, der Welt entfliehend, kommt er allein und bittet ohne jegliche Präambel wie außer sich, empfangen zu werden. Bruder Reginald wartet im Überschwang seiner Freude nicht darauf, dass man einen weiteren Habit bringt, er nimmt seine Kapuze ab, um sie ihm anzulegen; der Küster läutet die Glocke, und während die Brüder das *Veni Creator* singen, obwohl sie wegen des Tränenschwalls und Freudenrausches kaum singen können, strömt eine große Schar von Männern und Frauen, Studenten zum Konvent; die ganze Stadt ist in Bewegung."[53]

Persönliches und gemeinschaftliches Gebet

Das Gebet bildete die Grundlage im Leben des hl. Dominikus: das liturgische, aber auch das persönliche Gebet. Bruder Ventura von Verona, der im Heiligsprechungsprozess als Zeuge befragt wurde, legte dar:

> „Selbst unterwegs feierte er fast jeden Tag die Messe, wenn er eine Kirche fand. Wenn er die Messe sang, ver-

---

53 *Vitae Fratrum*, I^a, C. 5. Der Text stellt fest, dass Roland wie berauscht ist, „quasi ebrius spiritu", als er die Brüder aufsucht. Französische Übersetzung von Hugues Lecoq: *Vies des Frères de l'Ordre des Frères-Prêcheurs*, Paris, Lethielleux, 1912, S. 37–38.

goss er viele Tränen, wie der Zeuge gesehen hat. Wenn er eintraf, um irgendwo eine Unterkunft zu finden, ging er immer, wenn es dort eine Kirche gab, zum Beten in die Kirche. Fast immer, wenn er sich außerhalb des Konvents befand, wenn er den ersten [Glocken]schlag der Matutin der Klöster hörte, stand er auf und weckte die Brüder und zelebrierte mit großer Andacht das vollständige Stundengebet bei Tag und in der Nacht zu den festgesetzten Stunden, ohne etwas auszulassen."[54]

Nach dem Urteil des Wilhelm von Montferrat, der sein Reisegefährte oder *socius* in der letzten Phase seines Lebens war, „verbrachte" Dominikus „mehr Zeit mit Beten als mit Schlafen"[55]. Wie außerdem Bruder Stefan berichtete,

„ließ er sie nach der Komplet und dem von den Brüdern gemeinsam gesprochenen Gebet in den Schlafsaal treten, und er selbst blieb in der Kirche im Gebet. In der Nacht, während er betete, stießen so heftiges Seufzen und Wehklagen aus ihm hervor und bewegten ihn, dass die Brüder, die in der Nähe waren, aus dem Schlaf gerissen wurden und einige von ihnen bis zu Tränen erschüttert waren. Sehr oft verbrachte er die Nacht bis zum Morgen im Gebet. Nichtsdestoweniger nahm er an der Matutin teil, er ging auf beiden Seiten des Chores umher, ermahnte [die Brüder] und drängte sie, kraftvoll und andächtig zu singen. Und er verbrachte die ganze Nacht im Gebet, sodass er sich nicht erinnern kann, ihn jemals nachts in einem Bett schlafen gesehen zu haben."[56]

---

54 *Acta canonizationis*, Bologna, 3; Bériou-Hodel, S. 701.
55 *Acta canonizationis*, Bologna, 13; Bériou-Hodel, S. 710.
56 *Acta canonizationis*, Bologna, 37; Bériou-Hodel, S. 734–735.

Ein Ende des 13. Jahrhunderts verbreitetes Heft präsentierte und illustrierte neun Körperhaltungen, die Dominikus in seinem persönlichen Gebet annahm.[57] Aus Neugier beobachteten die Brüder heimlich die Bewegungen und hörten den Worten und dem Seufzen ihres Gründers zu. „Die ‚körperlichen Arten' zu beten des hl. Dominikus besäßen eine zweifache Realität, eine stimmliche und eine gestische", schreibt der Historiker Jean-Claude Schmitt[58]. Seele und Körper wirken nämlich aufeinander ein:

> „[...] die Seele lässt die Körperglieder arbeiten, damit sie selbst mit größerer Andacht so zu Gott getragen wird, dass die Seele, indem sie den Körper in Bewegung setzt, sich vom Körper entfernt und sich manchmal in Ekstase wie Paulus, manchmal in Agonie wie der Heiland, manchmal in der Übertragung des Geistes wie der Prophet David befindet."[59]

Der Verfasser stellt treffend fest:

> „Das Gebet des hl. Dominikus hängt daher nicht nur mit der ‚rationalistischen', patristischen und scholastischen Strömung zusammen, sondern [auch] mit dem davidischen, prophetischen, hagiographischen und mystischen Modell. Seine Devotion entspricht ‚jener der Heiligen des Alten und des Neuen Testaments': Wie diese war

---

57 Der Text *Manière de prier, en son corps, de saint Dominique* wurde von einem unbekannten Bruder vermutlich in Bologna im Zeitraum zwischen 1274 und 1290 verfasst. Die jüngste Ausgabe stammt von Simon Tugwell in *AFP* 83 (2013), S. 37–56.
58 Jean-Claude Schmitt, *La Raison des gestes dans l'Occident médiéval*, Paris, Gallimard, 1990, S. 310.
59 „De modo orandi corporaliter sancti Dominici", *AFP* 83 (2013), S. 41.

auch der hl. Dominikus zu Lebzeiten von einer geistlichen Kraft beseelt, die seinem Körper die Tränen entriss und sich seines Willens bemächtigte."[60]

Vier Verhaltensweisen lassen die Tugend der Demut besonders sichtbar werden: Dominikus verbeugt sich vor dem Altar, der von einem Kruzifix überragt ist, dann steht er auf; er wirft sich aus tiefster Seele mit dem Gesicht zu Boden nieder; er geißelt sich mit einer Eisenkette; er vervielfacht die Kniebeugen. Drei weitere Haltungen unterstreichen die Hingabe seines Lebens: Er betet mit geöffneten Händen in der Orantenhaltung, mit überkreuzten Armen oder schließlich mit erhobenen Armen, die einen gen Himmel gerichteten Pfeil nachzeichnen. Zwei weitere Arten zeigen schließlich zuerst Dominikus, der vor einem Schreibpult sitzt, liest und meditiert, „mit sich selbst innehaltend und mit Gott verweilend"[61], dann schließlich wird er, als hätte er aus dem Studium und Gebet Kraft und Mut schöpfen können, auf der Straße dargestellt, während er abseits geht, betet, läuft und das Feuer seiner Liebe durch die Betrachtung der Heiligen Schrift nährt. Diese Gebetsarten erfüllten zumindest für einige von ihnen einen pädagogischen Zweck. Die vier Arten, bei denen sich das Gebet durch Verbeugungen und Kniebeugen ausdrückt, wurden den Novizen gelehrt und den Brüdern vermittelt. Humbert von Romans legt dazu in seinem Kommentar zu den Konstitutionen des Predigerordens Zeugnis ab, in dem er den „Verbeugungen" ein ganzes Kapitel widmet und dabei sechs Formen unterscheidet, die von einer einfachen Verbeu-

---

60 Jean-Claude Schmitt, *La Raison des gestes dans l'Occident médiéval*, S. 310.
61 *La manière de prier, en son corps, de saint Dominique*, huitième manière [achte Art]; Bériou-Hodel, S. 1236.

gung des Oberkörpers im Stehen bis zur Niederwerfung des ganzen Körpers, *venia* genannt, reichen. In jedem Fall, erinnert Humbert von Romans, müsse das Herz der Bewegung des Körpers folgen.[62] Das ist eine wesentliche Dimension des christlichen Gebets, besonders in der monastischen Tradition.

Das Gebet des Dominikus war außerdem von verschiedenen Bußübungen begleitet. Die Wucht und Häufigkeit der strafenden Schläge führten dazu, dass er sich bis auf das Blut verletzte, und beunruhigten mehr als einen Kommentator. Schwester Catherine Aubin, Theologin und Dominikanerin, stellt in dem Buch *Prier avec son corps* sogar die Frage: „Ist das eine Art zu beten?"[63] Die Verfasserin begründet ihre positive Antwort mit Belegen aus der Theologie und biblischen Anthropologie. Der leidende Knecht des Jesaja halte seinen Rücken denen hin, die ihn schlügen, und sein Gesicht denjenigen, die ihm den Bart ausrissen, stellt sie fest (Jes 50,6). Aber das ist noch nicht alles. Man kann die Gesten nicht verstehen, ohne sich vollkommen des Ernstes geistlicher Themen bewusst zu sein. Das traf auf den hl. Dominikus zu, der vom Bild Christi, der freiwillig in seine Leidensgeschichte tritt, belebt war. Das ewige Heil ist nicht eine Art Bonus nach dem irdischen Leben oder Supplement der Seele; es ist eine Frage von Leben oder Tod, und das ist im Grunde die einzige Frage, die zählt. Dominikus bat daher den Herrn inständig:

„Er möge ihm gnädig eine wahre Liebe verleihen, die in der Sorge und Fürsorge für das Heil der Menschen wirksam sei. Er glaubte nämlich erst dann in Wahrheit ein

---

62 Humbert de Romans, *Expositio in Constitutiones*, in *Opera de vita regulari* ed. curante Joachim Joseph Berthier (Hg.), Bd. 2, Marietti, 1956, S. 160–171, insbesondere S. 167.
63 Catherine Aubin, *Prier avec son corps à la manière de saint Dominique*, Paris, Éd. du Cerf, 2005, S. 79.

Glied Christi zu sein, wenn er sich nach Kräften ganz für die Rettung der Seelen hingebe, wie ja auch Jesus der Herr, der Heiland aller sich ganz für unser Heil darbot."[64]

Der Gegenstand seines Gebetes war also die Liebe Gottes, der Schatz der Liebe, den er seinem Nächsten schenken wollte.

Eine der Besonderheiten des Ordens bestand aber im Zusammenspiel des persönlichen Gebets der Wanderprediger mit dem gemeinschaftlichen Gebet. Bald wurden Anstrengungen unternommen, eine gewisse Einheitlichkeit zu erzielen, wenn sich die Brüder je nach Mission und Ortszuteilung mit vielfältigen, örtlichen Gepflogenheiten konfrontiert sahen. Die liturgischen Bräuche der Dominikaner wurden im Wesentlichen unter der Leitung von Humbert von Romans in den Jahren von 1254 bis 1256 festgelegt. Wanderpredigern war es nicht mehr möglich, weiterhin den Gottesdienst wie Mönche oder Kanoniker zu feiern. Das Ergebnis der Änderungen ist in dem gewöhnlich als „Prototyp" (1254) bezeichneten Buch niedergelegt, das im Ordensarchiv des Konvents *Santa Sabina* in Rom aufbewahrt wird.[65]

Bei der dominikanischen Liturgie, die aus diesen Überlegungen hervorging, handelt es sich um eine der alten lateinischen Liturgien, die der hl. Pius V. nach dem Konzil von Trient neben der römischen Liturgie fortbestehen ließ.[66] Ihre Unter-

---

64 Jordan von Sachsen, *Libellus*, 13; Bériou-Hodel, S. 613.
65 *Aux origines de la liturgie dominicaine: le manuscrit Santa Sabina XIV L1*, sous la direction de Leonard E. Boyle et de Pierre-Marie Gy (Hg.), avec la collaboration de Pawel Krupa, Paris, CNRS – École Française de Rome, 2004.
66 Zur Frage der dominikanischen Liturgie siehe William R. Bonniwell, *A History of the dominican liturgy: 1215–1945*, New York, J.-F. Wagner, 1945. Siehe dazu auch die Veröffentlichungen der Liturgiekommission des Predigerordens. Die Ausführung über die domini-

scheidungsmerkmale sind der Kalender, eine Reihe von Gesten, mehrere liturgische Perikopen und sieben Gottesdienste, deren Antiphonen und Antworten in einem poetischen Stil in Reimform verfasst sind. Es ist eine römisch-gallikanische Liturgie des 13. Jahrhunderts, die sich aber in mancher Hinsicht von den zeitgenössischen Liturgien in Paris und Lyon unterscheidet. Der Notentext der dominikanischen Liturgie steht in enger Verbindung zu dem der Zisterzienser. Ihnen ist zum Beispiel die Streichung der *caudae* oder melodischen Wiederholungen zu verdanken. Im Laufe der Jahrhunderte kam es zu einer Annäherung an die römische Liturgie, vor allem im 17. und dann im 20. Jahrhundert nach dem II. Vatikanischen Konzil. Als die Oberen des Ordens erkannten, dass es neue pastorale Erfordernisse gab, und spürten, dass der dominikanische Ritus keiner spezifischen Spiritualität Ausdruck verlieh, sondern das Ergebnis historisch überholter Umstände war, trafen sie damals die Entscheidung, den während der Generalkapitel der Jahre 1968 und 1971 erneuerten römischen Ritus vollständig sowohl für das Stundengebet als auch für das Messbuch zu übernehmen, aber einen üppigen liturgischen und eigenen Kalender beizubehalten. Letzterer war durch zahlreiche Selig- und Heiligsprechungen erweitert worden und wurde im Jahr 1971 und dann noch einmal im Jahr 2019 überarbeitet. Als die Dominikaner den römischen Ritus übernahmen, legten sie jedoch Wert darauf, an einer Reihe ihrer Tradition eigenen Gesänge sowie an Elementen des Rituals für die Messe und das Hochamt festzuhalten. Die Komplet, das Sakrament der Krankensalbung, einige Prozessionen zum Fest der Darstellung des Herrn oder der Karwoche schöpfen folglich aus dem Schatz der dominikanischen Liturgie.

---

kanische Liturgie ist der aufmerksamen Lektüre von P. Innocent Smith zu verdanken.

Die Mission der Predigerbrüder

„Unsere Waffen sind unsere Bücher"

Die Ordenskapitel aus der Zeit vor dem 13. Jahrhundert, wie zum Beispiel der Grammontenser, der Kartäuser oder der Zisterzienser, und auch die Bestimmungen der Regularkanoniker widmeten den Studien nur sekundär Aufmerksamkeit. Die jährlich stattfindenden Kapitel der Prediger dagegen hoben unaufhörlich immer wieder ihre Bedeutung, Vortrefflichkeit und Notwendigkeit hervor. Bei jeder Gelegenheit erinnerten sie jeden, selbst die Ältesten, an die Pflicht, sich dabei beharrlich und intensiv Mühe zu geben. Glaubt man dem Zeugnis von Bruder Johannes von Spanien, sandte Dominikus die ersten Gefährten von Toulouse nach Paris, „um dort zu studieren, zu predigen und einen Konvent zu gründen"[67]. Dietrich von Apolda äußert in einem hagiographischen Bericht nichts anderes, als er feststellt, dass Dominikus nach seiner Rückkehr aus Rom im Jahr 1216 mit wenigen Worten die Pflichten seiner ersten Gefährten, die in Toulouse versammelt waren, umriss. „Mögen sie studieren und predigen." Der lateinische Satz klingt wie eine Devise: *Ut studerent et praedicarent*.[68] In dem Kommentar zur Regel des hl. Augustinus, den Humbert von Romans für die Brüder verfasste, rechtfertigte er die Notwendigkeit, die Novizen auf ihre Befähigung zum Studium zu prüfen. Er schloss nicht aus, diejenigen fortzuschicken, die sich als unzulänglich erwiesen. Diese Halbprediger brächten sich in Gefahr und ließen die Seelen Risiken eingehen: Die Schwäche des Gegners mache den Bösen kühn. Verfügten seine Mitglieder nicht über ausreichend Wis-

---

67 *Acta canonizationis*, Bologna, 26; Bériou-Hodel, S. 720.
68 Thierry d'Apolda, *Livre sur la vie et la mort de saint Dominique*, traduit et annoté par Amédée Curé, Paris, Librairie catholique internationale de l'œuvre de Saint-Paul, 1887, S. 106 (Kap. 2, 71).

sen, könne der Orden missachtet werden und die Feinde Gottes und der Kirche rühmten sich damit.[69]

Zur Formung der neuen Ordensleute wurde früh ein Studiensystem entwickelt: Es bestand aus einer Konventsebene zu Hause mit dem Lehrer, der Lektor war, aus einer Provinzebene mit einem Studienzentrum (oder *studium*) und aus einer internationalen Ebene für die *studia generalia*; zu den im Mittelalter angesehensten Studienorten zählten *Saint-Jacques* in Paris und *San Domenico* in Bologna, aber auch Köln im Rheintal oder Oxford jenseits des Ärmelkanals. Im Laufe der Jahrhunderte wurden von den Dominikanern weitere Universitäten oder Zentren für die Spezialisierung gegründet, wie in Salamanca, Manila, Fribourg, Jerusalem, Rom, Bogotá, Washington etc. Diese Einrichtungen setzen in gewisser Weise das Werk der mittelalterlichen Gründungen fort. Aber das Studium betraf nicht nur *Magister* und Studenten. Von den Predigern wurde es nämlich wie eine Staatspflicht aufgefasst, und das Studium erstreckte sich seit dem 13. Jahrhundert weit über die Zeit der ersten Ausbildung hinaus: Alle waren ihm unterworfen. „Von der Teilnahme an den Konventsvorlesungen entband das Kapitel der Provinz Toulouse im Jahr 1336 die Brüder, „die mehr als fünfzig Jahre Profess hatten."[70]

Um dieser Verpflichtung des dominikanischen Lebens nachzukommen, wurde von Anfang an auf die Bibliotheken besondere Sorgfalt verwendet. Im Laufe der Jahrhunderte be-

---

69 Humbert de Romans, *Expositio Regulae beati Augustini*, in *Opera de vita regulari* ed. curante Joachim Joseph Berthier (Hg.), Bd. 1, Marietti, 1956, C. CXLIII, S. 433–435.
70 Célestin Douais, *Essai sur l'organisation des études dans l'ordre des frères prêcheurs au trizième et quatorzième siècle*, Paris, Picard – Toulouse, Privat, 1884, S. 12.

gründeten die Bibelausgaben, *Summae* jeder Art, Bände zur Philosophie und Theologie, Predigtsammlungen und Chroniken schließlich kostbare Sammlungen. Dieser Schatz ist der Luxus der Dominikanerkonvente. Humbert von Romans widmet übrigens ein ganzes Kapitel in einer Abhandlung der Beschäftigung von Brüdern als Bibliothekare und der Funktionsweise der Bibliothek.[71] Er verwendet eine kriegerische Rhetorik:

> „Die heiligen Bücher versorgen den Predigerbruder zur Verteidigung und zum Angriff mit Waffen. Jedes Kloster ist eine Festung, stets im Zustand der Belagerung. Die Bücher sind für die Soldaten dieses Ortes, der stets vom Geist des Bösen angegriffen wird, das Wasser, aus dem sie trinken, die Nahrung, mit der sie verlorene Kräfte wiedergewinnen, die Waffen, mit denen sie den Angriff siegreich abwehren."[72]

Das berühmte Kapitel des Jahres 1288 in Avignon stellte fest:

> „Da unsere Waffen die Bücher sind und ohne Bücher sich niemand risikolos der Predigt und dem Abnehmen der Beichte aussetzt, ermahnen wir die Prioren und die Mitbrüder, sich dafür einzusetzen, dass die Bücher in der gemeinschaftlichen Bibliothek vervielfacht werden."[73]

---

71 Humbert de Romans, *Instructiones de Officiis Ordinis*, in *De vita Regulari*, Bd. 2, Marietti, 1956, C. XIII, S. 263–267.
72 Humbert de Romans, *Commentaire de la Règle de saint Augustin*, zitiert von Célestin Douais, *Essai sur l'organisation des études dans l'ordre des frères prêcheurs au treizième et quatorzième siècle*, S. 47.
73 Célestin Douais, *Acta capitulorum provincialium ordinis fratrum Praedicatorum. Première province de Provence, province romaine, province d'Espagne, 1239–1302*, Toulouse, Privat, 1894, S. 319 [Erste Provinz der Provence, Kapitel in Avignon 1288].

Wie Humbert von Romans in seiner Abhandlung zur Ausbildung der Predigerbrüder feststellt, muss sich der dominikanische Neuling dem Studium der Bücher mit dem wahren Wunsch widmen, das zu verinnerlichen, was er darin entdecken kann:

> „Die Gnade, gut zu predigen", erklärt er, „was auch immer ein besonderes Geschenk des Herrn ist, verlangt vom Prediger jede mögliche Anstrengung, um das, was sein Amt betrifft, sorgfältig zu studieren, damit er es richtig ausführt. [...] Auch der hl. Hieronymus erklärt den Text des Propheten Ezechiel: ‚Iss diese Rolle' (*Hes* 3,1), und lehre, dass man sein Herz mit den Worten Gottes nähren und diese sorgfältig betrachten muss, bevor man sie der Menge mitteilt."[74]

Die Gnade der Predigt

Ein gemeinsames Leben zu führen, inbrünstig zu beten, lange zu studieren, all das ist unabdingbar für ein Leben als Predigerbruder, aber diese Anstrengungen sind nicht ausreichend. Bruder Stephan von Bourbon, ein berühmter Dominikanerprediger des 13. Jahrhunderts, erzählt die Geschichte von einer großen Persönlichkeit, einem „herausragenden Prediger in Paris", den man für die Vortrefflichkeit seiner Predigten lobte und ihm versicherte, er könne Gott sehr dafür lobpreisen, so gelehrt zu sein. Jener war geschmeichelt von dieser Beurteilung, aber anstatt seine Berühmtheit auf die Gaben Gottes zurückzuführen, erklärte der Prediger: „Dafür

---

74 Humbert de Romans, *Liber de eruditione Praedicatorum*, I^a pars, c. VII, S. 394. Französische Übersetzung: *Traité de l'instruction des prédicateurs*, S. 48–49.

muss man meiner Nachttischlampe danken, neben der ich so [lange] wach geblieben bin, bis ich diese wissenschaftliche Vortrefflichkeit erlangt habe." „Sogleich", erklärt Stephan von Bourbon, „verlor er Gedächtnis und Wissen."[75]

Die ursprünglichen Konstitutionen sehen vor, dass die Brüder, die zum Predigen als befähigt beurteilt werden, eine Prüfung ablegen müssen, bevor sie mit dieser Aufgabe beginnen. Die Prüfer müssen sich in der Tat nicht nur nach den aufgewandten Mühen der Ordensleute, die sie befragen, erkundigen, sondern auch nach der „Gnade der Predigt, die Gott ihnen gewährt hat"[76]. Der Prior muss dann entscheiden, ob es angebracht ist, dass der Kandidat das Studium weiter fortsetzt, sich im Predigen mit den fortgeschritteneren Brüdern übt oder aber sofort geeignet und dienlich ist, das Predigtamt auszuüben. Die Konstitutionen legen genau dar: „Zum Ausüben der Predigt können, nachdem sie ein Jahr lang Zuhörer gewesen sind, diejenigen zugelassen werden, bei denen man nicht befürchten muss, dass ihre Predigt Ärgernis auslöst."[77] Die Predigt ist also nicht einfach die Frucht einer guten Vorbereitung; der Prediger ist nie bereit für seine Mission. Niemand, außer Christus und seine Apostel, ist fähig, Prediger zu sein; allein die Gnade Gottes kann zu diesem Dienst berufen. Ein Bruder ist zuerst aufgerufen, Christus wie ein Jünger nachzufolgen, dann wird er ausgesandt, um das Evangelium zu verkünden; die Bereitschaft und der Gehorsam des Jüngers müssen im Herzen des Apostels bestehen bleiben.

---

75 Albert Lecoy de la Marche, *Anecdotes historiques, légendes et apologues tirées du recueil inédit d'Étienne de Bourbon, dominicain du XIIIe siècle*, Paris, Renouard, 1877, S. 247.
76 Albert H. Thomas, *De oudste Constituties*, S. 356 [Dist. II, c. 20].
77 *Ebd.*, S. 363 [Dist. II, c. 31].

In der Abhandlung, die Humbert von Romans zur Ausbildung der Predigerbrüder verfasste, ging er auf einige Schwierigkeiten in Bezug auf das Predigtamt ein. Erstens, so merkt er an, dass es nur wenige fähige Prediger gebe:

> „In der frühen Kirche gab es wenige, gute Prediger, aber sie bekehrten alle: heute gibt es unzählige, und dennoch gelingt es nur wenigen ... Zahlreich sind die Handwerker in dieser Kunst, und wenige sind gut."

Zweitens, wie er hinzufügt, muss man zu diesem Dienst berufen sein:

> „Es gibt einige, die in den Studien sehr gut waren, sehr fleißig waren und sich mit all ihren Kräften bemühten, die Gnade der Predigt zu erhalten, ohne sie je zu erlangen. [...] Durch das Harfespielen kann man Harfenist werden, aber die Gnade der Predigt erhält man nur durch eine besondere Gabe Gottes."[78]

Das Predigtamt hat demnach eine charismatische Dimension. Man ist Prediger durch die Gnade Gottes. Der Meister der Verkündigung ist der Heilige Geist. Für Humbert von Romans ist die Summe aus persönlichen Anstrengungen, des Gebets und asketischen Mühen vergeblich, wenn es keinen geheimnisvollen und persönlichen Ruf Gottes gibt, der von einem Christen angenommen und dann von der Kirche, die ihn zur Mission sendet, erkannt und bestätigt wird. Im Jahr 1219 bestärkte Dominikus den Abenteuergeist der Brüder und stellte ihr Vertrauen auf die Probe, indem er einen Novizen in seine Heimatstadt Plaisance zum Predigen entsandte. Bruder Buonviso war Doktor des Kirchenrechts, was der Absicht eine ge-

---

78 Humbert de Romans, *Liber de eruditione Praedicatorum*, I^a pars, c. VII, S. 393.

wisse Ernsthaftigkeit verbürgte, aber er hatte nicht Theologie studiert. Er gab an, nicht zu wissen, wie er das bewerkstelligen solle, und hielt es für ausreichend, sich „wegen seiner Unfähigkeit" zu entschuldigen. Dominikus überredete ihn jedoch zu gehen und riet ihm, sich keine Sorgen zu machen: „Der Herr wird mit dir sein und wird dir das Wort der Predigt in deinen Mund legen."[79] Im Heiligsprechungsprozess berichtete der Bruder, dass der Herr ihm eine solche Gnade der Predigt geschenkt habe, dass er drei neue Ordensmitglieder angeworben habe!

Bei näherer Betrachtung der Dinge versteht man, dass die historischen Umstände der Ordensentstehung seine Mitglieder zur genauen Erklärung zwangen, woher die Befugnis zu ihrer Predigt stamme, da sie streng genommen nicht für das Leben anderer verantwortlich waren. Für einige Christen des späten 12. Jahrhunderts war die Predigt charismatischer Natur. Ihre Autorität kam daher direkt vom Heiligen Geist. Vor allem einige Anhänger des Petrus Waldes forderten für alle, auch für die Laien das Recht und sogar die Pflicht, zu predigen, wobei sie sich u. a. auf Zitate der Kirchenväter stützten. Das von Simon Tugwell zitierte *Enchiridion der Waldenser* beruft sich auf die dem hl. Johannes Chrysostomus zugeschriebene Aussage: „Ebenso wie der Priester die Pflicht hat, unverhohlen die Wahrheit zu predigen, die von Gott zu ihm kommt, so hat auch der Laie die Pflicht zu predigen, was er von Priestern empfangen hat", und auf eine andere, dem hl. Gregor dem Großen zugeschriebene Äußerung: „Hütet euch davor, das Talent, das ihr von Gott erhalten habt, zu verbergen, sonst werdet ihr die Qualen der Hölle erleiden. Deshalb ruft der hl. Paulus aus: ‚Weh mir, wenn ich das Evangelium

---

79 *Acta canonizationis*, Bologna, 24; Bériou-Hodel, S. 718.

nicht verkünde' (1 *Kor* 9,16)."[80] Aber im Gegensatz zu diesen Verfechtern einer rein charismatischen Predigt beharrten Geistliche des 12. Jahrhunderts auf der Rolle der kirchlichen Mission, um die Predigt glaubwürdig erscheinen zu lassen. Wenn der hl. Bernhard von Clairvaux in der Gegend von Toulouse predigte, stützte er sich daher auf das Zitat des hl. Paulus: „Wie soll aber jemand verkünden, wenn er nicht gesandt ist?" (Röm 10,15), um die Aufnahme eines Predigers zu verhindern, der nicht vom Papst oder dem Ortsbischof beauftragt worden war:

> „Diese fremden Prediger haben weder den Anschein der Frömmigkeit noch deren Geist; um das Gift ihrer Lehren besser zu verbergen, hüllen sie ihre weltlichen Neuheiten in ganz göttliche Ausdrücke; misstraut ihnen wie wahren Giftmischern, und haltet sie für sehr raubgierige Wölfe, obgleich sie sich unter Schafhäuten verstecken."[81]

Für den hl. Dominikus und seine Mitbrüder ging es nicht darum, sich für eine dieser beiden sich widersprechenden Optionen zu entscheiden. Eine schwierige Gratwanderung setzte sich bei den Predigerbrüdern mit der Auffassung von der *gratia praedicationis* durch: Der erste Predigtauftrag kommt von Gott, aber es fällt dem Orden zu, ihn zu erkennen und durch eine Lebensweise einzurahmen. Wie schon die *Didache* angab, sollte sich ein wahrer Prophet nicht hart gegen den Zuwachs zeigen.[82] Er will Seelen gewinnen; er versucht nicht,

---

80 Giovanni Gonnet, *Enchiridion Fontium Valdensium*, Torre Pellice 1958, S. 59–60; zitiert in Simon Tugwell, *The Way of the Preacher*, Darton, Longman & Todd, 1979, Appendix III, S. 122.
81 Saint Bernard, *Ep* 242, 3, in *Œuvres complètes de saint Bernard* traduites en français par les abbés Dion et Charpentier, nouvelle édition, Bd 1, Paris, Vivès, 1887, S. 344–345.
82 *La doctrine des douze apôtres (Didachè)*, 11, 3.

seinen Lebensunterhalt zu verdienen. Stephan von Bourbon erzählt die Geschichte eines Klerikers, der auf ein prachtvolles Reittier stieg, nachdem er am Palmsonntag die Demut des Heilands gepriesen hatte, und eine alte Frau ihn anherrschte: „Sind das, Meister, die Eselin, von der Ihr gesprochen habt, und der Erlöser, der auf ihr ritt?"[83] Die Kirche benötigte vorbildliche Prediger, deren Kompetenz weder einfach auf einen rechtlichen Auftrag beschränkt war, noch als etwas betrachtet wurde, das sich aus asketischen oder charismatischen Fähigkeiten ableiten ließ.[84] Die Brüder nahmen sich als Mitglieder ein und derselben Gesellschaft, ein und desselben Kollegiums war, die zur Zusammenarbeit berufen waren, um Seelen zu gewinnen. Am Tag des Jüngsten Gerichts, legt Humbert von Romans dar, müssten die Apostel Rechenschaft über die Gnade ablegen, die ihnen geschenkt geworden ist:

> „Welche Gewinne werden wir ihm aus diesem Handel zeigen? Petrus wird mit dem bekehrten Judäa, das er hinter sich her gezogen hat, dorthin kommen. Paulus, auch er wird an die Spitze der Welt kommen, könnte man sagen; und Andreas wird sich mit Achaia, Johannes mit Asien, Thomas mit Indien, die sie bekehrt haben, in der Gegenwart des Richters zeigen. Aber wir, was sollen wir also, wir Elenden, sagen, wenn wir zu unserem Herrn mit leeren Händen nach der Geschäftszeit zurückkehren?"[85]

---

83 Zitiert in Albert Lecoy de la Marche, *La chaire française au Moyen Age spécialement au XIIIe siècle d'après les manuscrits contemporains*, Paris, Didier et Cie, 1868, S. 38.
84 Siehe Simon Tugwell, *The Way of the Preacher*, S. 38.
85 Humbert de Romans, *Liber de eruditione Praedicatorum*, pars VII, c. XXXII, S. 452 übersetzt und zitiert von Nicole Bériou, „Des ‚frères prêcheurs': quel renouveau pastoral dans la France du XIIIe siècle?", in *Les Dominicains en France (XIIIe-XXe siècle)*, Nicole Bé-

Der Dominikanische Weg

Im Herzen der Kirche

Der Vater der Predigerbrüder stellte sein Leben und Handeln entschlossen in das Herz der Kirche, *in medio Ecclesiae*. Seine auf die Abtrünnigen, Häretiker und Heiden gerichtete, apostolische Sendung konnte nur um diesen Preis erfüllt werden. Der Predigerorden ist das Ergebnis der langsamen und geduldigen Arbeit, auf die Bedürfnisse der Zeit und der Kirche zu antworten und sich an sie anzupassen, wobei der Predigerorden mit den Päpsten Innozenz III., Honorius III., Gregor IX. und zahlreichen Bischöfen zusammenarbeitete. Unter den Bischöfen stachen Diego von Osma und Fulko von Toulouse hervor, die mit Dominikus eine enge und vertrauensvolle Freundschaft verband. Aber Dominikus hütete sich wohl, das Bischofsamt anzunehmen, als es ihm dreimal angeboten wurde, weil „er es vorzog, mit seinen Brüdern in Armut zu leben als irgendein Bistum zu haben"[86]. Es wäre jedoch falsch, das als Missachtung des Bischofsamtes zu betrachten; er war sich seiner Stellung als Mitarbeiter der Bischöfe sehr wohl bewusst. Die ursprünglichen Konstitutionen des Ordens verbieten den Brüdern übrigens, ohne Auftrag zu predigen:

> „Wenn unsere Brüder in die Diözese eines Bischofs gehen, um zu predigen, werden sie zuerst, wenn sie es können, dem Bischof einen Besuch abstatten, damit sie gemäß seinem Rat im Volk das Ergebnis (i. O.: die Frucht) erreichen, das sie zu erzielen gedenken; und solange sie

---

riou, André Vauchez et Michel Zink (Hg.), Paris, Académie des Inscriptions et Belles Lettres – Éd. du Cerf, 2017, S. 10.

86 Bruder Johannes von Spanien sagt aus: „Zwei oder drei Mal wurde er zum Bischof gewählt." Anschließend stellt er klar, dass es sich um die Bistümer von Béziers und Comminges handele. *Acta canonizationis*, Bologna, 28; Bériou-Hodel, S. 724.

in diesem Bistum sind, werden sie [ihm] mit Hingabe bei dem [allem] gehorsam sein, was sich nicht gegen den Orden richtet."[87]

Die ersten Worte des Propriums bei der Messe des hl. Dominikus feierten ihn daher in biblischer Weise als *in medio Ecclesiae* gestellt, d. h. inmitten oder besser im Herzen der Kirche.[88] Dieser Platz hindert den Vater der Predigerbrüder und die ersten Generationen von Brüdern nicht daran, die Grenzen des Christentums zu erreichen und sie sogar zu überschreiten. Die Taten, die der florentinische Dominikaner Riccoldo da Monte di Croce in den zwölf Jahren von 1288 bis 1300 vollbrachte, legen davon neben anderen Beispielen Zeugnis ab: Riccoldo wurde von Papst Nikolaus IV. mit der Mission im Orient betraut und lebte fast zehn Jahre im Irak. Nach dem Fall von Akkon fiel er dem Wandel der politischen und religiösen Situation zum Opfer. Er wurde verhaftet, versklavt und er betrachtete sich als einen armen „Kameltreiber Christi", der im Nahen Osten umherirrte. Nach seiner Flucht kehrte er nach Italien zurück und verfasste bedeutende und ergreifende Erzählungen, in denen er die Sitten der Menschen beschrieb, denen er begegnet war: muslimische Völker, aber auch Tataren und Mongolen.[89] Es ist nachvollziehbar, dass

---

87 Albert H. Thomas, S. 364 [Dist. II, ch. 32].
88 „In medio Ecclesiae aperuit os eius" (Sir 15,5): „und inmitten der Versammlung öffnet sie [die Weisheit] seinen Mund" (Einheitsübersetzung). Der Introitus der Messe, der den Namen des Amtes in der dominikanischen Liturgie trägt, beginnt mit diesen Worten.
89 Jean-Marie Mérigoux, „L'ouvrage d'un frère prêcheur florentin en Orient à la fin du XIIIe siècle. Le *Contra legem Saracenorum* de Riccoldo de Monte di Croce", *Memorie domenicane* 17 (1986), S. 1–144 sowie Emilio Panella, „Ricerche su Riccoldo da Monte di Croce", *AFP* 58 (1988), S. 5–85.

der hl. Dominikus, der am Ursprung eines solchen missionarischen Eifers steht, von der Liturgie als neuer und wahrer Athlet des Herrn dargestellt wird, der „die Welt zu seinen Füßen betritt, die Hand an große Werke legt, bloß den Feinden entgegenläuft, unterstützt von der Gnade Christi"[90]. Um ein Apostel zu sein, muss man vollkommen der Kirche gehören.

Die besonders guten Verbindungen der Bettelorden zum Papst ließen diese Geistlichen zu den bevorzugten Vertretern päpstlichen Handelns über die Grenzen der Diözesen und der traditionellen Gemeinschaften hinaus werden. Der Dienst an der Kirche wurde auch durch ihre Hilfe deutlich, die sie den Päpsten bei Fragen der Doktrin mit den *Magistern* des Apostolischen Palastes, den späteren Theologen des Päpstlichen Hauses, leisteten. Die Teilnahme der Dominikaner war auch bei vielen Synoden entscheidend, insbesondere beim Ökumenischen Konzil von Trient oder zwei Vatikanischen Konzilen. Als ein Moralprediger des 13. Jahrhunderts den wohl bekannten Bibelvers aus dem *Hohen Lied* „wie Apfelduft sei der Duft deines Atems" mit Anmerkungen versah, verglich er den Prediger in einer Predigt über den hl. Dominikus mit dem „Mund der heiligen Kirche, durch den sie ihre Kinder lehrt und zurechtweist"[91]; die Ordensfamilie des Heiligen, der in Bologna bestattet ist, hat keine andere Berufung.

---

90 Liturgische Ämter für die Feste des hl. Dominikus, französische Übersetzung in Bériou-Hodel, S. 1472. Es handelt sich hier um den Hymnus *Novus athleta Domini*.
91 Erste Predigt des Pelagius Parvus zum Fest des hl. Dominikus, übersetzt und freundlicherweise zur Verfügung gestellt von Bernard Hodel. Die *Jerusalemer Bibel* übersetzt: „le parfum de ton souffle, [qu'il soit] celui des pommes" – „wie Apfelduft sei der Duft deines Atems" (Einheitsübersetzung) (Hld 7,9).

2. Das dominikanische Erbe: ein Gesamtinventar

Die *Göttliche Komödie* von Dante Alighieri maß Dominikus und seiner Ordensfamilie große Bedeutung bei. Der Dichter beschreibt den Predigerorden als einen Ort, „wo man die rechte Nahrung findet, wenn man nicht eitlen Dingen nachläuft." Es freut ihn, dass aus dem dominikanischen Sturzbach zahlreiche Ströme entspringen, „die den christlichen Garten bewässern, so dass seine kleinen Bäume besser gedeihen." [Paradies X, 96 und XII, 103; *Commedia*. In deutscher Prosa von Kurt Flasch, S. Fischer Frankfurt/M. 2013]. Acht Jahrhunderte dominikanischer Geschichte haben ein unermessliches und reiches Erbe begründet, von dem es unmöglich ist, nur eine summarische Bestandsaufnahme zu erstellen.

Dominikus, der Vater der dominikanischen Familie

Nachdem die ersten Gefährten des Dominikus im Jahr 1217 ausgesandt worden waren, wuchs der Orden rasch an. Als Jordan von Sachsen im Jahr 1224 nach dem Osterfest Diana von Andalò schrieb, erzählte er ihr, dass seit dem Advent „etwa 40 Novizen in den Orden eingetreten sind: einige sind *Magister*, die anderen sind sehr gebildet; und wir sind frohen Mutes noch viele weitere [aufzunehmen]"[92]. Teil dieser Gruppe sollten auch Humbert von Romans, bereits Magister der Freien Künste, und Hugo von Saint-Cher, ein *baccalaureus* in Theo-

---

92 Jourdain de Saxe, *Lettres à Diane d'Andalo*, trad. et annotation par Marguerite Aron, Paris, Éd. du Cerf, 2007, S. 42 (Brief IX).

logie, werden. Nach Thomas von Cantimpré nahm Jordan von Sachsen, der ein wahrer Meister darin war, Kandidaten anzuwerben, im Orden auf einen Schlag bis zu 60 junge Männer auf, aber die Qualität entsprach nicht immer der Quantität, und wie der Verfasser weiter berichtet, warf ihm ein Generalkapitel vor, junge Männer „von so geringer Gelehrsamkeit" zu ködern, „dass viele von ihnen trotz langen Wiederholens, soweit mir gesagt wurde, kaum eine einzige Lesung bei der Matutin lesen könnten"[93]. Wenn man dem Bericht der *Vitae Fratrum* Glauben schenkt, „ließ er, sobald er irgendwo eintraf, Habite anfertigen, denn er vertraute darauf, dass Gott Brüder sendete. Oft stellten sie sich unerwartet in so großer Zahl ein, dass man kaum Habite finden konnte."[94] Es ist nachvollziehbar, dass man im Jahr 1303 die Anzahl der Dominikaner auf fast 10.000 schätzen konnte. Im 15. Jahrhundert eröffnete die Tätigkeit der Brüder in Amerika, das wie eine Neue Welt erschien, dem Orden neue Perspektiven. Zu Beginn des 18. Jahrhunderts zählte man mehr als 20.000 Prediger. Dezimiert wurde der Orden durch die Französische Revolution und die damit verbundene Infragestellung des Ordenslebens, und trotz des Auftriebs im 19. Jahrhundert mühte er sich, wieder zu Kräften zu kommen. Nach der katholischen Krise in den Jahren zwischen 1960 und 1970 stabilisierte sich die Zahl der Ordensleute auf etwa 6.000 in rund 40 Provinzen.[95] Bei diesen Zahlen handelt es sich allein um Prediger*brüder*.

---

93 Thomas de Cantimpré, *Les exemples du* Livre des abeilles. *Une vision médiévale*, Présentation, traduction et commentaire par Henri Platelle, Turnhout, Brepols, 1997, S. 138 [c. XIX, exemplum 91].
94 *Vitae Fratrum*, Pars 3[a], 12. Französische Übersetzung: *Vies des Frères de l'Ordre des Frères-Prêcheurs, traduites des chroniques du XIIIe siècle*, préface de Johannes Joergensen, Paris, Lethielleux, 1912, S. 146–147.
95 Ordensstatistiken wurden von Angelus Walz in seinem *Compen-*

Wenn der lange Gründungsprozess des Ordens im Jahr 1206 in Prouilhe begann, blickt die Geschichte der endgültigen Eingliederung der Nonnen in die Familie des hl. Dominikus auf eine lange Entwicklung im 13. Jahrhundert und zahlreiche Wendungen seither zurück. Die Dominikaner sträubten sich, die Seelsorge für die Nonnen (*cura monialium*) auf sich zu nehmen. Dieses geschwisterliche Joch schien ihnen zu schwer. Es bedurfte der Autorität der Päpste und der Beharrlichkeit der Schwestern, damit die Angelegenheit geklärt wurde. Wie die Brüder sind auch die Nonnen der Autorität des Ordensmeisters unterworfen und bilden keinen zweiten Orden, eine weibliche Parallele zu den Predigerbrüdern, sondern diese sind ebenso grundlegend für den Orden wie jene. Auch die Expansion der Dominikaner führte zur Gründung neuer Nonnenklöster. Als Dominikus von der energischen Diana von Andalò zur Möglichkeit befragt wurde, einen Frauenkonvent in Bologna zu gründen, während die Brüder noch dabei waren, in der Stadt Fuß zu fassen, antwortete er: „Es ist absolut erforderlich, Brüder, das Haus der Frauen zu bauen, auch wenn es notwendig sein sollte, dass die Fertigstellung des Hauses, das uns gehört, sich verzögert."[96]

Seit den Anfängen der Predigttätigkeit im Lauragais hatten sich Laien den Schwestern in Prouilhe und den ersten Ge-

---

dium historiae Ordinis Praedicatorum, Rom, Angelicum, 1948 veröffentlicht. Zur zweiten Hälfte des 20. Jahrhunderts siehe auch die Jahresstatistiken, die in der Zeitschrift *Analecta Sacri Ordinis Praedicatorum* publiziert wurden.

96 *ASOP* 1 (1893), S. 181–184. Édition par Hyacinthe-Marie Cormier de la *Chronique* de Sainte-Agnès de Bologne, 4. Chronique de Sainte-Agnès de Bologne. Siehe auch die französische Übersetzung von Nicole Bériou und Bernard Hodel, S. 558, nach der vorläufigen Version, die ihnen Simon Tugwell zur Verfügung stellte.

fährten des Dominikus angeschlossen. Zu den ersten, überlieferten Kandidaten zählt das Ehepaar Ermengarde Godolina und ihr Mann Sans Gasc, die sich am 8. August 1207 „aus vollem Herzen und aus ihrem freien Willen" ganz von sich aus mit all ihren Gütern „dem Herrgott, der seligen Maria, allen Heiligen Gottes, der heiligen Verkündigung, dem Herrn Dominikus von Osma und allen Brüdern und Schwestern, denjenigen, die heute sind, und denen, die in Zukunft sein werden"[97], hingaben. Die Bindung der Laien an den Orden erlebte anschließend vom 13. bis zum 21. Jahrhundert verschiedene Ausformungen. Als die Dominikaner mit dem Bau von Konventkirchen begannen, stellten sie sich große Kirchenschiffe für die Gläubigen vor, wie in der Kirche der Jakobiner in Toulouse, aber auch in Florenz oder Bologna in Italien, in Friesach in Kärnten oder in Krakau in Polen. Scharen von Männern und Frauen, die in der Welt ein Leben der Buße zu führen anstrebten, ahmten die Praktiken des Ordenslebens nach. Der Dominikaner und Historiker Gilles Gerard Meersseman konnte rekonstruieren, dass in der Anfangszeit des Ordens Laien bei den Predigerbrüdern in der Stadt Florenz ein Versprechen abgelegt hatten. Fromme toskanische Kaufleute und Bankiers waren tief von den Predigten der Söhne des hl. Franziskus und des hl. Dominikus gegen den Wucher berührt; sie wünschten, die Schäden wiedergutzumachen, die ihren ruinierten Kunden von den Wucherern zugefügt worden waren, und gründeten *case di misericordia* [Häuser der Barmherzigkeit]. Als sich die Bettelorden in der Stadt einrichteten, nahmen jene dort die ersten Gemeinschaften auf, da diese aus Berufung arm waren. Die Dominikaner, die im Sommer 1219 in der Stadt der Lilien [Florenz] angekommen

---

[97] *Monumenta diplomatica*, 11. Charta vom 15. Mai 1211; Bériou-Hodel, S. 489–490.

waren und der Leitung des Johannes von Salerno unterstanden, legten in einem dieser Häuser einen Zwischenhalt ein und wurden dann im neuen Viertel *Santa Maria Novella* untergebracht. Dort mussten sie ihren Unterhalt bestreiten, und die dominikanischen Konstitutionen untersagten den Besitz von Renten. Die florentinischen Bankiers fanden aber schnell einen Ausweg: „Da die Prediger arm waren, gab es nur die Lösung, die Güter einer wohltätigen Einrichtung zu übergeben, damit diese die Einnahmen für den Unterhalt der Brüder verwendete, wie sie auch anderen Armen half." Auf diese Weise wurden die Gründer und späteren Wohltäter zu Mitbrüdern des Büßerordens.[98] Die Gruppen benötigten Regeln. Der Ordensmeister Munio von Zamora legte daher für diese Gläubigen im Jahr 1285 die Bestandteile einer Lebensregel fest, nach der sich die Laienbrüder, die weiter in der Welt inmitten des Dritten Ordens von der Buße des hl. Dominikus lebten, richteten, und die dann auch für die Frauen galt, die ab dem 16. Jahrhundert in Gemeinschaften ein Ordensleben apostolischer Art führten. Dort haben *Die Töchter der Nächstenliebe*, später die eigentlich Frauenkongregationen genannten religiösen Gemeinschaften, die sich der Lehre und dem Hospizwesen widmeten, ihren Ursprung. Nonnen und Brüder des Predigerordens, Laien, *Töchter der Nächstenliebe*, Dominikanerinnen und Mitglieder der Säkularinstitute bekennen sich als ein und derselben geistlichen Familie zugehörig.

Am Ende seines Lebens vertraute Pater Lacordaire seinem Freund Charles de Montalembert nicht ohne einige Verbitterung an, dass „es bei der Gründung oder Erneuerung eines Ordens immer drei Kategorien gebe: die Heiligen, die Ver-

---

98 Gilles Gérard Meersseman, *Dossier de l'Ordre de la Pénitence au XIIIe siècle*, Fribourg, Éd. Universitaires, [2]1982, S. 11–12.

rückten und die mittelmäßigen Menschen"⁹⁹. Gott sei Dank fehlte es im Predigerorden nicht an der ersten Kategorie, sei es unter den Nonnen, Brüdern oder Laien. Mehrere hundert Heilige und Selige bilden den wertvollsten Schatz des dominikanischen Erbes. In einem 2016 unter dem Titel *El año dominicano* veröffentlichten Verzeichnis erfasste José A. Martínez Puche OP 83 kanonisierte Heilige, 287 Selige, 25 Verehrungswürdige und 119 Diener Gottes und, nicht zu vergessen, 306 Märtyrer, die heiliggesprochen wurden oder deren Heiligsprechungsprozess eröffnet ist, in dem liturgischen Kalender und in den Akten der Generalpostulation des Predigerordens.¹⁰⁰ Die Zahl ist beträchtlich, wie auch die Vielfalt, mit der Heiligkeit zum Ausdruck kommt. Was haben der hl. Thomas von Aquin († 1274), *Doctor angelicus* und strenger Gelehrter, und der hl. Martin von Porres († 1639), mystischer und mildtätiger Pförtner des Klosters von Lima in Peru, gemeinsam? Wie kann man die hl. Katharina von Siena († 1380), Kirchenlehrerin und Prophetin in ihrer Zeit, mit der hl. Zdislava von Lemberk († 1252) vergleichen, einer reichen Aristokratin, Mutter einer Familie und Mutter der Armen? Um ein Beispiel aus der jüngeren Vergangenheit zu nennen: Welche Gemeinsamkeiten verbinden den sel. Pier Giorgio Frassati († 1925), einen eifrigen Laien, Studenten und vergnügten Radaumacher, und den sel. Hyacinthe-Marie Cormier († 1916), einen unermüdlichen und zurückhaltenden Diener seines Ordens? Der „weite und wohlduftende"

---

99 Charles de Montalembert, *Catholicisme et liberté. Correspondance inédite avec le S. Lacordaire, Mgr de Mérode et A. de Falloux (1852–1870)*, Paris, Éd. du Cerf, 1970, S. 201. Montalembert berichtet von einer Unterhaltung, die er mit Lacordaire am 27. September 1861 führte; letzterer starb am 21. November 1861.

100 José A. Martínez Puche, *El año dominicano*, Madrid, Edibesa, 2016, S. 9–16.

Glaube „des hl. Dominikus" wird in unterschiedlichen Lebensläufen der Heiligkeit sichtbar: Pierre Claverie, Bischof von Oran, der 1996 in Algerien ermordet wurde, schenkte sein Leben, bis es ihm entrissen wurde; der sel. Fra Angelico († 1455) besaß solche Malkünste, dass aus seinem Leben ein Meisterwerk wurde; Giorgio La Pira († 1977), Laiendominikaner und Universitätsdozent, Bürgermeister von Florenz und unermüdlicher Förderer von Friedensinitiativen auf der ganzen Welt, diente seiner Stadt mit seinem Einsatz. Was im Grunde all diese Persönlichkeiten eint, ist die Tatsache, dass sie dem Weg folgten, den der Vater der Predigerbrüder eröffnete: dem Wort Gottes folgen, es betrachten und den Zeitgenossen die Frucht seiner Kontemplation vermitteln.

Nichts ist daher weniger langweilig und monoton als die Geschichte der dominikanischen Heiligen. Ausmalende Elemente treffen hier oft auf das Erhabene. Ein schönes Beispiel bietet dafür zu Beginn des 15. Jahrhunderts Bruder Antonius Neyrot.[101] Bruder Antonius wurde um 1423 in Rivoli bei Turin geboren. Nachdem er vom hl. Antoninus im florentinischen Kloster *San Marco* in das dominikanische Leben eingeführt worden war, feierte er für einen so jungen Priester ohne viel Erfahrung zu schnell Erfolge als Apostel, und sie stiegen ihm zu Kopf. Auf der Suche nach Abenteuern wollte der Norditaliener nach Sizilien. Sein Schiff wurde aber von Piraten gekapert und er als Sklave nach Tunesien verschleppt. Er war damals erst 25 Jahre alt. Seine Liebe zu Christus hielt dem nicht stand: Um die Freiheit wiederzuerlangen, schwor er seinem Glauben ab, heiratete und hätte sogar mit der Übersetzung des Korans ins Lateinische oder Italienische begonnen. Aber

---

101 Gian Ludovico Masetti Zannini, „Neyrot (Neirotti, Niger), Antonio", *Biblioteca sanctorum*, Tom. 9, Città Nuova Editrice, 1967, Sp. 841–843.

seine Geschichte war noch nicht zu Ende. Italienische Kaufleute informierten ihn über den Tod des heiligen Erzbischofs von Florenz im Jahre 1459. Als er sich an den Mann erinnerte, der ihn geleitet und ihm angeboten hatte, dem hl. Dominikus zu folgen, wurde er sich seines Fehlers bewusst, suchte einen Priester und beschloss, seine Rückkehr zum katholischen Glauben öffentlich zu machen. Mit rasiertem Kopf und im dominikanischen Habit erschien er am Palmsonntag des Jahres 1460 vor dem König von Tunis, um von Christus Zeugnis abzulegen. Der zum Glauben zurückgekehrte Renegat wurde eingesperrt, gefoltert, amputiert und gesteinigt. Seine Henker versuchten, seinen Körper zu verbrennen, und seine Überreste wurden in den Müll geworfen. Was davon übrigblieb, wurde von den Christen als wertvolle Reliquien verborgen und nach Rivoli gebracht. Seine Verehrung als Seliger wurde im Jahre 1767 approbiert.

Auf der anderen Seite des Atlantiks stand Rosa von Lima, die erste Heilige der Neuen Welt, dem Eifer der Dominikaner in nichts nach.[102] Isabel de Flores de Oliva wurde 1586 in Lima in Peru geboren, ihr Vater war ein spanischer Offizier und ihre Mutter eine Peruanerin; von einem Dienstmädchen erhielt sie den Kosenamen Rosa, den sie wegen ihrer Schönheit beibehielt. Schon als Kind war sie fasziniert von einem Bild mit der Darstellung des *Ecce Homo*, sie legte das Gelübde der Jungfräulichkeit ab und begann den Spuren der hl. Katharina von Siena zu folgen. 1606 wurde sie mit dem Ordensgewand der Tertiarinnen eingekleidet, nahm den Namen Rosa von der heiligen Maria an und teilte von diesem Zeitpunkt an ihre Tage in lange Zeiten einsamen Gebets, sonderbare Bußen und Werke der Barmherzigkeit auf, ausgeübt vor

---

102 Niccolò del Re, „Rosa, da Lima", *Biblioteca sanctorum*, Tom. 9, Città Nuova Editrice, 1967, Sp. 396–400.

allem bei den Indios, ausgesetzten Kindern und alten Menschen. Als sie von der Inquisition, die ob ihrer Ekstasen und ihrer Strenge beunruhigt war, befragt wurde, fand man nichts Belastendes gegen ihren Glauben. Die junge Frau, die eine Dornenkrone unter dem Schleier trug, wohnte in einem Geräteschuppen am Ende eines Gartens und schlief auf einer Matratze aus Tonscherben, sie verspürte keinen anderen Wunsch, als Christus so nahe wie möglich auf seinem Leidensweg zu begleiten, um der Welt die Liebe zu schenken, die nicht vergeht. Hatte Maria Magdalena, die die Dominikaner als „Apostelin der Apostel" verehren, etwas anderes getan? Erschöpft von ihrer Askese, verehrt von denen, die die wohltuende Wirkung ihrer Freundschaft zu Gott genossen, starb Rosa von Lima am 24. August 1617. Etwa 50 Jahre später wurde die jüngere Schwester der hl. Katharina von Siena und der hl. Katharina von Ricci und ältere Schwester der sel. Agnes von Langeac seliggesprochen und 1671 heiliggesprochen.

Als die Verehrung der Rosa von Lima in Blüte stand, vermochte es aber eine junge Französin, die sich durch einen selten erreichten apostolischen Geist auszeichnete, auf eine ganz andere Weise die Effizienz eines Industriellen und die Liebe zu den Ärmsten der Armen zu einen. Marie Poussepin wurde 1653 in Dourdan geboren und führte das aktive Leben einer Tochter der Nächstenliebe [*Congrégation des Sœurs de Charité Dominicaines de la Présentation de la Sainte Vierge Marie*], das vollkommen durch ihre dominikanische Bindung belebt war. Fast 50 Jahre lang lebte die Frau des Glaubens in dem winzigen Dorf Sainville in der Beauce, das seinen arbeitslosen Einwohnern keine Perspektive schenkte. Da sie aber die große Tugend der Umsicht besaß, machte sie es sich zur Aufgabe, den Arbeitslosen Arbeit zu geben. Sie beabsichtigte so dort, wo der Herr sie angesiedelt hatte, zum Wachstum des Reiches Gottes beizutragen. Die Heiligkeit der Marie Poussepin verwirklichte sich als Ganzhingabe sowohl in praktischen als auch in spirituellen Aufgaben: Dazu zählen die Ausbildung sehr einfacher, junger Menschen, damit sie beruflich Strümpfe herstellen konnten, aber auch die Betreuung ihrer Pfarrei, der Katechismusunterricht und, um diesen zu gewährleisten, die Errichtung von kleinen Schulen, um eine Grundschulausbildung zu erteilen; schließlich die Betreuung der Kranken. Marie Poussepin scharte Gefährtinnen um sich und wollte damit eine dominikanische Gemeinschaft apostolischen Lebens ohne Klausur ins Leben rufen. Sie war eine Wegbereiterin, aber erst 1959 wurden die *Dominicaines de la Présentation de Tours* vollkommen in den Predigerorden eingegliedert! Die bedeutende, internationale und missionarische Entwicklung sollte jedoch die Ideen dieser guten und heiligen dominikanischen Arbeiterin, die 1744 im Alter von 90 Jahren nach einem Leben aktiver Nächstenliebe verstarb, sehr schnell bestätigen. Sie wurde 1994 seliggesprochen.[103]

Im heutigen Italien sticht im 20. Jahrhundert eine Gestalt von strahlender Heiligkeit so hervor, dass sie weit über die Landesgrenzen hinaus sehr bekannt ist. Pier Giorgio Frassati wurde am 6. April 1901 in Turin geboren, wo sein Vater die liberale Tageszeitung *La Stampa* gegründet hatte, bevor er eine erfolgreiche politische Karriere verfolgte.[104] Der bedeutende Geschäftsmann hielt seinen Sohn für ängstlich. Seit seiner Kindheit nahm sich Pier Giorgio jedoch das Leid anderer zu Herzen. Das Studium war schwierig für ihn, aber er arbeitete hart, um Ingenieur zu werden und so der Arbeitswelt zu

---

103 Madeleine Saint-Jean, „Poussepin (Marie)", *Catholicisme*, Tom. 11, Paris, Letouzey und Ané, 1988, Sp. 694–696.
104 Cristina Siccardi, *Pier Giorgio Frassati*, Edizioni San Paolo, 2002.

dienen. Im Alter von 17 Jahren kommunizierte er täglich und engagierte sich bei der *Gemeinschaft der Vinzenz-Konferenzen* und der Katholischen Aktion, indem er enge Freunde zusammenbrachte, um den mittellosen Menschen in Turin zu helfen. Er nahm das Evangelium ernst und beschaffte denen ein Krankenhausbett, einen Platz in der Schule oder eine Unterkunft, die solches benötigten. Der perfekte Sportler trainierte auch seine Freunde in den Bergen und lud sie zur Aktion wie zur Kontemplation ein. Fotografien zeigen ihn bei einem üppigen Abendessen mit seinen Freunden, ein Glas in der Hand und einen Harlekinhut auf dem Kopf, oder beim Klettern in den Alpen auf der Suche nach Heldentaten und Gipfeln. Diese Bilder offenbaren nicht all seine größten Freuden oder seine erfolgreichsten Aufstiege. Zu Gott stieg er auf, mit Jubel und mit hohem Tempo, indem er dem hl. Dominikus folgte. 1922 war Pier Giorgio einer dominikanischen Laiengemeinschaft beigetreten, wo er sich unter das Schutzpatronat von Girolamo Savonarola stellte. Man begegnete ihm auf der Straße in Turin, den Rosenkranz in der Hand, bereit, Gutes zu tun. Im Alter von 24 Jahren erkrankte er an einer tödlichen Kinderlähmung und starb in weniger als einer Woche. Am Tag seiner Beerdigung legte eine große Schar Unbekannter aus allen Schichten Zeugnis von der Größe seiner Liebe ab. Pier Giorgio Frassati wurde am 20. Mai 1990 von Papst Johannes Paul II. seliggesprochen.

In einem berühmten Kapitel des *Dialogs* der hl. Katharina von Siena erzählt die Heilige von einer sonderbaren Vision des hl. Dominikus. Sie sieht ihn in der Gestalt eines leidgeprüften Seemanns, der seine Mannschaft dennoch zu einem guten Hafen [Ende] bringen wird:

„Und wenn du auf das Boot deines Vaters Dominikus, Meines geliebten Sohnes, hinblickst: auch er hat es in vollkommener Ordnung eingerichtet und wollte seinen Söhnen kein anderes Ziel geben, als mit dem Licht der Wissenschaft auf Meine Ehre und das Heil der Seelen bedacht zu sein. Dieses Licht wollte er zu seinem Grundgesetz nehmen, dabei aber nicht der echten, freiwilligen Armut entbehren. Ja er erwählte sie so sehr zu seiner Braut und Königin, und ihr Gegenteil war ihm derart zuwider, dass er seinen Söhnen seinen Fluch hinterließ, falls sie je, einzeln oder gemeinsam, etwas als Eigentum annähmen oder behielten. [...] Also hat er sein Boot mit diesen drei Tauen ausgerüstet: mit dem Gehorsam, der Enthaltsamkeit und der echten Armut. [...] Durch Mich, wahres Licht, erleuchtet, sorgte er in weitsichtiger Vorsehung auch für Weniger Vollkommene; wenn auch alle, die die Ordensregel befolgen, vollkommen sind, so ist es doch der eine mehr als der andere; aber Vollkommene und Unvollkommene sind allesamt in diesem Boot gut aufgehoben."[105]

Die Worte der Heiligen aus Siena bestätigen die Verschiedenartigkeit der dominikanischen Heiligen: Es ist gut, geleitet vom hl. Dominikus zu leben, der wirkte und betete, dass sein Glaube, das heißt seine Ordensfamilie, „weit und heiter, voller Wohlgeruch, zu einem gar köstlichen Garten"[106] werde.

---

105 Catherine de Sienne, *Le dialogue*, Introduction, traduction et postface par Lucienne Portier, Paris, Éd. du Cerf, 1992, c. CXLVIII, S. 338–340. [Caterina von Siena. Gespräche von Gottes Vorsehung. Titel des italienischen Originals *Libro della divina Dottrina* oder: *Dialogo della divina Provvidenza*. Übertragen von Ellen Sommer von Seckendorff und Cornelia Capol. Einsiedeln ⁴1993, c. 158.]
106 *Ebd.*, S. 340.

Die Theologie als Wissenschaft

Zu Lebzeiten des hl. Dominikus erlebte Europa eine wahre Revolution auf dem Gebiet der Wissenschaften. In Paris, Köln, Oxford, Bologna, Neapel, aber auch in Palencia wurden Ende des 12. und Anfang des 13. Jahrhunderts Hochschulen gegründet. Bedeutende Werke entstanden in einem von neuen Ideen überschäumenden Klima, indem man neuartige Methoden anwandte. Die Schultheologie oder scholastische Theologie unterschied sich von der monastischen Theologie, wie sie beispielsweise Bernhard von Clairvaux vertrat, aber auch von anderen Formen des Glaubensverständnisses wie dem der Mystiker. Was sie auszeichnete und ihr einen so fortschrittlichen Charakter verlieh, war unter anderem die Tatsache, dass sie sich als Wissenschaft präsentierte. In einem berühmten Text legt Petrus Cantor dar:

> „Die Arbeit an der Heiligen Schrift besteht aus drei Dingen: Lesen, Diskutieren und Predigen (*legere, disputare, praedicare*). Das Lesen ist wie ein Fundament, die Grundlage für alles Übrige, auf der man all das aufbaut, was nützlich ist. Die Diskussion gleicht der Mauer eines Gebäudes: Man versteht nichts gänzlich, man kann nicht richtig predigen, ohne vorher den Text mit den Zähnen der Diskussion in seine Einzelteile zerlegt zu haben. Alle Vorarbeit dient dem Predigen: Sie ist das Dach, das die Gläubigen vor der Glut und dem Wirbel der Laster bewahrt. Daher gilt, erst nachdem man die Heilige Schrift gelesen und in der Diskussion geprüft hat, was Probleme bereiten kann, und nicht vorher, dass man sie predigen darf."[107]

---

107 Der Text aus dem *Verbum abbreviatum* des Petrus Cantor wird

Die Predigerbrüder strebten danach, dieses Programm umzusetzen.

Aus dominikanischer Sicht genügt es nicht, die Schrift zu kennen und sich vom Wort Gottes verwandeln zu lassen, sondern man muss auch die Bedeutung der Texte erfassen und die Fragen, die sie aufwerfen, lösen. Zu der Zeit des hl. Dominikus wurde dazu im universitären Umfeld eine Methode zur Untersuchung der Wirklichkeit entwickelt, die oft verzerrt dargestellt wurde, aber im Grunde revolutionär war: die Scholastik. Diese Art und Weise zu suchen und zu lehren entstand aus der Schwierigkeit, alle Wahrheiten der Schrift zusammenzufügen und sie zu den Argumenten der Vernunft in Beziehung zu setzen und zu verstehen. Fragen werden aufgeworfen, auf die Antworten zu finden sind, es sei denn, man lässt zu, dass sich die Häresie entwickelt oder man dem Fideismus verfällt, dem blinden Glauben, der nur vage Gutgläubigkeit ist, beunruhigender als beruhigend, wenn man nicht selbst blind ist. Thomas von Aquin zeichnete sich bei der neuartigen Suche nach der Wahrheit besonders aus und schuf ein philosophisches und theologisches Werk, das den ersten Rang unter den dominikanischen Meisterwerken einnimmt. Die Philosophen Jacques Maritain († 1973) und Étienne Gilson († 1978) haben neben vielen anderen in unserer Zeit den unerschöpflichen Reichtum thomistischen Gedankenguts bestätigt. Raymond-Léopold Bruckberger OP, der für seine Filme, Schriften und Scherze bekannt ist, erwies dem hl. Thomas überzeugt eine Würdigung, die der Arbeitsmethode der *Summe der Theologie* gerecht wird:

---

zitiert von Gilbert Dahan, *L'Occident médiéval lecteur de l'Écriture*, „Cahier Évangile, supplément 116", Paris, Éd. du Cerf, 2001, S. 16.

„‚Gibt es Gott? – Es scheint nicht. *An Deus sit? – Videtur quod non!*' Der Ton ist ein für alle Mal vorgegeben und wird während des unendlichen Fragenstellens, der Suche nach der Wahrheit – wie es die Suche nach dem Gral gab –, die *die Summe der Theologie* ausmacht, unvermindert gehalten. Ja, das Handbuch meiner Jugend ist ein Abenteuerbuch. Ehre sei Thomas von Aquin, Weltverbesserer, Ritter ohne Furcht und Tadel beim Fragenstellen, der jedem Einwand eine wahre Chance gibt und nur mit offenem Visier kämpft. Nichts wird Thomas von Aquin mehr entgegengehalten als *larvatus prodeo*[108] von Descartes und so vielen modernen Denkern. Heute nennt man ‚Meister' nicht diejenigen, die uns zum Fragenstellen zwingen, sondern die, die euch zu Behauptungen oder entschiedenen Verneinungen hinbiegen. [Der hl. Thomas] weiß, dass das verständige Handeln allein im Urteil mündet und [dort] seine ihm eigene Fülle findet; aber die Antwort, die immer angeboten, nie aufgezwungen wird, kommt erst nach dem Fragen, dem Einwand, wie die Saat nach dem Pflügen. Und das Feld der Saat ist nie größer als das Feld des Pflügens. Schande jedem, der eine Behauptung aufstellt oder leugnet, ohne vorhergehendes Fragen! […] ‚Gibt es Gott? – Es scheint nicht!' Das ist der ganze Anfang der *Summe*. Aber alles ist so von A bis Z. Thomas unternimmt keinen Schritt, ich sage nicht einen, ohne den Fuß auf eine Frage zu setzen."[109]

---

108 *Larvatus prodeo* könnte heute übersetzt werden mit „Ich gehe maskiert einher". Den Ausdruck bezieht Descartes auf sich in einem Werkfragment der Jahre 1619–1620.
109 Raymond-Léopold Bruckberger, *Le monde renversé. Pour quoi je vis*, Paris, Éd. du Cerf, 1971, S. 86–89.

Thomas von Aquin war wegen seiner Fähigkeit und der Klarheit seiner Synthese unbestrittener Meister theologischer Studien und im Mittelalter nicht der einzige Theologe von beachtlicher Bedeutung, aber er spielte eine wesentliche Rolle bei der Weiterentwicklung akademischen Arbeitens, und seine Hinterlassenschaft bildete ab diesem Zeitpunkt einen der wertvollsten Bestandteile des dominikanischen Familienerbes. Dominikanische Meister von großer Bedeutung gingen ihm voraus oder waren seine Zeitgenossen. Unter diesen ist der Bibelwissenschaftler Hugo de Saint-Cher († 1263) zu nennen, Verfasser der ersten Bibelkonkordanz und Herausgeber von Postillen, d. h. von Sammlungen patristischer Kommentare, die für die Predigt zusammengestellt wurden. Es sei auch an den Theologen Albertus Magnus († 1280) erinnert, dessen intellektuelle Offenheit, insbesondere dem Werk des Aristoteles gegenüber, sich für Thomas, dessen *Magister* er war, als entscheidend erweisen sollte. Der Meister aus Köln trug dazu bei, die Philosophie klarer von der Theologie zu unterscheiden. Außerdem bereitete seine Verstandestheologie den zukünftigen Erkenntnissen der rheinischen Mystiker den Weg. Schließlich kann man noch Raimund von Peñafort († 1275) anführen, der ein weit verbreitetes Werk zur Moraltheologie und zum kanonischen Recht verfasste. Seine sehr einflussreiche *Summa de paenitentia* legt Zeugnis davon ab, welche Rolle den Dominikanern bei der Verbreitung des Bußsakraments zukam.

Wenn auch diesen dominikanischen Autoren eine herausragende Bedeutung zufällt, nimmt dennoch der hl. Thomas eine ganz einzigartige Stellung ein. Grund dafür ist zunächst der Werkumfang: Das kurze, von Gilles Emery OP herausgegebene Werkverzeichnis zu Thomas von Aquin umfasst etwa 40 Seiten und enthält die wichtigsten Übersetzungen, die den Büchern des neapolitanischen Meisters dienlich waren.[110] An erster Stelle stehen die drei Synthesen, die den *Sentenzenkommentar* des Petrus Lombardus bilden, die Universitätsprüfung, die ihm eine Karriere in der Lehre erlaubte, dann die *Summa contra gentiles (Summe gegen die Heiden)* und die *Summa theologiae (Summe der Theologie)*. Danach folgen die *Quaestiones disputatae* [de veritate] (*Untersuchungen über die Wahrheit*) und die Bibelkommentare, die das Wesentliche der Lehre des *Magisters* darstellen, und schließlich mehrere Dutzend Werke an Streitschriften, Abhandlungen, Gutachten und bisweilen gut ausgearbeitete *Opuscula*, die belegen, wie sehr der Theologe in seiner Zeit verwurzelt war. Er verteidigte das Recht der Ordensleute, vom Betteln zu leben oder an der Universität zu lehren, wie er sich für die Herzensfrömmigkeit oder das Wesen politischer Systeme interessierte, das fällt ebenfalls unter die theologische Betrachtung. Thomas entzog sich weder den Anfragen religiöser oder nichtkirchlicher Würdenträger noch einfacher Brüder. Als Sohn des hl. Dominikus war er außerdem ein Prediger, von dem mehrere wichtige Predigten überliefert sind, und ein Mystiker, der es sich zur Aufgabe machte, die Herrlichkeit des fleischgewordenen Wortes zu besingen und insbesondere die Hymnen für das Hochfest Fronleichnam zu Ehren der Eucharistie zu verfassen. Wenn die Gläubigen in der ganzen Welt das *Tantum ergo* singen, lassen sie die Worte eines der größten christlichen Theologen über ihre Lippen und in ihre Herzen fließen.

Die Bedeutung des Werkes des hl. Thomas ist jedoch nicht in erster Linie in seiner Quantität begründet. Wie Jean-

---

110 Kurzer Katalog der Werke des hl. Thomas von Gilles Emery, in Jean-Pierre Torrell, *Initiation à saint Thomas d'Aquin. Sa personne et son œuvre*, Fribourg, Éd. Universitaires – Paris, Éd. du Cerf, ³2008, S. 483–525.

Pierre Torrell OP, einer der besten zeitgenössischen Fachleute, ausführt, entwickelte sich die Arbeit des dominikanischen Theologen entlang drei großer Leitlinien.[111] Die erste ist die spekulative Linie, für die er besonders bekannt ist. Es handelt sich um das Glaubensverständnis, das heißt danach zu streben, alles zu verstehen, was man von der Offenbarung glaubt, in den Glaubensbekenntnissen Ausdruck findet und im Katechismus formuliert ist. Dieser Linie folgten die Kommentatoren des hl. Thomas. Zu den bekanntesten zählen im 15. Jahrhundert der Franzose Johannes Capreolus, im 16. Jahrhundert der Italiener Thomas de Vio, genannt Cajetan, oder der Portugiese Iohannes a Sancto Thoma im 17. Jahrhundert. Aber Thomas von Aquin widmete sich auch einer anderen Studienrichtung, die man heute als historisch-positivistisch bezeichnete: Als Kommentator der Heiligen Schrift forschte er immer weiter zu den Kirchenvätern, die die Heilige Schrift vor ihm untersucht hatten, aber er interessierte sich auch für die Geschichte der Konzilien. Wie Jean-Pierre Torrell feststellt, entwickelte sich sicherlich diese, in eine positive Theologie gewandelte Linie am stärksten weiter und führte bis in unsere Zeit mit bemerkenswerten Fortschritten auf dem Gebiet der Exegese, Patristik und Kirchengeschichte. Schließlich verfolgte Thomas von Aquin in seiner theologischen Arbeit eine Richtung, die man als mystisch definieren kann. Was wir als Theologie bezeichnen, sind für ihn nicht Muße und Vergnügen eines christlichen Intellektuellen, sondern es ist ein privilegierter Weg, um in das Geheimnis Gottes und das unserer Berufung einzutreten, um die Berufung als Kinder Gottes zu leben. Was wir Theologie nennen und der hl. Thomas als *sacra doctrina* bezeichnet, ist tatsäch-

---

111 Jean-Pierre Torrell, *Saint Thomas d'Aquin, maître spirituel*, Fribourg, Academic Press – Paris, Éd. du Cerf, ³2008, S. 3–4.

lich eine untrennbar spekulative und praktische Wissenschaft. Indem Thomas zwei Wahrheiten zueinander in Beziehung setzt, von denen die eine, besser bekannte, die Rolle des erklärenden Prinzips und die andere die der erklärten Erkenntnis übernimmt, stellt er nach und nach die Gesamtheit des *depositum fidei* „in einer schlüssigen Synthese" dar, „die auf menschliche Art etwas von der Intelligibilität des göttlichen Plans auf der Welt und in der Heilsgeschichte abbildet"[112]. Diese Darstellung muss dazu führen, das Leben in Gott zu suchen, in einer Beziehung der Erkenntnis und Liebe zu ihm in Gemeinschaft mit der Gesamtheit der Gläubigen. Der Anspruch könnte in Angst versetzen, aber wissenschaftliche Strenge, Präzision und Komplexität des Wortschatzes mindern beim hl. Thomas nicht die Schönheit des Ausdrucks und die Spiritualität der Abhandlung.

„Wie alle Scholastiker", so legt Alain Michel dar, „versucht er, eine Sprache des Absoluten zu begründen. Das erfordert zweifellos Eindeutigkeit; aber auch Fülle und Klarheit sind gleichermaßen notwendig. Man gewinnt den Eindruck, wenn man Thomas liest, den gleichen Tugenden und den gleichen Schwierigkeiten zu begegnen wie bei einer Figur von Johann Sebastian Bach: Fähigkeit der Abstraktion, extreme Durchdringung der Empfindsamkeit."[113]

---

112 Jean-Pierre Torrell, „Thomas d'Aquin", *Dictionnaire critique de théologie*, sous la direction de Jean-Yves Lacoste (Hg.), 3e édition revue et augmentée par Olivier Riaudel et Jean-Yves Lacoste, „Quadrige", Paris, Presses Universitaires de France, 2007, S. 1393.
113 *Théologiens et mystiques au Moyen Age. La Poétique de Dieu, V^e–XVe siècles*, Choix présenté et traduit du latin par Alain Michel, Paris, Gallimard, 1997, S. 67.

Ein Jahrhundert nach dem hl. Thomas von Aquin widmete sich Meister Eckhart († 1328), gefolgt von Johannes Tauler († 1361), der Frage, auf welchen Wegen sich die Vergöttlichung des Menschen entwickele, und stellte dazu die Verbindung zwischen der Fleischwerdung des Wortes und der Einwohnung der Dreifaltigkeit in der Seele her. Der sel. Heinrich Seuse († 1365) setzte sich mit dem Geheimnis der leidenden Menschheit Christi auseinander, um daraus die Lehre von der Verleugnung des eigenen Willens abzuleiten.

Wissen über Gott war im Predigerorden nicht allein Hochschulabsolventen vorbehalten. Die hl. Katharina von Siena († 1380) führte ein Leben der Buße und des Gebets, reich an mystischen Erfahrungen und apostolischen Kühnheiten, die der Verbreitung des Glaubens dienten. Sie konnte nicht oder kaum schreiben, aber sie diktierte ihrem Umfeld den Text ihres in Gott verliebten *Dialog*s. Ihre Kenntnisse über die Kirche und Christus, die Ordensgemeinschaften und den christlichen Gehorsam vermittelte sie mit sehr eindringlichen Bildern und begründete eine glaubwürdige Lehre. Mariette Canévet, eine fachkundige Expertin der Kirchenväter, hebt zum Beispiel hervor, auf welch besondere Weise die hl. Katharina von Siena die geistliche Unterscheidung verstanden habe.[114] Indem sie in der menschlichen Seele drei Kräfte unterscheidet, Gedächtnis, Verstand und Wille, „sagt Katharina, dass, wenn der freie Wille das Böse wählt, indem er sich von Gott abwendet, dann wegen ihrer Einheit das die drei Kräfte trifft". Die Heilige aus Siena erklärt es so: „So wird auch der Verstand in seinem Auffassen getäuscht und der Wille in seinem Lieben, indem er liebt, was er nicht soll, das

---

114 Mariette Canévet, *Le discernement spirituel à travers les âges*, Paris, Éd. du Cerf, 2014, S. 166–178.

Gedächtnis aber in seinem Behalten."[115] Die Verfasserin erläutert, „wenn die Liebe, die man für Gott empfindet, die Kräfte eint, verweht umgekehrt in einem ungezügelten Rennen, das nie sättigt, die Liebe für die wahrnehmbaren Realitäten"[116]. Gott ist Einer [ein Wesen] in drei Personen; wer sich ihm nähert, ist berufen, sich innerlich mit ihm zu vereinen. Paul VI. erkannte, welche Erkenntnisse die hl. Katharina von Siena zum Verständnis des christlichen Geheimnisses geleistet hatte. Am 4. Oktober 1970 ernannte er sie zur Kirchenlehrerin.

Der Rosenkranz, ein dominikanisches Gebet

Jordan von Sachsen, der erste Nachfolger des hl. Dominikus, schließt seinen Bericht über die Anfänge des Predigerordens, indem er von der Prüfung erzählt, die einen gewissen Bruder Bernard von Bologna zu Beginn des 13. Jahrhunderts traf, als er noch Novize war. Der Unglückliche war teuflischen Versuchungen ausgesetzt und säte Unruhe und Zwietracht in der Gemeinschaft. Meister Jordan entdeckte schließlich das Spiel des Widersachers:

> „Diese furchtbare Plage des Bruders Bernard war der erste Anlass, dass wir das Singen der Antiphon *Salve Regina* nach der Komplet zu Bologna eingeführt haben. [...] Wie vielen hat dieses heilige Lob der verehrungswürdigen Mutter Christi Tränen der Andacht ausgepresst? Wie vielen hat es beim Anhören oder Singen das Herz aufgeschmolzen, die Verhärtung gelöst und ihren Herzen fromme Glut gebracht? [...] Ein frommer, vertrauenswürdiger Mann erzählte mir, er habe häufig im Geiste geschaut,

---

115 Vgl. Catherine de Sienne, *Dialogue*, Kap. LI, S. 90 [siehe Anm. 14].
116 Mariette Canévet, *Le discernement spirituel à travers les âges*, S. 169.

während die Brüder singen ‚Eja ergo advocata nostra' (wohlan denn unsere Fürsprecherin), liege die Mutter des Herrn selbst vor ihrem anwesenden Sohn auf den Knien und bete für die Erhaltung des gesamten Ordens."[117]

An der Marienverehrung des Dominikus und seiner ersten Gefährten gibt es keine Zweifel. Die Kontemplation der göttlichen Geheimnisse, die durch das Studium gestärkt und im stillen Gebet geübt wird, gründet bei den Predigerbrüdern auf der großen Liebe zur Jungfrau Maria. Dominikus und seine Gefährten sind dafür die ersten Zeugen. Die *Vitae Fratrum* wurden einige Jahrzehnte nach dem Tod des Dominikus verfasst und berichten im Überfluss von dem mütterlichen Eingreifen der Jungfrau bei ihrem Sohn. Die Regel des Munio von Zamora, die für die Mitglieder des Ordens von der Buße verfasst wurde, schrieb den des Lesens Unkundigen vor, eine bestimmte Anzahl von *Vaterunser*, begleitet vom *Gegrüßet seist du, Maria* zu beten.[118] Viele Brüder pflegten während ihres persönlichen Gebets die Gewohnheit, die Jungfrau vor allem vor ihren Altären und Bildnissen zu grüßen. Die Wiederholung des *Ave Maria* war von Verbeugungen, Kniebeugen und Prostrationen begleitet, die man in einer bestimmten Anzahl wiederholte, gewöhnlich ein Vielfaches von Zehn, wie fünfzigmal oder hundertmal. Der selige Romaeus von Livia († 1261), der den hl. Dominikus persönlich gekannt hatte, wurde nach Bernard Gui mit der Knotenkordel in der Hand bestattet, die ihm dazu gedient hatte, die tausend *Ave Maria*

---

117 Jordan von Sachsen, *Libellus*, 120; Bériou-Hodel, S. 672.
118 „Regula Fratrum et Sororum Ordinis de Penitentia Beati Dominici", in Gilles Gérard Meersseman, *Dossier de l'Ordre de la Pénitence au XIIIe siècle*, S. 147 [C. VI, 15–20].

abzuzählen, mit denen er täglich die hl. Jungfrau zu grüßen pflegte.[119]

Seit dem 15. Jahrhundert wird der Name des Dominikus mit der Verehrung des Rosenkranzes verbunden, die darin besteht, über die Heilige Schrift zu meditieren, indem man abwechselnd das *Vaterunser* und ein Dutzend mal *Gegrüßet seist du, Maria* betet.[120] Der Begriff des Rosenkranzes wurde im Mittelalter verwendet, um eine Sammlung oder Abfolge von Texten zu bezeichnen. Bezieht sich das Wort aber auf das Gebet, das den Gruß aus dem Evangelium wiederholt, dann erinnert es an einen Kranz aus Rosen, mit dem die Jungfrau Maria gekrönt ist: Diese Blumen entsprechen in Wahrheit jedem Gebet, das der Gläubige aufsagt, um über die Geheimnisse des Lebens Christi zu meditieren, wobei er sein Gebet mit dem seiner Mutter vereint. Das Gebet hat gewiss seinen unmittelbaren Ursprung im Umfeld der Einsiedler im Rheintal. Der deutsche Kartäuser Adolph von Essen († 1439) übte sich nämlich bereits vor seinem Eintritt ins Kloster im regelmäßigen Aufsagen von fünfzig *Ave Maria*. Er strebte danach, seine Aufmerksamkeit über die Wiederholung der Worte des Angelus (Gebet Engel des Herrn) hinaus auf Jesus selbst zu richten. Einige Jahre später, als er Prior seines Kartäuserklosters geworden war, wandte er die Methode an, um Bruder Dominikus von Preußen († 1460) dabei zu helfen, seinen damaligen Trauerzustand zu überwinden. Dominikus kam auf die Idee, das Leben Jesu in fünfzig Abschnitte zu unterteilen, und verfasste eine Reihe kurzer Sätze, die jedes *Ave Maria* verlängern und ausführlich

---

119 Vgl. *Maria: Études sur la Sainte Vierge*, Hubert du Manoir S. J. (Hg.), Tom. 2, Paris, Beauchesne, 1952, S. 747–748.
120 Genaue historische Ausarbeitung von André Duval, „Rosaire", *Dictionnaire de spiritualité*, Tom. 13, Paris, Beauchesne, 1988, Sp. 937–980.

darlegen sollten. Da man in den flämischen Ländern den Marienpsalter, der aus 150 *Ave Maria* bestand, verwendete, verdreifachte Dominikus von Preußen die Zahl seiner kurzen Sätze oder *clausulae* entsprechend dem Kindheitsevangelium, dem Evangelium des öffentlichen Lebens und Wirkens sowie der Passionserzählung. Die auf diese Weise betrachteten Geheimnisse bildeten Fünfergruppen und wurden je nach den entsprechenden Lebensabschnitten des Herrn als freudenreich, schmerzhaft oder glorreich bezeichnet. Die Verkündigung an Maria eröffnet den Zyklus der freudenreichen Geheimnisse; die Krönung der Jungfrau im Himmel beschließt den Zyklus der glorreichen Geheimnisse. Der Betrachtung jedes Geheimnisses entspricht dem Aufsagen von zehn *Gegrüßet seist du, Maria* und beginnt mit einem *Vaterunser*. Jeder Abschnitt – auch Rosenkranz genannt – besteht aus fünf Geheimnissen. Die drei Abschnitte aus freudenreichen, schmerzhaften und glorreichen Geheimnissen wurden im 15. Jahrhundert festgelegt. Die lichtreichen Geheimnisse vervollständigen die Liste der Episoden aus dem Leben Christi, die mithilfe des Rosenkranzes betrachtet werden sollen. Diese Neuerung verdankt man Papst Johannes Paul II. durch sein Apostolisches Schreiben *Rosarium Virginis Mariae* (2002).

Das Rosenkranzgebet wäre vielleicht eine hauptsächlich klösterliche Praxis geblieben, wenn ein Dominikaner es nicht zu seiner Aufgabe gemacht hätte, es zu fördern. Bruder Alanus de la Roche wurde um das Jahr 1428 geboren und war in der Nähe der Klöster von Lille, Douai und Gent tätig. Da er ein begeisterter und einfallsreicher Prediger des Marienpsalters war, wusste er von diesen Neuerungen und machte das Aufsagen des Psalters zur Hauptpflicht in der von ihm 1470 in Douai gegründeten Rosenkranzbruderschaft.[121] Die Mitbrü-

---

121 Zum Werk von Alanus de la Roche: *Beato Alano della Rupe, Il*

der verpflichteten sich, regelmäßig in einer Kapelle der Konventskirche zusammenzukommen, um gemeinsam auf diese Weise zu beten. Der Erfolg trat unmittelbar ein. Zehn Jahre später beanspruchten die Dominikaner das Monopol für die Gründung dieser Bruderschaften. In Deutschland, Italien und Frankreich bildeten sich Gruppen mit Gläubigen. Eine Ikonographie entwickelte sich an den Orten, wo man auf diese Weise betete. Sie stellte meistens die Jungfrau dar, die dem hl. Dominikus den Rosenkranz überreicht. Von Dominikus dem Kartäuser gelangte man zu Dominikus dem Prediger! Die Idee, dass der hl. Dominikus der Gründer der Bruderschaften des Rosenkranzes sei, setzte sich daher in Bildform durch. Fromme Legenden wurden von den Dominikanern verbreitet, um diese Darstellungen zu rechtfertigen: Die Jungfrau soll dem Vater der Predigerbrüder im Wald von Bouconne ganz in der Nähe von Toulouse den Rosenkranz überreicht haben. Papst Pius V., obgleich Dominikaner, sprach in dem Zusammenhang von einem frommen Glauben, sein Nachfolger Gregor XIII. hingegen übernahm in der Bulle aus dem Jahr 1573 vollständig den dominikanischen Ursprung des Rosenkranzes und führte das liturgische Fest, das auf den 7. Oktober festgelegt wurde, als Dank für den Sieg, den die christlichen Fürsten in Lepanto am 7. Oktober 1571 gegen die Türken errungen hatten, ein.[122] Die hl. Katharina von Siena,

---

Salterio di Gesù e di Maria: Genesi, storia e rivelazioni del santissimo Rosario. Opere complete del beato Alano della Rupe, sous la direction de Don Roberto Paola (Hg.), Conegliano, Ancilla Editrice, 2006.

122 *Bullarium Ordinis Fratrum Praedicatorum*, Rom, 1733, Bd. 5, S. 318. Zur Geschichte des Rosenkranzes und seiner Spiritualität sei empfohlen: Albert Énard, *Le Rosaire. Prier avec Marie*, préface de Mgr Pierre Plateau, Paris, Éd. du Cerf, 1987 sowie *Il rosario: teologia, storia, spiritualità*, Riccardo Barile (Hg.), Bologna, Edizioni San Domenico, 2011.

die als Verantwortliche und Patronin der dominikanischen Reform gilt, erschien ab dem 17. Jahrhundert häufig als Paralleldarstellung und weibliche Ergänzung zu dem hl. Dominikus in den Darstellungen der Überreichung des Rosenkranzes.

Bis in die heutige Zeit tragen drei Aspekte zur weltweiten Verbreitung des Rosenkranzgebetes bei. Erstens ist das Gebet mit einem kleinen Gegenstand verbunden, der aus wertlosen wie aus edelsten Materialien hergestellt werden kann. Gefangene fertigten ihn aus einer Brotkrume oder aus Pappe. Der Gegenstand ist so unauffällig und ermutigend, dass man ihn in die Tasche oder in die Hände der Verstorbenen legt. Die Dominikaner machten ihn zu einem Bestandteil ihres Habits, wie nach ihnen viele Ordensgemeinschaften. Zweitens ist der Rosenkranz einfach und universell. Er greift die grundlegenden christlichen Gebete auf: *Credo*, *Vaterunser*, *Gegrüßet seist du, Maria*, *Ehre sei dem Vater*. Er stützt sich auf die bekanntesten Episoden aus dem Leben Jesu. Es ist ein Gebet von Laien und Geistlichen. Man kann es allein oder in einer Gruppe beten, in einer Kirche, bei der Arbeit oder beim Gehen. In Japan und Brasilien gelang es so christlichen Gemeinschaften, die gerade evangelisiert und dann ihrem Schicksal überlassen worden waren, sicherzustellen, dass die Grundkenntnisse einer christlichen Erziehung weitergegeben wurden. Drittens wussten Dominikaner schließlich immer, diese Devotion entschieden und wirksam zu fördern. Im 19. Jahrhundert wurde die geniale Erfindung eines lebendigen Rosenkranzes von der Lyonerin Pauline Jaricot wegen seines Erfolgs mit Nachdruck vom Predigerorden wieder aufgegriffen. Der immerwährende Rosenkranz folgte auf den lebendigen Rosenkranz. Die Erscheinungen in Lourdes im Jahre 1858 führten 50 Jahre später zur Begründung der Rosenkranzwallfahrt der Dominikaner. Marienzeitschriften wurden gegründet und in hunderttausenden Exemplaren gedruckt: *La Cou-*

Das dominikanische Erbe: ein Gesamtinventar

ronne de Marie und *Revue du Rosaire* in Frankreich, *The Rosary Magazine* in England, *Il Rosario e la Nuova Pompei* in Italien, *El Rosario* in Spanien etc. In den 1950er Jahren kamen die Laiendominikanerin Paulette Couvreur und Pater Joseph Eyquem auf die Idee der *Équipes du Rosaire*, missionarischer Gruppen der Marienverehrung, die sich bei den Mitgliedern zu Hause versammelten. In Italien schenkte Enrico Rossetti OP in der Mitte des 20. Jahrhunderts den *Piccoli Rosarianti* neuen Schwung und Leben, indem er sich an Kinder, Jugendliche und junge Leute wandte.

1952 erhielt der französische Schriftsteller François Mauriac den Nobelpreis für Literatur und legte von der ununterbrochenen Beliebtheit des Rosenkranzes vom 15. bis zum 20. Jahrhundert Zeugnis ab:

„Sein demütigstes Erscheinungsbild berührt mich bei der Verehrung des Rosenkranzes. […] Er erreicht jeden Christen, besonders in den Stunden der Versuchung, wenn er entschlossen ist, ihr nicht nachzugeben, [sondern] den Rosenkranz zu beten wie ein Schwimmer, der den Boden unter den Füßen verloren hat, sich treiben lässt und sich nicht einmal mehr der unmerklichen Bewegung seiner Hände bewusst ist, – ebenso weiß auch der Christ, der zum Rosenkranz greift, nicht mehr, dass seine Lippen sich bewegen: Er trägt nicht mehr sein Gebet [vor], es ist sein Gebet, das ihn trägt. Er vertraut sich dieser eintönigen Flut von Worten an; jedes *Ave Maria* ist eine kleine Welle, die ihn dem Land näher bringt.

Die Verehrung des Rosenkranzes tritt in einer noch bescheideneren Form zutage: dieser Gegenstand in meiner Tasche, diese Kette, diese Menge schwarzer Perlen, die der Christ umklammert, wenn es ihm schlecht geht. Von diesem Rosenkranz trenne ich mich seit 20 Jahren nicht mehr: von jenem, den ich während einer Operation hielt, bei der mein Leben auf dem Spiel stand und ich bei Bewusstsein bleiben musste. Mit einer Hand umklammerte ich den kleinen Rosenkranz, der wie lebendig war. Nichts Abergläubisches ist in dieser Übertragung, die der Christ aus einer unendlichen Realität in ein Material vornimmt, das dazu bestimmt, für sie [die unendliche Realität] zu stehen. [...] selbst die Schöngeister wissen sehr wohl, wenn sie lauter bleiben wollen, dass zu bestimmten Zeiten die bescheidensten Mittel die besten sind: Sie verschmähen nicht Rettungsreifen; sie klammern sich an diese Kette, die ihnen die Kirche zuwirft, und sie [damit] an eine ganz immense Gemeinschaft von Gebeten bindet, die den Tod nicht beachtet, die in einem unablässigen Flehen die streitende Kirche mit der leidenden Kirche eint; sie lassen sich durch diese Flut nicht bis zur höchsten Wohnung tragen, sondern bis an die Pforte, wo der verlorene Sohn, der wir alle sind, barfuß, hungrig und zitternd wartet, dass der Vater ihm die Pforte öffnet."[123]

Demokratie und dominikanisches Leben

In dem Buch *Gouverner c'est servir* stellt Jacques Dalarun fest, dass „die Ordensgemeinschaften im Mittelalter als Entwicklungslaboratorium für die moderne ‚Gouvernementalität' dienten"[124]. Die zeitgenössische Demokratie übernahm nämlich für Wahlen den Wortschatz, der in den Konventen

---

123 Henri-Dominique Laval, *Le Rosaire ou les trois mystères de la rose*, préface de François Mauriac, Paris, Plon, 1952 [ohne Paginierung].
124 Jacques Dalarun, *Gouverner, c'est servir. Essai de démocratie médiévale*, Paris, Alma, 2013, S. 15.

geprägt worden war. Die Wörter Wahl, Stimmenauszähler, Stimme und Stimmzettel stammen aus dem dominikanischen Vokabular. Fünf Jahrhunderte vor den Morallehren der Aufklärung entwickelten die Predigerbrüder eine auf der Vernunft basierte Regierung mit dem Ziel, die Einheit des Ordens zu wahren und gleichzeitig jedem seiner Mitglieder die Möglichkeit zu geben, Entscheidungsträger zu sein. Diese vernunftbasierte Regierungsform ermöglichte es den Dominikanern außerdem, ihrer Gründeridee treu zu bleiben und sich gleichzeitig den kulturellen und historischen Veränderungen anzupassen. Die Predigerbrüder verspürten nämlich in jeder neuen Phase ihrer Geschichte das Bedürfnis, die frohe Botschaft des Evangeliums so zu hören, als wäre es das erste Mal. Auch im 21. Jahrhundert ist der Grund dafür, ein Dominikaner zu sein, genauso gültig, wie er es im 13. Jahrhundert war. Als institutionelle Struktur aber hätte der Orden den Schritt der Zeit verfehlen und sich auf Dauer als lebensfremd erweisen können. Die interne, völlig neuartige Organisation der Predigerbrüder hatte und hat großen Anteil am Erfolg, sich permanent den Zeiten entsprechend zu erneuern. Man muss versuchen, das zu erklären, indem man zunächst die Entstehungsgeschichte der Institution in Erinnerung ruft, bevor man die derzeitige Funktionsweise und ihre Auswirkungen erläutert.[125]

Als sich Dominikus und seine Brüder, die in Toulouse versammelt waren, im Jahr 1215 an Papst Innozenz III. wandten, um die Bestätigung ihrer Gemeinschaft zu erbitten, verlangte dieser – vor jeglicher Anerkennung –, dass sie die Fundamente der jungen Gründung auf eine bereits bewährte Re-

---

[125] Das gesamte Kapitel lehnt sich an eine historisch-kanonistische Studie von Vincent Tierny OP an, die uns freundlicherweise zur Verfügung steht. Ihm gilt unser herzlichster Dank.

gel stützten. Der religiöse Aufruhr überall zu Beginn des 13. Jahrhunderts und die damit einhergehenden zahlreichen Auswüchse (Infragestellen der Autorität des Papstes, Abkehr von der richtigen katholischen Lehre) veranlassten die päpstliche Autorität dazu, die Christen vor den unkontrollierbaren Predigergruppen, die auf den Straßen und in den Städten unterwegs waren, zu warnen. Daher wählten die Brüder die Regel des hl. Augustinus. Diese Wahl war nicht unbedeutend, und die Art, wie sie erfolgte, ebenso wenig. Nach Jordan von Sachsen, dem Gefährten und ersten Nachfolger des hl. Dominikus an der Spitze des Ordens, wurde die Regel des hl. Augustinus nicht vom Gründer auferlegt, sondern von der Gesamtheit der ersten Brüder gewählt.[126] Die Regel weist außerdem seit ihrem Anfang auf das Ziel des Lebens hin, das in den Gemeinschaften geführt wird: „Zunächst einmal, warum seid ihr versammelt, wenn nicht, um einmütig zusammen zu wohnen und nur ein Herz und eine Seele in Gott zu sein?" Die dominikanische Demokratie kann nur im Zusammenhang mit dem Streben nach Einmütigkeit verstanden werden und unterscheidet sich dadurch von den modernen Demokratien, die diese Regierungsart nur noch als Machtverhältnis zwischen einer Mehrheit und einer Minderheit begreifen, das mit allen Mitteln zum größtmöglichen Vorteil der Mehrheitsgruppe weiterzuentwickeln ist. Der fünfte Ordensmeister Humbert von Romans stellte fest, als er die Konstitutionen kommentierte: „Die Einheit der Herzen ist ein Gebot"[127]. Die ganze Gemeinschaft muss daher mit einem einzigen Herzen zu dem gemeinsamen Ziel, dem Heil der

---

126 Jordan von Sachsen, *Libellus*, 41; Bériou-Hodel, S. 629–630.
127 Humbert de Romans, *Expositio in Constitutiones*, in *Opera de vita regulari* ed. curante Joachim Joseph Berthier (Hg.), Bd. 2, Marietti, 1956, S. 3.

Das dominikanische Erbe: ein Gesamtinventar

Seelen, voranschreiten. Von dieser Regel ausgehend, wurden die dominikanischen Konstitutionen ausgearbeitet, die zu Anfang *consuetudines* (Gebräuche) genannt wurden.[128] Zwischen 1216 und 1236 mehrten sich die Gründungen in ganz Europa, Berufene strömten herbei und zwangen die ersten Brüder, dem Orden eine gut strukturierte Gesetzgebung zu verleihen. Die regelmäßige Versammlung der Generalkapitel in diesen Jahren ermöglichte die Ausarbeitung und dann die Verbesserung der ersten Konstitutionen.

Obwohl Papst Honorius III. Dominikus die Vollmacht erteilt hatte, den Orden in den ersten Jahren seines Bestehens zu organisieren, versammelte er in einer besonderen geistigen Verfassung in Bologna ein erstes Generalkapitel zu Pfingsten 1220. Einer der anwesenden Brüder berichtete:

> „Der Bruder Dominikus sagte: ‚Ich verdiene die Absetzung, weil ich nutzlos und nachlässig bin‘, und er hat sich insgesamt sehr gedemütigt. Da die Brüder ihn nicht absetzen wollten, schien es dem Bruder Dominikus sinnvoll, dass Definitoren eingesetzt würden, die die Befugnis hätten, sowohl über ihn selbst als auch über die anderen und über das ganze Kapitel zu entscheiden, festzusetzen und zu verfügen, solange das Kapitel andauerte."[129]

---

[128] Jordan von Sachsen erwähnt „strengere Bestimmungen bezüglich Nahrung und Fasten, Lagerstätte und Gebrauch von Wolle", die teils von den Prämonstratensern übernommen wurden. Der vollständige Text dieser Konstitutionen existiert nicht mehr. Vgl. Jordan von Sachsen, *Libellus*, 42; Bériou-Hodel, S. 630. Siehe auch Antonin H. Thomas, *De oudste Constituties van de Dominicanen*, „Bibliothèque de la Revue d'histoire ecclésiastique, 42", Leuven 1965.

[129] *Acta canonizationis*, Bologna, 33. Aussage von Bruder Rodolfo; Bériou-Hodel, S. 730.

Dominikus war klar, dass die Verantwortung für den Orden nicht bei ihm selbst liegen könne, sondern die Verantwortung von den Brüdern geteilt werden müsse, die in jeder Gemeinschaft Delegierte für die Teilnahme an den Generalkapiteln ernennen würden. Nach dem hl. Dominikus arbeiteten drei Ordensmeister daran, die Konstitutionen zu formen und ihnen ihre endgültige Prägung zu verleihen: Jordan von Sachsen (1222–1237), der die Vorstellungen des Dominikus wiedergab, Raimond von Peñafort (1238–1240), der die Konstitutionen so ordnete, dass sie mehr der Logik und dem Recht entsprachen, und Humbert von Romans (1254–1263), der ihren Geist mit all seinen Kommentaren darlegte. Um einen genaueren Überblick über die ersten Konstitutionen zu erhalten, muss man sich auf die Gesetzgebung beziehen, die aus dem „Generalissimus"-Kapitel von 1236 hervorging, das unter der Leitung von Jordan von Sachsen in Paris stattfand. Ein „Generalissimus"-Kapitel wird gemäß der dominikanischen Terminologie organisiert und „zelebriert", wobei einem außergewöhnlichen Verfahren gefolgt wird. Dieser Text kann immer noch eingesehen werden, indem man den Codex Ruthenensis konsultiert, der im Generalarchiv des Ordens im Kloster *Santa Sabina* in Rom aufbewahrt wird.[130] Er ist die Quelle für die gesamte konstitutionelle Gesetzgebung des Ordens.[131]

Eine erste Organisation des Ordens ist mit seiner Aufteilung in Provinzen verbunden. Die Provinz ist im Prinzip ein geographisches Gebiet, das eine Reihe von Konventen und Häusern umfasst (der Orden zählt im Jahr 2023 40 (Vize-)Provinzen).

---

130 Siehe Dominicus Planzer, „De Codice Ruthenensi miscellaneo in Tabulario Ordinis Praedicatorum asservato", *AFP* 5 (1935), S. 5–123 sowie Antonin H. Thomas, *De oudste Constituties*.
131 *Liber Constitutionum et Ordinationum Fratrum Ordinis Praedicatorum*, Rom, Curia generalitia, 2018.

Eine Provinz wird auf der Grundlage von drei Kriterien errichtet: eine ausreichende Anzahl von Brüdern und Konventen, ein von den anderen Provinzen getrenntes Gebiet und die Fähigkeit, die religiöse und intellektuelle Formung der „Söhne", die sie aufnehmen kann, zu gewährleisten. Die Provinzen genießen eine große Autonomie und spielen eine wichtige Rolle bei der Leitung des Ordens durch die Provinzkapitel, die die Provinziale wählen, aber auch die Definitoren, die an den Generalkapiteln teilnehmen. An der Spitze der Hierarchie der dominikanischen Normen finden wir die oberste Rechtsinstanz, die sich zugleich aus dem Generalkapitel und dem Ordensmeister, dem Nachfolger des hl. Dominikus, zusammensetzt. Generalkapitel und Ordensmeister haben Autorität über alle Provinzen, die den Orden bilden. Die Normen zur Leitung sind als Konstitutionen oder Ordinationen verfasst. Die einen wie die anderen legen dem Orden in seiner Gesamtheit allgemeine Normen auf, deren Unterscheidung sich nach ihrer Bedeutung und Beständigkeit richtet. Damit ein Gesetz Verfassungsrang hat, muss es zuvor von drei aufeinanderfolgenden Generalkapiteln bewilligt worden sein. Beim derzeitigen Stand der dominikanischen Gesetzgebung bedeutet das, dass es erst nach neun Jahren wirklich eine Konstitution werden kann. Im Laufe der neun Jahre haben sowohl die Provinziale als auch die Definitoren (die ihre Herkunftsgemeinschaften vertreten) die Möglichkeit, während eines der Generalkapitel abzustimmen, und werden auf diese Weise mitverantwortlich für die getroffenen Entscheidungen. Die Ordinationen haben den gleichen rechtsverbindlichen Charakter, können aber von einem einzigen Generalkapitel geändert oder aufgehoben werden. All diese Normen sind rechtsverbindlich nach dem Grundsatz, den der hl. Dominikus selbst aufstellte und dann feierlich verkündete. Demnach verpflichten die Gesetze und Konstitutionen die Brüder nicht unter der Androhung von Sünde, sondern von Strafe, weil er wollte, dass die Brüder sie aus Vernunft annähmen.[132] In einer berühmten Passage seines Kommentars zu den Konstitutionen erklärt Humbert von Romans, dass der hl. Dominikus sich dazu bereit erklärt habe, den handschriftlichen Text seiner Regeln mit einem kleinen Messer auszulöschen, wie man ein Pergament abkratze, um einen Irrtum zu korrigieren, anstatt zu sehen, dass die Brüder gegen den Grundsatz der Verbindlichkeit der Gesetze *ad poenam tantum* verstießen.[133] Das erklärt sich aus der apostolischen Berufung der Brüder, deren Mission zu predigen nicht immer mit den Ansprüchen des Lebens als Regular im Einklang stand.

> „Man muss sich wohlfühlen, die Liebe, wenn es erforderlich ist, über die Observanz zu stellen. Nun ist man weit davon entfernt, eine Sünde begangen zu haben, wenn man eine tugendhafte Tat vollbracht hat. Aber die Sorge um die Regel erfordert wegen dieses äußerlichen Verstoßes eine äußerliche Strafe."[134]

Es geht nicht darum, sich von den dominikanischen Gesetzen von sich aus und aus persönlicher Bequemlichkeit zu befreien. Diese Haltung wäre den anderen Ordensmitgliedern gegenüber ein Ärgernis, die feierlich durch das Gelübde verpflichtet sind. Der Gehorsam, der in der Professformel erwähnt wird und die Keuschheit und Armut einschließt, könnte kein frommes Gelübde sein, ohne Konsequenzen nach sich zu

---

132 *Liber Constitutionum et Ordinationum*, Nr. 281, S. 81: „Leges nostrae et ordinationes superiorum non obligant fratres ad culpam sed ad poenam, nisi propter praeceptum vel contemptum."
133 Humbert de Romans, *Expositio in Constitutiones*, in *Opera de vita regulari* ed. curante Joachim Joseph Berthier (Hg.), Bd. 2, Marietti, 1956, c. XIV, S. 46.
134 Pie-Raymond Régamey, *Un ordre ancien dans le monde actuel: les dominicains*, „Cahiers Saint-Jacques, 25", Paris 1958, S. 20.

ziehen. Die Konstitutionen räumen den Superioren die Befugnis ein, von regulären Observanzen der Regel für eine gerechte Sache, vor allem zu Gunsten des Studiums, des Predigens oder des Heils der Seelen Dispens zu erteilen. Es wird verständlich geworden sein, dass die Gesamtheit der dominikanischen Konstitutionen um das eigentliche Sendungsziel der Prediger verfasst wurde: Predigen für das Seelenheil. Mit diesem Ziel wurden die Gesetze des Ordens erarbeitet.

Nachdem die Grundzüge der Organisation der Ordensleitung skizziert worden sind, ist es notwendig, ihre Kohärenz zu untersuchen. Bekanntlich kann ein demokratischer Betrieb unter schwerwiegenden Problemen leiden: Instabilität, die Einigung auf den kleinsten gemeinsamen Nenner, mangelnde Dynamik ... Warum sollte man ein so anfälliges System beibehalten, und wie, sollte es der Fall sein, kann man es fruchtbringend gestalten?

Der belgische Soziologe Léo Moulin beschäftigte sich in mehreren Studien mit dem Recht der Ordensleute. Auf ihn geht das Bild der „Kathedrale des Verfassungsrechts"[135] für die dominikanischen Konstitutionen zurück. Seiner Analyse zufolge ermöglicht das System, Konstitutionen mit den drei aufeinanderfolgenden Generalkapiteln zu erarbeiten (ein Kapitel nur der Definitoren, dann ein Kapitel der Provinziale und schließlich ein Wahlkapitel sowohl mit Provinzialen als auch mit Definitoren), eine Verteilung der gesetzgebenden Funktion auf mehrere Versammlungen. Dieser Plurikameralismus verleiht dem Recht große Stabilität, ermöglicht aber auch die Entwicklung einer echten Demokratie, da die Versammlungen jedes Mal aus unterschiedlichen Brüdern zusammengesetzt sind, die sich mit denselben Texten befassen

---

135 Léo Moulin, *Le monde vivant des religieux. Dominicains – Jésuites – Bénédictins*, Paris, Calmann-Lévy, 1964, S. 312.

müssen. Der stete Wechsel der Brüder, die an der Ausarbeitung der Gesetze des Ordens mitarbeiten, erfolgt zwangsläufig. Im Prinzip ist es für eine Gruppe Brüder unmöglich, sich dauerhaft „einzurichten", um den Orden zu leiten.

Papst Innozenz III. hatte ein aus dem römischen Recht stammendes Axiom verwendet, bevor dessen Kanonisierung im Jahr 1298 durch Papst Bonifatius VIII. in den sogenannten *Regulae iuris* des *Corpus Iuris Canonici* erfolgte: „Was alle betrifft, muss von allen approbiert werden."[136] Sein Anwendungsgebiet wurde oft diskutiert. Tatsache ist, dass die dominikanische Rechtsgebung eine Anwendung im Sonderrecht der Ordensleute darstellt. Es handelt sich nicht darum, den Superioren mittels dieses Prinzips jede Form von Autorität zu verwehren, sondern jeder Komponente des Ordens zu erlauben, an dessen Leitung teilzuhaben. Wie sieht das konkret aus? Zunächst ist die Teilnahme jeder Provinz an den Generalkapiteln durch ihre gewählten Provinziale und Definitoren anzuführen. Jede Ordensentität ist von den Entscheidungen betroffen, die während der Generalkapitel gefasst werden, jede muss daher ihrer Stimme Ausdruck verleihen können, wie auch immer die Provinz zahlenmäßig bestellt oder geographisch situiert ist. Ebenso geht man auf der Provinzebene vor. Bei den Kapiteln, die alle vier Jahre stattfinden, entsendet jeder Konvent zur Versammlung seinen Prior sowie einen oder mehrere Delegierte, die mit dem lateinischen Wort *socius*, d. h. Gefährte oder Verbündeter, bezeichnet werden,

---

136 Zum Spruch: „Quod omnes tangit, ab omnibus tractari et approbari debet", siehe den Artikel von Yves Congar, in *Revue historique du droit français et étranger* 81 (1958), S. 210–259. Das Axiom „Necesse est omnes suam auctoritatem praestare, ut, quod omnes similiter tangit, ab omnibus comprobetur" geht auf den *Codex Iustinianus* zurück.

um die für die gute Entwicklung der Provinz erforderlichen Entscheidungen zu treffen. Auf Konventsebene muss jeder Bruder, der die Profess abgelegt hat, aktiv am Kapitel teilnehmen. Auf jeder Ebene des Ordens wird daher das, was jeden betrifft, von allen diskutiert und genehmigt oder abgelehnt. Darüber hinaus bestimmt die zahlenmäßige Mehrheit bei den Wahlen das Wahlergebnis; kein anderes Element, wie z. B. das Dienstalter im Orden, spielt eine Rolle. Eine Regulierung erfolgt durch, wie es der Dominikaner und Historiker William Hinnebusch nennt, zwei parallele und ausgewogene Machtketten: Eine absteigende Befehlskette, zu der der Ordensmeister, die Provinziale und die Konventspriopen gehören, übt ihre Autorität über die Brüder durch Anordnungen, ausdrückliche Vollmachten, Dispense, Bestätigungen oder Annullierungen von Wahlen und kanonische Visitationen aus. Im Gegenzug dazu wird eine aufsteigende Kette zur Kontrolle der Autorität von den Gemeinschaften durch die häufige Wahl der Superioren gebildet (alle drei Jahre wird der Konventspior, alle vier Jahre der Provinzial und alle neun Jahre der Ordensmeister gewählt) sowie durch die Vertretung in den Provinzial- und Generalkapiteln, die die Ausübung der gesetzgebenden Gewalt ermöglichen.[137] Die beiden Ketten ergänzen sich: Jeder Bruder kann sich verantwortlich fühlen, aber die Autorität des Ordensmeisters, des Provinzials und des Konventspriors garantiert auch die Einheit jeder Entität und das gute Funktionieren der Institutionen.

Die dominikanische Organisation zeugt von einem gewissen Optimismus. Das heißt zu glauben, dass jeder Bruder sich einsetzen kann und will, um den Orden wachsen zu lassen, indem er das gemeinsame Wohl und nicht nur das eige-

---

[137] William A. Hinnebusch, *Brève histoire de l'Ordre dominicain*, Paris, Éd. du Cerf, 1990.

ne anstrebt.[138] Beim Eintritt in den Orden hört jeder, wie ihm die Frage gestellt wird: „Was begehrst du?" Er wird aufgefordert zu antworten: „Die Barmherzigkeit Gottes und die eure." Der Ordensmann oder die Schwester erkennt die eigene Fehlbarkeit an, aber vertraut der Gemeinschaft, der er bzw. sie angehört. Die in diesem demokratischen Führungsmodell angestrebte Einmütigkeit kann jedoch nur mit Gottes Hilfe erreicht werden. Der Heilige Geist ist die unerschöpfliche Quelle für das Streben der Brüder und Schwestern nach Einheit. Vor jedem Kapitel, vor jeder Wahl der Superioren wird der Heilige Geist im Gebet während der Eucharistie angerufen, dass er wirken möge, wenn die Mitglieder des Kapitels zusammenkommen. Das ist die Bedingung dafür, dass diese Führungsform nicht verknöchert, sondern weiterhin fruchtbringend für den Orden ist, damit die Dominikaner sich auch zukünftig unablässig in der Kontemplation üben und der Welt künden, was sie betrachtet haben.

Praedicatores inquisitores: der schmachvolle Teil des Erbes?

Als der hl. Dominikus in Bologna starb, war der Predigerorden gegründet und bereits europaweit verbreitet, aber was man als Inquisition bezeichnet, im Singular und mit einem großen „I", existierte noch nicht. Ihre Geschichte begleitet jedoch die der Dominikaner, und man beschuldigt nicht ohne Grund einen Ordensmann der Befangenheit, der sie nicht erwähnt, wenn er behauptet, ein – selbst kurzgefasstes – Verzeichnis des Ordenserbes zu erstellen. Die Aufgabe ist nicht ganz leicht, da ein Phantasiebild von dieser Einrichtung vor-

---

138 Zum erforderlichen Optimismus siehe Philippe Toxé, „L'esprit et la lettre du droit de la famille dominicaine", *Mémoire dominicaine* 13/2 (1998), S. 13–15.

herrscht. Für den Großteil unserer Zeitgenossen ist ein Inquisitor ein *serial killer* aus dem Mittelalter, schwarz-weiß gekleidet, ein grausamer und fanatischer Serienmörder, im Großen und Ganzen wie die Figur des „Bernardo Gui", den F. Murray Abraham sehr gut im Film *Der Name der Rose* von Jean-Jacques Annaud darstellte.[139] Aber Film und Geschichte liegen weit auseinander.

Die Inquisition entstand langsam im 13. Jahrhundert und bezeichnete zunächst ein gerichtliches Verfahren, das dem Richter gestattete, auch ohne Ankläger eine Untersuchung (*inquisitio*) gegen eine Person einzuleiten, deren Glaube verdächtig war, sowie Zeugen zu vernehmen und eine Verurteilung auszusprechen. Um das Jahr 1230 richtete die Inquisition ein kirchliches Sondergericht ein, das in Zusammenarbeit mit der Zivilbehörde, in der Regel in Vertretung oder auf päpstliche Anordnung hin, tätig wurde.[140] Der Predigerorden war jung und stand der Kirche bei ihren Anliegen zur Verfügung; seine Mitglieder waren in der Lage, ein schriftliches Verfahren durchzuführen. Die Dominikaner, aber auch die Franziskaner und Säkularpriester wurden vom Papsttum gebeten, mit dem Amt zur Unterdrückung der Häresie zusammenzuarbeiten. Der hl. Dominikus starb im Jahr 1221 vor der Gründung der Inquisition, aber seine Söhne wurden und blieben in den Augen vieler „Instrumente der kirchlichen Macht und sogar Vertreter der politischen Propaganda im

---

139 Es handelt sich um den erfolgreichen Film von Jean-Jacques Annaud *Der Name der Rose* aus dem Jahr 1986; er basiert auf dem berühmten Roman von Umberto Eco, der 1980 in Italien erschien.
140 Laurent Albaret, „Les Prêcheurs et l'Inquisition", in *L'ordre des Prêcheurs et son histoire en France méridionale, Cahiers de Fanjeaux* 36 (2001), S. 319–341.

Dienste des Hl. Stuhls"[141]. Die Dominikaner trugen übrigens durch einen absichtlichen Anachronismus zu dieser Assoziation bei, indem sie Dominikus seit dem Beginn des 14. Jahrhunderts als ersten Inquisitor darstellten. Die jeder Grundlage entbehrende Behauptung wurde bis ins 18. Jahrhundert übernommen. Im Jahr 1666 betitelte Vincenzo Maria Fontana OP ein Kapitel seines *Sacrum theatrum dominicanum* noch mit „S. Pater Dominicus Primus in Ecclesia Inquisitor"[142]. Um das zu bestätigen, zögerte er nicht, sich auf die verschiedensten Autoren zu stützen: auf die mittelalterlichen Dominikaner Bernhard Gui und Nicolaus Eymerich, aber auch auf den spanischen Jesuiten Sébastien Salelles, den Dichter Dante Alighieri oder Papst Sixtus V.

Seit den Anfängen der Institution im 13. Jahrhundert stießen die Inquisitoren und insbesondere die dominikanischen Inquisitoren sporadisch auf Widerstand, wie die Attentate belegen, die sich im Jahr 1242 gegen die Richter von Avignonet und gegen Bruder Petrus von Verona richteten. Letzterer wurde 1253 als Märtyrer heiliggesprochen und war der zweite Heilige des Predigerordens. Protest gegen die Begründetheit der Inquisition scheint sich jedoch in der katholischen Bevölkerung nicht geregt zu haben. So schreibt der Mediävist Charles de La Roncière: „Am Ende des 15. Jahrhunderts [...] scheint mir niemand in der Lage gewesen zu sein, [...] die Inquisition als Missbrauch zu verurteilen und ausdrücklich anzuprangern."[143] Die Inquisition wird als Institution nicht

---

141 Der Ausdruck stammt von André Vauchez, zitiert von Laurent Albaret, „Les Prêcheurs et l'Inquisition", S. 337.
142 Vincentius Maria Fontana, *Sacrum theatrum dominicanum*, Romae, Ex Typographia Nicolai Angeli Tinassii, Pars tertia, caput I, „De inquisitoribus sanguine laureatis", S. 498.
143 Charles de La Roncière, „L'Inquisition a-t-elle été perçue comme un abus au Moyen Âge?", in Gabriel Audisio, *Inquisition et Pou-*

infrage gestellt, ebenso wie die Kirche seit der Zensur gegen Robert le Bougre Exzesse unaufhörlich ahndet.[144] Die Frage nach der philosophischen und theologischen Grundlage der Inquisition war daher vor dem 18. Jahrhundert nicht wirklich Gegenstand einer Diskussion, mit Ausnahme von Erasmus von Rotterdam, der vielleicht als erster den Widerspruch anzuprangern suchte, in dem die Kleriker zur Lehre des Evangeliums standen.[145] Jede religiöse Abweichung galt im Mittelalter als eine Tat von äußerster Schwere: die Beleidigung der Kirche Gottes; sie beleidigte Gott selbst, betraf das allgemeine Heil der Seelen und schädigte es. Es handelte sich um eine Art Majestätsbeleidigung Gottes. Man betrachtete die Verfehlung als teuflisches Unterfangen, und die Geistlichen schufen davon Schritt für Schritt logischerweise eine negative, immer stärker von der Phantasie durchdrungene Idee.

Infolgedessen sah sich die Geschichtsschreibung des 18. Jahrhunderts mit zwei verschiedenen Werktypen konfrontiert. Fromme und traditionelle Schriftsteller wiederholten, ohne mit der Wimper zu zucken, die Legende von Dominikus als erstem Inquisitor, und seine Brüder folgten ihm natürlich auf diesem Weg. Charles-Louis Richard, ein Pariser Dominikaner und Verfasser des monumentalen *Dictionnaire universel [...] des sciences ecclésiastiques*, erklärte daher im Jahr 1760, dass „Innozenz III. und Honorius III. den hl. Dominikus zum ersten Generalinquisitor ernannten; und zwölf

---

voir, Aix-en-Provence, Publications de l'université de Provence, 2004, S. 24.
144 Der Dominikaner Robert le Bougre war der erste Inquisitor in Nordfrankreich, er wurde abgesetzt und 1239 wegen Machtmissbrauchs und offenkundiger Ungerechtigkeit zu lebenslanger Haft verurteilt.
145 Érasme, *Contra sanctam haereticorum Inquisitionem*, titre IV, objection 22, in *Opera omnia*, Leyde, Tom. IX, Sp. 1054D–1055D.

Jahre nach seinem Tod, im Jahre 1233, Gregor IX. zwei Ordensleute seines Ordens dazu bestimmte, die gleiche Tätigkeit auszuüben". Angesichts solch typischer Erzählungen verwundert es nicht, dass sich im Zeitalter der Aufklärung eine Literatur entwickelte, die die Inquisition radikal kritisierte, was bis hin zur Ablehnung des Dominikus und der Dominikaner führte. Berühmtestes Beispiel dafür ist Voltaire. Der bissige und begnadete Philosoph warf mit einer Zahlenpolemik um sich und beschuldigte die Inquisition, „mehr als hunderttausend angebliche Hexenmeister [...] und eine [noch] größere Zahl geopferter Ketzer"[146] verurteilt zu haben. Statistiken reichten ins Imaginäre, um die Gemüter zu beeindrucken, und stellten zugleich ein entscheidendes Element der „wissenschaftlichen" Richtung, die diese Zeit so schätzte, dar. Voltaire verurteilte mit seinem *Traité de l'intolérance* (*Über die Intoleranz*) scharf die Methoden des Heiligen Offiziums und platzierte den hl. Dominikus anschließend in seinem Gedicht *La Pucelle* in der Hölle. Der 1769 im *Dictionnaire philosophique* veröffentlichte Artikel „Inquisition" beginnt mit den folgenden Worten: „Die Inquisition ist, wie man weiß, eine bewundernswerte und höchst christliche Erfindung, die dazu dient, den Papst und die Mönche mächtiger und ein ganzes Königreich heuchlerisch zu machen"[147]. Der Verfasser beschließt seine Beschreibung des Autodafés: „Man singt, man liest die Messe, und man tötet Menschen." Nach solchen bravourös geführten Anklagen schienen Dominikus und seine Mitbrüder endgültig der Schande geweiht, die Kritik Voltaires hingegen, die dieser in seinem Artikel

---

146 Voltaire, *Commentaire sur le Traité des délits et des peines*, in Œuvres, „Bibliothèque de la Pléiade", Paris, Gallimard, 1961, S. 785.
147 Voltaire, *Dictionnaire philosophique*, Paris, Garnier, 1951, S. 746–749.

über die Inquisition in der *Encyclopédie* des Chevalier de Jaucourt niederlegte, wurde wieder aufgegriffen, und Mirabeau veröffentlichte am Vorabend der Revolution im Jahr 1778 in Amsterdam ein Gedicht in zwölf Gesängen mit dem Titel *Guzmanade ou l'établissement de l'Inquisition.* Eine neue Strafphilosophie bewirkte genau das Gegenteil von dem, was die Inquisition war, sodass die Dominikaner mit letzterer mitgerissen wurden.

Nach dem Einschnitt durch die Französische Revolution erkannte Abbé Lacordaire, ein junger Pariser Priester, der bereits für sein rhetorisches Talent und seine Begabung für das Streitgespräch bekannt war, im Jahre 1839, dass sein Vorhaben, als Dominikaner in Frankreich zu leben, eine Erklärung zur Inquisition in der Öffentlichkeit erforderte. Bevor er das Noviziat in Italien begann, veröffentlichte er den Band *Mémoire pour le rétablissement en France de l'Ordre des Frères Prêcheurs,* der vor allem dazu dienen sollte, gegen die gängigen Vorstellungen von der Inquisition anzugehen. In einem langen Brief an Dom Guéranger, den Gründer der Benediktinerabtei von Solesmes, legte der Novize Lacordaire seinen Standpunkt folgendermaßen dar:

„Ich bin dem Orden des hl. Dominikus erst beigetreten, nachdem ich sein Wesen studiert und verstanden hatte, welches mir als das absolute Gegenteil von der weit verbreiteten Meinung, die man sich darüber gebildet hat, erschien. Es gibt nur wenige gebildete Männer in Frankreich, die den hl. Dominikus und die Dominikaner nicht als Menschenverbrenner betrachten, als einen Orden, der gegründet worden ist, um die Kirche mit Eisen und Feuer zu verteidigen. Wenn das der Fall wäre, hätte ich ihm niemals auch nur den Nagel meines kleinen Fingers gereicht. [...] Zweifellos war er kein Liberaler des 19. Jahrhunderts, aber [...] er verstand, dass Zwang unzulänglich war, um die Kirche zu retten, und dass es erforderlich war, auf eine apostolische Erneuerung zurückzugreifen ... es ist diese pazifistische Sichtweise, die ihn zu dem gemacht hat, was er war und ist. [...] Ich bringe daher bei der Wiederbelebung des Ordens in Frankreich den Geist der Armut, der Sanftmut und der Salbung des hl. Dominikus ein; die tiefe Überzeugung, dass der apostolische Geist das einzige wahre Bollwerk der Kirche ist und dass die Gewalt, sekundäres und unglückseliges Mittel, immer nur die Folge der Notwendigkeit der Notwehr ist, wo die Kirche den Eifer der Ihren vielmehr mäßigen als anstacheln muss. Die Inquisition ist beendet [...]. Man muss daher der Vergangenheit überlassen, was vergangen ist, und aus den Ruinen das herausholen, was seiner Natur nach unsterblich ist: d. h. den Geist Jesu Christi, den Geist der Gnade und der Liebe. [...] Wenn Gott mir die Gnade zuteilwerden lässt, werde ich den Orden des hl. Dominikus mit dem Ruf, der sanfteste Orden auf der Welt zu sein, verlassen"[148].

Die Unternehmung Lacordaires war nur teilweise erfolgreich. In den heftigen Streitgesprächen seit der Dritten Republik in Frankreich gelangte die schwarze Legende der Inquisition zu neuem Leben: Politiker, Verfasser von Wörterbüchern, Dramatiker, Historiker, Schulbuchautoren, Maler und Karikaturisten verbanden den Katholizismus mit inquisitorischer Bar-

---

148 Henri-Dominique Lacordaire an Dom Guéranger, La Quercia, 10. August 1839, in Henri-Dominique Lacordaire, *Correspondance. Répertoire. Tomus 1. 1816–1839*, Guy Bedouelle et Christoph-Alois Martin (Hg.), Fribourg, Éd. Universitaires – Paris, Éd. du Cerf, 2001, S. 1116–1117.

barei. Nicht nur Freidenker, Rationalisten und Atheisten assoziierten das Christentum mit richterlicher Willkür; katholische Prediger und Polemiker verherrlichten die legitime, von der Inquisition ausgeübte Gewalt. Im Feuer der Polemik verhärtete sich das sanfte Antlitz des hl. Dominikus und seiner Söhne oft zu einer Grimasse. Der hl. Dominikus und die französischen Dominikaner wurden gemeinschaftlich für das Verbrechen verantwortlich gemacht. Der *Grand Dictionnaire Universel du XIXe siècle* stellt einen besonders interessanten Fall dar. In dem freidenkerischen und antiklerikalen Werk von Pierre Larousse und seinem ganzen, anonym um ihn versammelten Mitarbeiterstab wurde nämlich das Thema der katholischen Inquisition mit vielen Informationen dargestellt, die das Entsetzen und den Anstoß der Leser erregten.[149]

Das 19. Jahrhundert erlebte das Ende der Inquisition in ihrer historischen Gestalt. Sie verlor sogar im Zuge der von Papst Pius X. erstrebten Reform der römischen Kurie im Jahr 1908 ihren Namen. Das Wort verschwand tatsächlich aus dem Vokabular der römischen Dikasterien, und die Kongregation des Heiligen Offiziums, die sie überlebte, widmete sich hauptsächlich der Prüfung und eventuellen Verurteilung von Werken oder Lehren, die als die Orthodoxie oder Moral gefährdend eingestuft wurden. In dieser Eigenschaft griff sie im Laufe des 20. Jahrhunderts in theologische Auseinandersetzungen wie jene im Zusammenhang mit der Modernismuskrise ein. Die Institution war jedoch trotz ihrer Mutation

---

149 Nach den Recherchen, deren Ergebnisse uns großzügig von der Lexikologin Isabelle Turcan (Université de Nancy II/Université de Lorraine) mitgeteilt wurden, wird das Wort *Inquisition* im *Grand Dictionnaire* von Pierre Larousse nicht weniger als 622 Mal verwendet, 155 Mal das Wort *Inquisitor* (im Singular), 105 Mal das Wort *Inquisitor* (im Plural); mehr als 60 Artikel stellen eine Verbindung zwischen den Dominikanern und der Inquisition her.

nicht weniger umstritten. Am 8. November 1963 ergriff Kardinal Frings, Erzbischof von Köln, in der Aula des Zweiten Vatikanischen Konzils das Wort und wies bei der Diskussion zum Schema über die Kirche darauf hin, dass zwischen Verwaltungsverfahren und Gerichtsverfahren klar unterschieden werden müsse. Das gelte, fügte er hinzu, für alle römischen Kongregationen, einschließlich des Heiligen Offiziums, „dessen Vorgehensweise in Vielem nicht unserer Zeit entspricht". Niemand könne verurteilt werden, führte er weiter aus, ohne zuvor angehört worden zu sein und ohne Mittel zu seiner Verteidigung und Richtigstellung zur Verfügung zu haben.[150] Mit dieser Perspektive wurde das Heilige Offizium 1965 radikal reformiert, dominikanische Ordensleute arbeiteten jedoch weiterhin eng mit der neuen Kongregation für die Glaubenslehre als Konsultoren zusammen.

In diesem neuen institutionellen Rahmen widmeten sich die Historiker bereits am Ende des 19. und Anfang des 20. Jahrhunderts, vor allem dank der Arbeiten von Henry Charles Lea, der erneuten Durchsicht der Dokumente und neuen Schlussfolgerungen.[151] Das fundierte Werk regte das Studium katholischer Historiker an. In Frankreich veröffentlichte Célestin Douais, Verleger von Bernard Gui und Dominikaner-Tertiar, bereits 1879 eine Studie über *Les Albigeois*, und der Laie und Gelehrte Jean Guiraud erforschte die *Histoire de l'Inquisition du Moyen Âge* (1935–1938). Sie hatten nicht eine so große Wirkung wie das von Lea vorgestellte Werk,

---

150 *Il Concilio Vaticano II. Cronache del Concilio Vaticano II*, Giovanni Caprile (Hg.), Bd. 3, Rom, Ed. *La Civiltà Cattolica*, 1966, S. 212.
151 *History of the Inquisition of Spain*, New York, Macmillan, 1906–1907. Bis in unsere heutige Zeit handelt es sich mit seinen Übersetzungen um ein Referenzwerk zu diesem Thema und wurde immer wieder neuaufgelegt. Französische Übersetzung 1900–1902.

was wahrscheinlich an ihrem Vorhaben lag, die Inquisition wieder in ihren Kontext einordnen zu wollen, und auch weil es schwieriger war, dass die Öffentlichkeit eine differenzierte Darstellung akzeptierte. Aber die Autoren trugen dazu bei, den Weg zu einer wahrhaft historiographischen und theologischen Wende zu ebnen, die sich in den Jahren von 1970 bis 1975 abzeichnete und in einer ausgewogeneren, wenn auch möglicherweise strengen Sicht auf die Realität der Inquisition mündete. Das Bemühen um Objektivität wurde durch zahlreiche akademische Arbeiten, nicht nur von katholischen Verfassern, möglich, die die Texte sprechen lassen wollten und die apologetische Sicht aufgaben. Einen bedeutenden Beitrag zu dieser Arbeit leisteten die *Cahiers de Fanjeaux*, die aus den Kolloquiumsveranstaltungen ab 1965 im Lauragais hervorgingen. Das Interesse an den Archiven und die Rückbesinnung auf die Quellen erlaubten es, zu einer relativ übereinstimmenden Bewertung der Inquisition zu gelangen. In einem wichtigen Artikel aus dem Jahr 1988 fasste der Italiener Adriano Prosperi die Entwicklung zusammen und sprach von einem „neuen Bild" der Inquisition unter den Historikern.[152] Der Verfasser vertritt die Ansicht, dass die Historiker das die Inquisition verteufelnde Stereotyp, wie es von der Literatur unter dem Einfluss der Reformation und vor allem der Aufklärung geschaffen worden sei, und die romantische Faszination, die sie ausübe, praktisch aufgegeben hätten. Dank der Erkenntnisse über die totalitären Systeme im 20. Jahrhundert war es möglich, die Unterschiede in der Funktionsweise zwischen der Justiz in den modernen Diktaturen und in der mittelalterlichen Institution durch Vergleich zu erkennen. Die Regeln letzterer waren rauh, wie es für das

---

152 Adriano Prosperi, „L'Inquisizione: verso una nuova immagine", *Critica storica* 5 (1988), S. 119–145.

gesamte Justizsystem der Zeit kennzeichnend war, aber ebenso präzise und objektiv. Adriano Prosperi rief dazu auf, sich nicht nur mit den Opfern, sondern auch mit dem Phänomen der Inquisition selbst zu befassen und dabei auf das Ziel der Inquisition zu achten, also eine Vorgehensweise anzuwenden, die von der Analyse des Rechtssystems in der Romantik immer vernachlässigt worden war. Der Forscher bestätigte 1998, zehn Jahre nach dem Erscheinen des Artikels, während er sich mit der Öffnung der Archive des Heiligen Offiziums befasste, dass die historische Sicht sich geändert habe, was er insbesondere der neuen Haltung der Kirche gegenüber ihrer Vergangenheit zuschreibe. Er betonte, wie neuartig es sei, dass die Kirche sich am Verfahren der Geschichtsforschung beteilige.[153] Die Dominikaner hatten Anteil an dem von Papst Johannes Paul II. geförderten Wandel: Zwischen 2002 und 2009 wurde in vier internationalen akademischen Kolloquien die Rolle der Dominikaner in der mittelalterlichen Inquisition, aber auch auf der iberischen Halbinsel und in ihren Kolonien, in der Neuzeit und in ihren zahlreichen intellektuellen und künstlerischen Werken untersucht. Der gemeinsame Weg war von einem beispiellosen Akt geprägt, den der hl. Jo-

---

153 Adriano Prosperi, „L'inquisizione nella storia. I caratteri originali di una controversia secolare", übernommen in *L'Inquisizione romana. Letture e ricerche*, Rom, Edizioni di storia e letteratura, 2003, S. 94: „Oggi, la discussione sull'inquisizione è di nuovo aperta: ma lo è per la prima volta non come scontro tra scelte religiose ed ecclesiastiche diverse o come contrasto di interpretazioni nel mondo degli studi storici, ma come riflessione della Chiesa cattolica su se stessa e sul suo passato." [Heute wird erneut über die Inquisition diskutiert: aber zum ersten Mal nicht in einer Auseinandersetzung zwischen unterschiedlichen religiösen und kirchlichen Standpunkten oder in einem Disput über die Interpretationen in der historischen Forschung, sondern im Rahmen einer Reflexion der katholischen Kirche über sich selbst und ihre Vergangenheit].

hannes Paul II. am 12. März 2000 vollzog. In der Begleitung von sieben Mitarbeitern der Römischen Kurie richtete der Papst an diesem Tag im Namen des Christenvolks sieben Bitten um Vergebung an Gott. Die zweite Bitte bezog sich auf die im Dienste der Wahrheit begangenen Fehler. Kardinal Ratzinger forderte auf, „wobei er anerkannte, dass Männer der Kirche im Namen des Glaubens und der Moral manchmal auch auf nicht dem Evangelium entsprechende Methoden zurückgegriffen haben, um ihrer Pflicht zur Verteidigung der Wahrheit nachzukommen", für jeden der Gläubigen Christi zu beten, dass er „wissen möge, den Herrn Jesus nachzuahmen, der gütig und von Herzen demütig ist." Der Heilige Vater ergriff dann das Wort, um das Gebet an Gott zu richten:

> „Herr, Gott aller Menschen, in manchen Zeiten der Geschichte haben die Christen zuweilen Methoden der Intoleranz angewandt und das große Gebot der Liebe nicht beachtet und so das Antlitz der Kirche, deiner Braut, beschmutzt. Zeige deinen sündigen Kindern deine Barmherzigkeit und nimm unseren festen Vorsatz an, die Wahrheit in der Sanftmut der Liebe zu suchen und zu fördern, wohl wissend, dass die Wahrheit sich nur kraft der Wahrheit selbst durchsetzt."[154]

Heute versteht man besser, dass die mittelalterliche Justiz hart zu den Opfern war und die mittelalterliche Inquisition zumindest eine Zeit lang fraglos als Regulativ der Gewalt fungierte. Die Kirche hingegen erkannte besser, dass, wenn die Wahrheit Rechte besitzt, die Menschen sie auch haben: Wenn es rechtens ist, dass die Kirche sich dem widersetzt, was sie für Irrtümer hält, so muss sie das mit den im Brief

---

154 „Confession des fautes et demande de pardon", *Documentation catholique*, 2. April 2000, Nr. 2223, S. 331.

an die Römer wegen Athen erwähnten „Waffen des Lichts" tun und nicht mit den Waffen des Krieges.

Die Gnade, seine Zeit zu verstehen

Im Laufe der Jahrhunderte existierten bis in unsere Zeit hinein Gegenzeugnisse und Unzulänglichkeiten von Dominikanern. Der hl. Paulus schreibt: „Auch wir glauben und darum reden wir" (2 Kor 4,13). Das Fehlen des Glaubens oder das egoistische Vergnügen, sich reden zu hören, schadeten der Botschaft des Evangeliums zu oft. Die Gnade des hl. Dominikus ist jedoch nicht vergangen. Sie mag weniger sichtbar gewesen sein, aber neue Flüsse ließen sie wieder zum Vorschein kommen. Die spirituellen und apostolischen Erneuerungen standen im Predigerorden oft mit dem Wirken entschlossener Frauen in Verbindung: Die Nonnen des Rheintals bieten dafür im 14. Jahrhundert ein bedeutendes Beispiel. Die rheinische Mystik hat ihren Ursprung weitgehend in der Begegnung zwischen Berufstheologen, die mit der Begleitung der Nonnen und ihrer weiblichen Zuhörerschaft betraut waren. Meister Eckhart zum Beispiel oblag die Verantwortung, in 75 Dominikanerinnenkonventen, bei den Laiendominikanerinnen, die an den Orden im Elsass und in der Schweiz gebunden waren, aber auch in 85 Straßburger Beginenhäusern, wo sich etwa 1.000 Frauen versammelt hatten, zu lehren. Ein Klima der Inbrunst herrschte in den Klöstern, wie aus einem Exemplar der *Vitae sororum* (*Lebensbeschreibungen der ersten Schwestern des Klosters der Dominikanerinnen zu Unterlinden*) in ihren kurzen Angaben hervorgeht, die zu Beginn des 14. Jahrhunderts von Schwester Katharina von Gebersweiler, einer Nonne, die „seit ihrer Kindheit" im Kloster des Hl. Johannes des Täufers in Unterlinden in Colmar aufgewachsen war, verfasst wurden. Nach

Aussage von Schwester Élie Cails, der Historikerin der Ordensschwestern, beschreibt das Buch das monastische Leben als Vorzimmer des Paradieses:

„Alles spielt sich meistens in einer Atmosphäre der Freude, des Lichts, der strahlenden Schönheit ab. Sie nehmen manchmal sanfte Harmonien wahr, wenn es nicht der Chor der Engel ist, und erfreuen sich eines außergewöhnlichen Friedens, den die Visionäre übrigens als unbeschreibbar bezeichnen."

Das Geheimnis der Inkarnation steht im Mittelpunkt ihres kontemplativen Lebens. Während der Weihnachtsmesse sprach der himmlische Vater zu einer der 39 Nonnen, deren Werk über das Leben berichtet: „Das ist mein geliebter Sohn, öffne dein Herz" und „Ich vergebe jedem Menschen wegen meines geliebten Sohnes". Eine andere hörte den Vater sagen: „Ich bin dein Ziel. Bei deinem Tod wirst du dich sogleich mit mir vereinen"[155]. Diese Ordensschwestern, aber auch – zu anderen Zeiten – die Nonnen in Prato in Italien, in Langeac in Frankreich oder Avignon im Comtat Venaissin konnten die theologale Hoffnung der Brüder und Gläubigen, denen sie begegneten, neu beleben.

Im 14. Jahrhundert setzte sich auf eine ganz andere Weise die bedeutende hl. Katharina von Siena als Vorbild durch. Sie zog den Orden hinter sich mit auf den Weg der Erneuerung, der mit manchen Früchten der Heiligkeit gekrönt war, unter denen sich unter vielen anderen die seligen Raymond von Capua († 1399) und Johannes Dominici († 1419), der hl. Antoninus von Florenz († 1459) und der selige Fra Angelico († 1455) hervortaten. Aus Gnade war Katharina Mystike-

---

155 Sœur Élie Cails, *Un monastère dominicain au Moyen Âge. Les débuts d'Unterlinden*, Paris, Éd. du Cerf, 2013, S. 69–70.

rin, aber nicht ohne Lehre, sie erfasste im kontemplativen Gebet und in der Meditation über die göttlichen Geheimnisse, dass Gott der ist, der ist, und dass wir die sind, die nicht sind. Sie entdeckt Gott als unveränderliches Wesen und erste Wahrheit und erkennt im Glauben, dass diese zweifache Erkenntnis eine Liebe in uns hervorbringt, die in uns das Abbild der substantiellen Liebe ist. Brennende Liebe zu Gott und zum Nächsten sind der Gewinn daraus. Diese einzigartige und doppelte Liebe legt Zeugnis für die dem Evangelium entsprechende Wahrheit des Weges ab, der von Katharina im *Dialog* eröffnet wurde.[156] „Denn wer seinen Bruder nicht liebt, den er sieht, kann Gott nicht lieben, den er nicht sieht" (1 Joh 4,20). Die reichhaltige Korrespondenz Katharinas und ihr grenzenloses apostolisches Wirken, die keine Personen bevorzugten, bezeugen die Größe ihrer Liebe zu Gott und zu den Menschen.

Einige Jahrzehnte später ging der Aufschwung, den der Orden bei der Entdeckung der Neuen Welt auf einem anderen Kontinent erlebte, mit radikalen und schwerwiegenden Entscheidungen einher, wie im Dezember des Jahres 1511 die Predigt des Antonio Montesinos in der jungen spanischen Kolonie Santo Domingo inmitten des Archipels der Antillen, den einige Jahre zuvor Christoph Kolumbus entdeckt hatte, belegt. Entsetzt über das Verhalten der Kolonisten gegenüber den indigenen Einwohnern, wandte sich der Dominikanerprediger mit der Unterstützung seiner Gemeinschaft an erstere und machte dabei den höchsten Anspruch an die Pastoral deutlich:

> „Und wie sorgt ihr dafür, dass die indigenen Einwohner in unserer Religion unterwiesen werden, damit sie Gott, un-

---

156 Vgl. „Frères prêcheurs", *Dictionnaire de spiritualité*, Tom. 5, Paris, Beauchesne, 1964, Sp. 1439–1440.

seren Schöpfer, kennenlernen, getauft werden, die Messe hören, die Sonntage und andere Pflichten einhalten? Sind sie nicht Menschen? Sind sie nicht menschliche Wesen? Müsst ihr sie nicht lieben wie euch selbst?"[157]

Diesen Aufruf vernahm Bartolomé de Las Casas und verbreitete ihn mit der ihm eigenen Tatkraft und Effizienz. Der *(Kurzgefasste) Bericht von der Verwüstung der westindischen Länder* von Las Casas, der zu einer klassischen Quelle der Kolonialgeschichte wurde, offenbart eine Freundschaft zu den indigenen Einwohnern und scheut nicht vor Polemik zurück. Mit einer akademischeren Herangehensweise wiederum wandte sich der Dominikaner und Theologe Francisco de Vitoria († 1546) denselben Problemen zu und ebnete den Weg für viele, theologische und juristische Neuerungen. An dieser Stelle ist wichtig, dass die Entdeckung eines neuen Kontinents den Predigerorden nicht nur dazu führte, seinen Lebensraum und seine territoriale Ausdehnung zu vergrößern, sondern ihn auch zu einer Vertiefung seiner Berufung leitete. Amerika war für Montesinos und die Seinen nicht nur ein Ort, an dem sie Fuß fassen konnten; sie trafen dort auf Brüder und Schwestern, die eingeladen waren, mit ihnen die Freude über das Reich Gottes zu teilen. Die Heiligsprechungen der Rosa von Lima († 1617), des Martin von Porres († 1639) und des Johannes Macías († 1645) beweisen das authentische, dem Evangelium entsprechende Zeugnis der Dominikaner auf dem amerikanischen Kontinent.

---

157 Siehe zum Beispiel Alvaro Huerga, *Bartolomé de Las Casas: Vie et œuvres*, Paris, Éd. du Cerf, 2005, S. 56. Die Zusammenfassung der Homilie wurde von Las Casas in seiner *Historia de los Indios* veröffentlicht.

Eine Ordensgemeinschaft stirbt, wenn ihr Ziel nicht mehr im Einklang mit ihrer Zeit steht. So schön ihre Geschichte auch sein mag, ist ihr nicht ewiges Leben verheißen. Pierre Mandonnet OP merkte einst an, dass die Institutionen

> „in dem Maße in den Niedergang stürzen, wie sie sich nicht mehr an die bedeutenden, lebensnotwendigen Gegebenheiten ihres Umfelds anpassen, mit denen sie konzentriert sind. Wenn sie als Beschäftigung und Ziel Beschäftigungen und Ziele haben, die nicht mehr zeitgemäß sind, wenn sie mit überholten intellektuellen Formulierungen und Handlungsmethoden leben, können sie ehrwürdige Zeugen eines anderen Zeitalters bleiben, die Zeit ihrer Blüte ist vorbei: Ihnen fehlt das Prinzip, sich an ihre Umgebung anzupassen, Bedingung *sine qua non* für eine ganz starke Lebenskraft, ob es sich um einen Organismus oder die Gesellschaft handelt"[158].

Aber im Einklang mit seiner Zeit zu sein, bedeutet nicht, von dieser Welt zu sein. Der rechte Platz des Apostels besteht darin, *in* der Welt zu sein, ohne *von* der Welt zu sein. Er kann seine Evangelisierungsmission nicht ausüben, wenn er sich von der Welt entfernt, aber er darf nicht an ihren Irrfahrten teilhaben. Der hl. Petrus ging den Weg nach Antiochien und dann nach Rom, der Hauptstadt des Römischen Reiches; der hl. Paulus folgte ihm, nachdem er sich nach Athen und vielleicht nach Spanien begeben hatte. Sie wurden beide in der Hauptstadt des Reiches getötet. Die Dominikaner nach ihnen müssen die Städte ihrer Zeit besuchen, ohne eine dabei zu vernachlässigen, auch wenn sie dort sterben. Brüder und Schwestern tun es bis heute. Der sel. Pierre Claverie OP,

---

158 Pierre Mandonnet, „Comptes rendus", *Revue thomiste* 2 (1894), S. 430.

Bischof von Oran in Algerien, gab 1996 sein Leben, weil er Zeugnis vom Evangelium ablegte. Jeder Kontinent könnte solche Beispiele für das 20. Jahrhundert nennen.

Gott sei Dank erlaubten Reformen dem Dominikanerstammbaum im Laufe seiner 800-jährigen Geschichte, weiter zu wachsen und Früchte zu tragen. Ein schönes Beispiel für die Fähigkeit zur Erneuerung bietet der Lebenslauf von Pater Lacordaire in Frankreich zu einer Zeit, als man glaubte, dass das dominikanische Leben vollkommen ausradiert worden sei. Henri Lacordaire fand 1823 zum katholischen Glauben zurück. Er war 21 Jahre alt und hatte seit seiner Erstkommunion nicht mehr am religiösen Leben teilgenommen. Seine Berufung zum Priester kam mit seiner Bekehrung. In einem langen Brief, den Lacordaire 1825 an einen seiner Jugendfreunde, Victor Ladey, richtete, schilderte er das Drama seiner Generation aus der Sicht eines 23-jährigen:

„Wir sind ehrlichen Menschen ähnlich, die ein langweiliges Stück spielen, von dem sie nichts wissen. Genau das ist der Mensch ohne Religion. Er macht das Interesse oder die Liebe zu sich selbst zum Grundsatz all seiner Handlungen, je nachdem, ob er eine mehr oder weniger erhabene Seele besitzt; die Zeit vergeht damit; das Alter kommt, er sieht den Tod näher, er versteht ihn nicht besser als das Leben; er erwartet den Tod mit Bedauern, mit Angst [...]. Er stirbt; Gott weiß den Rest [...]"[159].

In dieser traurigen Situation veränderte der Glaube an Gott alles: Lacordaire entdeckte zuerst Gottes Tat der Güte, die Gott vollbrachte, als er ihm das Leben schenkte; er lernte

---

[159] Henri Lacordaire à Victor Ladey, 20 août 1825, in Henri-Dominique Lacordaire, *Correspondance. Répertoire. Tome 1. 1816–1839*, S. 162–163.

auch, das Wohl der anderen zu wollen. „Der Mensch ist ein soziales Wesen, das dazu bestimmt ist, guten oder schädlichen Einfluss auf seine Mitmenschen auszuüben ... Jeder ist Fenelon oder Voltaire, der eine macht den anderen die Tugend liebenswert, der andere verschönert das Laster, der eine rettet die Welt, und der andere richtet sie zugrunde ..."[160] Lacordaire liebte seine Zeit und konnte nichts anderes erstreben, als sie dahin zu führen, Gott zu lieben. „Ich wage zu sagen, dass ich von Gott die Gnade empfangen habe, dieses Jahrhundert, das ich so sehr geliebt habe, zu verstehen"[161], schrieb er 1836 seiner Freundin Madame Swetchine. Als dominikanischer Novize in Italien kehrte er 1841 zum Predigen nach Frankreich zurück. Der in Christus Verliebte hatte bereits für die Freiheit gekämpft: die Freiheit der Schule, die Pressefreiheit, die Freiheit der Ordensgemeinschaften, die Freiheit der Völker, über sich selbst zu bestimmen ... Er forderte zunehmend auch die Freiheit der Kirche ohne die Vormundschaft des Konkordats, die Freiheit, öffentlich den schwarz-weißen Habit der Prediger tragen und als Ordensmann leben zu dürfen, auch auf die Gefahr eines Eklats hin. Im Fahrwasser von Lacordaire konnte der Predigerorden wieder aufleben und seinen ursprünglichen Zusammenhalt in Frankreich wiederfinden, bevor er weit auf internationaler Ebene ausstrahlte. In der 1838 veröffentlichten *Lettre sur le Saint-Siège* schrieb Pater Lacordaire: „Wer das Leben hat, schenke es, wer die Liebe hat, verbreite sie, wer das Geheimnis kennt, teile es allen mit!" Die Predigt drängt wie die Liebe

---

160 *Ebd.*
161 Lettre de Lacordaire à Madame Swetchine, 21 décembre 1836, in *Correspondance du R. S. Lacordaire et de Madame Swetchine* publiée par le Comte de Falloux (Hg.), Paris, Didier et Cie, 1864, S. 102.

denjenigen, der dazu berufen ist. Kurz gesagt, der christliche Glaube verändert alles, auch den Blick auf die Welt.

„[Seit ich] einmal Christ [bin,] vergeht die Welt vor meinen Augen nicht", erklärte er kurz vor seinem Tod, „sie wird mit mir selbst größer. Anstelle eines eitlen und vergänglichen Theaters enttäuschter oder erfüllter Ambitionen sah ich dort einen Schwerkranken, der Hilfe benötigte, ein erlauchtes Unglück, das aus all den Unglücken vergangener und künftiger Jahrhunderte bestand, und ich sah nichts Vergleichbares mehr mit der Freude, ihm unter dem Auge Gottes mit dem Evangelium und dem Kreuz seines Sohnes zu dienen"[162].

Um vom Nichtglauben zum Glauben zu gelangen, um die Welt so zu sehen, wie sie ist, und sie zu dem zu führen, wozu sie berufen ist, bedarf es der Predigerbrüder.

Im Jahr 2019 wählte das in Vietnam gefeierte Generalwahlkapitel der Dominikaner einen Sohn aus der jungen Provinz der Philippinen zum Nachfolger des hl. Dominikus. Die Niederlassung der Dominikaner existiert in diesen beiden Ländern seit mehreren Jahrhunderten; und der Orden kann stolz darauf sein, 1611 in Manila die älteste universitäre Einrichtung Asiens gegründet zu haben, aber es bedurfte dieser zwei Ereignisse, um die beeindruckende Dynamik der beiden Provinzen des Predigerordens zu verdeutlichen, von denen die erste im Jahr 1967, die zweite im Jahr 1971 die Autonomie ihrer Provinz erhielt. Ebenso werden auch in Amerika, Europa und Afrika Neuerungen und Entwicklungen fortgeführt. Seit der Zeit Leos XIII. bemühen sich die Dominikaner, im Herzen der Kirche im *Angelicum* in Rom oder an der

---

[162] „Testament de Lacordaire", *Mémoire dominicaine* 4 (1994), S. 247–248.

Universität Fribourg wie auch in den theologischen Fakultäten und Studienzentren der verschiedenen Provinzen das Erbe des hl. Thomas von Aquin zu pflegen, dessen Fruchtbarkeit nicht erschöpft ist und weiterhin Früchte trägt. 1890 gründete Marie-Joseph Lagrange OP in Jerusalem von einer bescheidenen Dominikaner-Niederlassung aus die französische *École biblique et archéologique*. Einige Jahre später, im Jahr 1928, erhielt die Laiendominikanerin und Romanautorin Sigrid Undset den Nobelpreis für Literatur. Nachdem der belgische Dominikaner Dominique Pire, der 1958 mit dem Friedensnobelpreis ausgezeichnet wurde, die Baustellen zum Wiederaufbau in dem vom Zweiten Weltkrieg verwüsteten Europa geleitet hatte, gründete er „Îles de paix". Mit dem gleichen Geist vervielfachte Giorgio La Pira, Laiendominikaner, Universitätsprofessor und Bürgermeister der Stadt Florenz, seine internationalen Reisen, um den Frieden zwischen den Nationen zu predigen. Indem sie Gerechtigkeit und Frieden fördern, wie sie auch die Theologie unterrichten, sie ihren Zeitgenossen das Beten lehren, sie für sie beten, setzen die Brüder und Schwestern des Predigerordens das Werk des hl. Dominikus fort. „Das Himmelreich ist nahe" (Mt 10,7). Die dominikanische Mission besteht darin, diese frohe Botschaft „unterwegs" zu verkünden.

III.
DATEN UND QUELLEN ZUR GESCHICHTE DES HL. DOMINIKUS

Zeittafel zum Leben des hl. Dominikus

Der englische Dominikaner und Historiker Simon Tugwell veröffentlichte 2005 die „Zeittafel zum Leben des heiligen Dominikus", in der er die Ergebnisse seiner Forschungen, die er Jahr für Jahr in der Zeitschrift *Archivum Fratrum Praedicatorum* veröffentlicht hatte, zusammenfasste und einige Entwicklungen seiner Studien publizierte. Wie der Verfasser damals betonte, war die Zeittafel nicht dazu bestimmt, „eine Interpretation zur Person des Dominikus zu liefern", sondern in einer kommentierten Zeittafel schlüssig untersuchte Ereignisse aus der Biographie des Gründers des Predigerordens darzustellen. Wir übernehmen die Zeittafel mit der Erlaubnis ihres Verfassers, allerdings in vereinfachter Form und ohne den Anmerkungsapparat, den man in der Originalfassung vorfindet.[1]

1170–1174

Gemäß der *Vita s. Dominici* des Dietrich von Apolda, eines Dominikaners und wohl gut informierten Verfassers, heirateten die Eltern des Dominikus im Jahr 1170. Aus der spa-

---

1 Simon Tugwell, „Schéma chronologique de la vie de Saint Dominique", *Domenico di Caleruega e la nascita dell'Ordine dei Frati Predicatori*. Atti del XLI Convegno storico internazionale, Todi, 10.–12. Oktober 2004, Spoleto, Fondazione Centro italiano di Studi sull'alto medioevo, 2005, S. 1–24. In diesem Kapitel wird die von Simon Tugwell für den Artikel gewählte Schreibweise *predicatio* beibehalten.

nischen Überlieferung kennen wir ihre Namen: Felix und Johanna. Auch zwei Brüder des Dominikus sind bekannt: Der eine hieß Mamès und wurde Dominikaner, der andere, ebenfalls Priester, widmete sich dem Dienst an den Armen. Dominikus hatte außerdem zwei *nepotes*, auch sie waren Dominikaner. Wie der dominikanische Chronist Galvano Fiamma berichtet, begab sich ein *nepos*, der als Eremit lebte, im Jahr 1300 als 100-jähriger zu dem Jubiläum nach Rom. Mit dem Begriff *nepos* können sowohl Neffen im eigentlichen Sinn, Kinder einer vermutlichen Schwester oder aber die Kinder von Cousins bezeichnet werden. Dominikus wurde um das Jahr 1174 in Caleruega in Kastilien geboren.

um 1187

Nach einer vorbereitenden Ausbildung bei einem Onkel studierte Dominikus in Palencia. Nachdem er wahrscheinlich sieben Jahre die Fakultät der Künste besucht hatte, studierte er vier Jahre Theologie.

1196/1198

Dominikus verkaufte seine Bücher, um den Opfern einer Hungersnot vor Ort zu helfen. Die Geste erregte die Aufmerksamkeit des Bischofs Martin von Osma (es sei denn, es handelte sich um den Prior des Kapitels, Diego von Osma). 1197 oder 1198 überzeugte ihn der Prälat, Regularkanoniker von Osma zu werden.

1201

Dominikus ist als Subprior in Osma nachgewiesen.

Zeittafel zum Leben des hl. Dominikus

1203-1204

Zwischen dem 4. Oktober 1203 und dem 26. Februar 1204 begab sich Diego, der Bischof von Osma geworden war, nach Dänemark, um die Heirat für den Sohn des Königs von Kastilien auszuhandeln. Dominikus begleitete ihn. Als sie Toulouse passierten, erkannten die beiden Männer das Ausmaß der Häresie im Land. Ihr Gastgeber war ein Ketzer; Dominikus bekehrte ihn. Als Diego nach Spanien zurückkehrte, machte er einen Umweg über Cîteaux, um dort eine Gruppe von Mönchen zu suchen, die das Frauenkloster leiten sollte, das er in seiner Diözese gegründet hatte.

1205

Nach dem 19. Mai wurde Diego erneut nach Dänemark gesandt, um die Braut des Prinzen nach Spanien zu geleiten. Dominikus begleitete ihn ein weiteres Mal. Aber in der Zwischenzeit war die Verlobte verstorben. Statt nach Spanien zurückzukehren, entschied sich Diego, sich in Begleitung von Dominikus zu Papst Innozenz III. zu begeben, da ihn bewegte, was man ihm über die heidnischen Kumanen erzählt hatte. Er wollte den Papst ersuchen, vom Bischofsamt zurücktreten zu dürfen, um abreisen und sie bekehren zu können. Der Papst erteilte nicht seine Zustimmung, sondern hieß ihn, in seine Diözese zurückzukehren.

1206

Im Januar oder aber auf jeden Fall vor Mitte März begegnete Diego zufällig den Gesandten des Papstes in Montpellier und überzeugte sie von der Notwendigkeit, „ohne Gold und Silber" zu Fuß zu gehen, damit sie gegen den Einfluss der Ketzer in Wettstreit träten. Diego wusste wahrscheinlich aus Erfahrung, dass man den verbreiteten Antiklerikalismus nur bezwingen konnte, wenn man über jeden Verdacht der Weltlichkeit erhaben war. Es galt, sich als *vir evangelicus*, als nach dem Evangelium lebender Mann, zu präsentieren. Der Rat der Armut scheint vielmehr gegen den Antiklerikalismus, der die Häresien begünstigte, als gegen die Häresien selbst gerichtet zu sein.

Diego sandte nach Osma Gepäck und Begleiter bis auf einen von ihnen, der mit Sicherheit Dominikus war, zurück, dann machte er sich mit zwei der Gesandten auf den Weg, um gegen die Ketzer zu predigen und Streitgespräche mit ihnen zu führen.

Vor dem 29. April war Dominikus zurück in Osma und legte das Amt des Subpriors nieder. Er kehrte mit Diego und einigen Gefährten, wahrscheinlich im Juli, in den Süden zurück und begleitete Bischof Fulko von Toulouse, um gegen die Häresie zu predigen.

Während des Generalkapitels der Zisterzienser, das am 14. September begann, wurde im Süden eine Predigtkampagne gegen die Häresie organisiert, die der von Diego vorgeschlagenen Strategie folgen sollte.

Vor November begab sich Diego ein zweites Mal zu Papst Innozenz III., um ihm eine langfristige Mission im Süden vorzuschlagen. Sie zeichnete sich durch eine radikalere Armut als die aus, zu deren Annahme er die Legaten hatte überzeugen können. Der Papst schrieb daher dem Gesandten Raoul von Fontfroide und erteilte ihm die Erlaubnis, Prediger unter den Ordensleuten der Region zu rekrutieren, damit sie gegen die Häresie predigten. Diego selbst muss vom Papst einen neuen Auftrag erhalten haben. Denn er errichtete nach seiner Rückkehr in den Süden eine *predicatio*, deren Mittelpunkt Prouilhe war und die sich bis August des Jahres 1207 zu einer derart soliden Einrichtung entwickelt hatte, dass er *donati*, das heißt Personen, und auch Spenden annehmen konnte. Die Mission der Zisterzienser, die begrenzte Ziele verfolgte, war dazu sicherlich nicht in der Lage. Als Vikar des Diego wurde Dominikus der eigentliche Leiter der Mission.

Dominikus verwendete das Siegel mit der Legende „*sigillum Christi et predicatio*", es ist vielleicht dasselbe der *predicatio* des Diego oder wahrscheinlicher der *predicatio*, die im Jahr 1211 unter der Ägide von Fulko neu auflebte.

Fulko schenkte vor dem 25. März 1207 auf Betreiben des Dominikus Diego die Kirche in Prouilhe, damit einige Frauen, die „von den Predigern gegen die Häresie", das heißt von Dominikus und seinen Gefährten, „bekehrt" worden waren, dort „fromm" leben konnten.

1207

Zwischen dem 3. Februar und dem 16. März ist die Anwesenheit von Diego in Kastilien belegt, während Dominikus wahrscheinlich als „Vikar" seines Bischofs im Languedoc blieb.

Im März und April nahmen Diego und Dominikus an einem großen Disput zu Fragen der Doktrin in Montréal teil. Zu der kleinen Gruppe von Predigern gesellten sich damals die Zisterzienser, die der Autorität des Abtes Arnold Amalrich, der eine Versammlung mit den Bischöfen der Region abhielt, unterstanden.

Zwischen dem 3. Mai und dem 2. Juni ist die Anwesenheit von Diego in Spanien belegt, während zur gleichen Zeit die erste Zisterziensermission in Südfrankreich stattfand.

Zwischen August und September wurde in der Stadt Pamiers im Beisein von Diego eine Versammlung der Geistlichen aus der Region organisiert, um das Bestehen der Mission nach dem Weggang der Zisterzienserprediger zu sichern. Anscheinend kam es zu einem weiteren Streitgespräch mit den Waldensern, aber es ist nicht sicher, ob Dominikus daran teilnahm.

Vor dem 25. September kehrte Diego nach Spanien zurück. Während des Generalkapitels der Zisterzienser wurde Guy des Vaux-de-Cernay mit der zweiten Mission zur Verbreitung des Glaubens betraut, die von Oktober 1207 bis Januar 1208 stattfand.

Diego starb am 30. Dezember 1207.

1208–1210

Im Januar 1208 kehrte Dominikus, nachdem er vom Tod seines Bischofs Kenntnis erhalten hatte, nach Osma zurück, wo er, wie es scheint, bis zum Jahr 1211 verweilte. In der Zwischenzeit hatte Bischof Fulko von Toulouse die Kirche in Prouilhe den „bekehrten Damen" überlassen, die in der Nähe wohnten.

Nach dem Zeugnis von Bruder Johannes von Navarra wurde Dominikus zum Bischof des Comminges erwählt. Entspricht das den Tatsachen, muss man das Ereignis in den Zeitraum von 1209 bis 1210 oder sogar von 1206 bis 1207 einordnen. Allerdings gibt es keine Belege dafür, dass Dominikus sich zu dieser Zeit in der Region aufhielt.

1211

Vor dem 20. Juni kehrte Dominikus mit Zustimmung des neuen Bischofs von Osma, Menendo, in den Süden zurück. Er kam in Begleitung weiterer Kanoniker zurück; zumindest einige von ihnen wurden später Dominikaner. Er nahm so wieder seine Aufgabe als *predicator* wahr.

Am Ende des Jahres vertraute Fulko Dominikus die Leitung in Prouilhe an und stellte ihm Mittel zur Verfügung, um dort ein richtiges Kloster zu errichten.

1212

Die Fastenzeit vom 7. Februar bis zum 25. März verbrachte Dominikus in Begleitung eines *socius* mit einer Gruppe Frauen, die zur Ketzerei tendierten. Dank der asketischen Lebensweise, die sogar die der Ketzer übertraf, konnte er sie bekehren.

Als Dominikus im Dezember zum Bischof von Béziers erwählt wurde, erklärte er, „er flöhe nachts mit seinem Stock, bevor er ein Bistum oder ein anderes Würdenamt annähme".

1213-1214

Von Januar des Jahres 1213 bis zum Mai des Jahres 1214 lebte Dominikus als Vikar des Bischofs Guy in Carcassonne. Sein *socius* war Stephan von Metz, der später Dominikaner wurde. Wahrscheinlich blieb er dort bis zur Hochzeit von Amaury de Montfort, einem Sohn Simons, im Juni.

Während Prouilhe zwischen dem Dezember des Jahres 1211 und dem 26. Mai 1213 in den Urkunden regelmäßig als Kloster oder Abtei erwähnt wird, tauchen diese Bezeichnungen ab dem 1. Februar 1214 nicht mehr auf, was die Annahme zulässt, dass die *predicatio* wieder im Aufbau befindlich und Prouilhe ein Teil davon war.

1214

Die Einwohner von Toulouse unterwarfen sich der Kirche und wurden am 25. April rekonziliert. Dominikus wurde anschließend von dem Gesandten Petrus Collivaccinus von Benevent zum Leiter der *predicatio* ernannt, es sei denn, es handelte sich um Fulko im Namen des Legaten.

Vor dem 25. Mai verlieh Fulko Dominikus das Lehen von Fanjeaux. Damit sollten Dominikus und seine Gefährten ihren Unterhalt bestreiten. Dass er persönlich vor Ort wohnte, kann man daraus jedoch nicht ableiten.

In der zweiten Jahreshälfte ließ sich Dominikus in Toulouse nieder. Als „Diener der Predigt" [*Predicationis humilis minister*] erteilte er einem gewissen Raimond Guilhermy aus Auterive die vorläufige Erlaubnis, einen bekehrten Ketzer namens Guilhem Hugues bei sich aufzunehmen.

Am 18. August eroberte Simon de Montfort Casseneuil und übergab es Dominikus „und allen, die ihm bei dem Amt behilflich waren, das zum Heil führen sollte (*in officio inchoate salutis*)." Die *predicatio* musste daher eine Einrichtung sein, die Güter annehmen konnte.

Zwischen der Mitte des Jahres 1214 und der Mitte des Jahres 1215 wurde Dominikus zum Bischof von Couserans gewählt, aber er lehnte die Ernennung unter dem Vorwand ab, er müsse sich um „die ganz junge Anpflanzung von Predigern" kümmern.

1215

Anfang Januar „brachten" die Brüder Petrus Seilhan und Thomas „sich dar", oder sie „schenkten sich" Dominikus: Anscheinend waren sie die ersten Jünger, die sich durch ein Gelübde an ihn banden, aber das ist noch nicht alles: Petrus schenkte ihm außerdem seine Häuser in Toulouse, und hier nahm Dominikus seinen Wohnsitz. Als die Gebrüder Seilhan am 25. April ihr Erbe teilten, erhielt Dominikus den Anteil des Petrus für sich, seine Nachfolger und diejenigen, die in dem von ihm errichteten Haus wohnten.

Dominikus besuchte damals mit sechs Gefährten, die „den gleichen Habit trugen", die Theologiekurse eines Professors in Toulouse.

Um den Monat Mai verlieh Fulko den Mitgliedern der

Gruppe, die sich um Dominikus gebildet hatte, auf Lebenszeit den Status von Diözesanpredigern, „die beabsichtigten, als Ordensleute zu Fuß in Armut, wie sie das Evangelium beschreibt, weiterzugehen und das Wort der Wahrheit des Evangeliums zu verkünden". Dafür gewährte er ihnen einen Teil des Zehnten der Diözese. Der Traum des Diego von einer Gruppe von Predigern, die vollkommene Armut gelobt hatten, bewahrheitete sich so, aber ihr Wirkungsbereich war allein auf die Diözese Toulouse beschränkt. Ein Bischof verfügte nicht über die Autorität, eine päpstliche Mission ohne die vorläufige Zustimmung des Gesandten in eine diözesane Einrichtung umzuwandeln; ein solches Vorgehen bedurfte der Bestätigung durch den Papst. Außerdem musste nach Mitteln gesucht werden, um die Ausdehnung der *predicatio* über die Diözese Toulouse hinaus sicherzustellen. Daher musste Dominikus Fulko nach Rom begleiten, da letzterer sich dorthin zum Laterankonzil begeben musste.

Außerdem hatte Fulko Dominikus zuvor ein Gästehaus in Toulouse *ad portam Arnaldi Bernardi* für „bekehrte Frauen" überlassen. Wahrscheinlich wollte er dort wie in Prouilhe ein Kloster gründen.

Am 28. August empfing Bruder Johannes von Navarra bzw. von Spanien „den Habit aus der Hand von Bruder Dominikus, der den Orden gründete und sein erster Meister war; und an diesem Tag legte er in der Kirche *Saint-Romain* in Toulouse seine Profess in die Hände des Bruders ab".

Am 8. Oktober nahm Innozenz III. die Gemeinschaft und die Güter von Prouilhe unter seine Obhut, doch anstatt die *predicatio* von Toulouse sofort zu bestätigen, riet er Dominikus, mit seinen Gefährten eine bereits anerkannte Regel zu wählen und erst später seine Zustimmung zu erteilen. Wahrscheinlich dachte der Papst, dass Prediger aus Toulouse, die den unbestreitbaren Status „orthodoxer" Geistlicher genossen, vor den Unannehmlichkeiten geschützt seien, denen Gruppen wie die der *Armen Katholiken* ausgesetzt waren. Außerdem könnten sich die Ordensleute leichter im übrigen Gebiet der alten Mission gegen Häresie niederlassen und so innerhalb der ganzen Kirche zur Erneuerung der Predigt gemäß den Indikationen des Ökumenischen Konzils, das soeben stattgefunden hatte, beitragen. Dominikus war sich bewusst, dass die Anzahl seiner Brüder zu gering war, um diesem erweiterten Aufgabenbereich gerecht zu werden, und wurde, so berichtet Gerhard von Frachet, durch eine Vision im Traum gestärkt, in der er die Brüder zu zweit durch die ganze Welt predigen gehen sah.

1216

Nachdem er nach Toulouse zurückgekehrt war, berichtete Dominikus den Brüdern von den Ausführungen des Papstes. Die Wahl der Regel fiel auf die des hl. Augustinus mit einigen Zusätzen aus den *Consuetudines* der Prämonstratenser. Die Brüder verzichteten auf die *possessiones*, d. h. auf Grundbesitz, da sie einen solchen nicht nach Art der Zisterzienser zur Wertsteigerung beackern und bebauen wollten. Aber sie behielten Renten (bis 1221 erhielten sie weiterhin den Zehnten, den Fulko ihnen 1215 zugesprochen hatte) und Ländereien, die eine Einkommensquelle bildeten. Im Juli überließ die Diözese den Brüdern die Kirche *Saint-Romain*.

Die Umwandlung der Gruppe von Predigern in eine Ordensgemeinschaft war nunmehr abgeschlossen, und nichts stand Dominikus entgegen, zum Papst zurückzukehren, um von ihm die versprochene Bestätigung zu erbitten. In der Zwischenzeit war Innozenz III. gestorben, und der neue Papst, Honorius III., wusste, wie es scheint, nichts von der *predicatio* in Toulouse und den Erwartungen des Innozenz an sie.

Am 22. Dezember erhielt Dominikus daher nur die „Bestätigung" der religiösen Gemeinschaft von *Saint-Romain*.

1217

Zwischen dem 19. Januar und dem 7. Februar wurden auf Wunsch des Dominikus viele Bullen der römischen Kurie abgesandt. In einer von ihnen wurde gefordert, dass sich Professoren und Studenten der Universität von Paris nach Toulouse begäben, um die Bemühungen der Ortskirche zu unterstützen; eine andere verlieh ihm und auch seinen Brüdern den Titel *predicatores in partibus Tholosanis*.

Dominikus vertraute Wilhelm von Montferrat, dem er bei Kardinal Ugolino begegnete, seinen Wunsch an, „die Heiden bekehren" zu wollen, „die in Preußen und den anderen nördlichen Gegenden wohnten". Doch Wilhelm musste sich zuerst für zwei Jahre nach Paris begeben, um dort Theologie zu studieren.

Dominikus hatte vom Papst nur die Anerkennung der Mission der Brüder in der Diözese Toulouse erhalten. Als er zurück im Süden war und die sich anbahnenden Rebellionsversuche gegen Simon de Montfort in Toulouse bemerkte, erkannte er die der Gemeinschaft in *Saint-Romain* drohenden Gefahren. Im August, als die Situation kritisch wurde, entschied er wahrscheinlich, die Brüder zu verteilen. Anstatt Pariser Professoren nach Toulouse zu holen, schickte er Brüder nach Paris, damit sie dort studierten und ein Kloster gründeten; andere gingen nach Spanien.

Matthäus wurde zum Abt der nach Paris entsandten Brüder gewählt, weil man damit rechnete, dass sich der Orden nach dem Modell einer zentralen Abtei mit abhängigen Prioraten entwickelte. Zur gleichen Zeit wurde Bruder Sueiro Gomez wahrscheinlich zum Superior der Brüder ernannt, die sich nach Spanien begaben. Die Fachbegriffe „Provinz" und „Provinzialprior" existierten noch nicht, aber wurden bereits in zwei verschiedenen Ausformen deutlich: Matthäus wäre als Superior eines Konvents mit einem Gebiet betraut, während Sueiro für ein Gebiet, in dem es noch keinen Konvent gab, verantwortlich wäre. Nach dessen Gründung würde er nicht Prior werden, sondern weiterhin *prior fratrum predicatorum in Hispania* sein.

Der Predigerstatus der Brüder des Dominikus hatte außerhalb der Diözese Toulouse keinerlei Gültigkeit. Überall sonst waren sie rechtlich nur Regularkanoniker. Die Brüder in Paris verhielten sich daher wie Kanoniker und gingen gemäß den Statuten, die die Lebensweise der Kanoniker regelten, nicht mehr zu Fuß oder ohne Geld. Hier wurde die Ambiguität der Armut der Predigerbrüder im Süden deutlich: War ihre Armut Teil einer Strategie mit Blick auf die Mission gegen die Ketzer, oder aber handelte es sich um einen grundlegenden Aspekt, der das Leben eines nach dem Evangelium lebenden Predigers bestimmte?

In Paris erregten die Brüder die Aufmerksamkeit des Jordan von Sachsen, der im Jahr 1218 oder 1219 mit der Abfassung des *Libellus* begann und ihn mit Unterbrechungen bis 1221 fortsetzte. Seine Informationen über die Jugend des Dominikus und die Anfänge des Ordens stammten vor allem, so scheint es, von Johannes von Navarra, der sehr gut darüber informiert war, was Dominikus den Brüdern in Toulouse erzählt hatte.

Gegen Mitte Dezember machte sich Dominikus auf den Weg, um Papst Honorius III. darzulegen, was geschehen war.

1218

Nichts deutet auf die Annahme hin, dass Dominikus einen Konvent in Rom hätte gründen wollen. Die einzige Gründung, die er auf der italienischen Halbinsel vornahm, befand sich in Bologna, wohin er seit Januar Brüder geschickt hatte. Wenn er sich für einen weiteren Aufenthalt nach Rom begab, dann nur, um sich bei der päpstlichen Kurie um seine Angelegenheiten zu kümmern. Er wartete auf Nachrichten von den Brüdern, die nach Paris und Spanien gesandt worden waren, und vielleicht auch von denen, die er in Toulouse zurückgelassen hatte. In der Zwischenzeit übte er ein Apostolat bei den Ordensschwestern der Stadt aus.

Während seines römischen Aufenthaltes lernte Dominikus Reginald kennen, der Dekan von *Saint-Aignan* in Orléans war und seinen Bischof begleitete. Dieser träumte von einem Leben, das der Predigt und Armut geweiht war; Ugolino erklärte ihm, dass sich sein Traum im Orden des Dominikus erfüllen würde. Er entschloss sich, ihm beizutreten. Als er erkrankte, wurde er von der Jungfrau geheilt, die ihm ebenfalls zeigte, an welchen Orden er sich binden solle. Nachdem er in die Hände des Dominikus seine Profess abgelegt hatte, wurde er von diesem als Vikar nach Bologna gesandt, nachdem er seine Pilgerreise ins Heilige Land beendet hatte.

Am 11. Februar erhielt Dominikus die erste Bulle mit der Empfehlung seiner Brüder, die an die Prälaten der ganzen Kirche gerichtet war. Dort findet zum ersten Mal der Ausdruck *fratres ordinis predicatorum* Erwähnung. Honorius III. gab sich nicht damit zufrieden, dem neuen Orden, der sich in mehreren Länder ausgebreitet hatte, die Unterstützung der Kurie zu bekunden, sondern er gab ihm auch seinen Namen.

Anfang Mai begab sich Dominikus zusammen mit Petrus Seilhan, der sich ihm kurz zuvor mit einigen Brüdern in Rom angeschlossen hatte, nach Spanien. Er verbrachte mehrere Tage in Bologna und ließ wahrscheinlich einige seiner Gefährten in Narbonne zurück, um dort einen Konvent zu gründen. Von dort ging er weiter nach Katalonien. Als er die

Nachricht vom Tod des Simon de Montfort am 25. Juni vernahm, schickte er Petrus Seilhan mit dem Ziel nach Paris, in Limoges eine Gründung vorzunehmen. In Madrid übergab er den Habit den ersten Nonnen eines Klosters, das nach dem Vorbild von Prouilhe errichtet werden sollte. Vor Weihnachten befand er sich in Segovia, wo er das erste Dominikanerkloster in Spanien gründete.

1219

Man weiß nicht genau, mit welchem Datum Dominikus Spanien verließ. Vermutlich hielt er sich dort einige Monate auf, sodass er Toulouse am 17. Juni 1219 kurz vor der Belagerung durch Ludwig VIII. von Frankreich erreichte. Nachdem er vermutlich einige Tage in Prouilhe und Toulouse verbracht hatte, traf er Anfang Juli in Paris ein. Zu dieser Zeit machte er vermutlich die Brüder im Süden von sich unabhängig, weil er Bertrand de Garrigue zu ihrem Superior ernannte. Dieser wurde damit *de facto* der vierte Provinzial, bevor die Bezeichnung Verwendung fand. In Paris ermahnte er die Brüder, die Lebensweise wieder aufzunehmen, die sie in Toulouse geführt hatten, aber er forderte sie auch auf, auf ihre Einkünfte zu verzichten. Es scheint offensichtlich, dass die Brüder nicht überzeugt waren. Ein weiterer Vorschlag von Dominikus stieß auf einen solchen Widerstand der Ordensleute, dass er darauf verzichtete: nämlich den Laienbrüdern (*frères convers*) umfassende Befugnis bei der Verwaltung der weltlichen Angelegenheiten anzuvertrauen.

Während seines Besuchs in Paris nahm Dominikus Wilhelm von Montferrat in den Orden auf, mit dem er erneut missionarische Projekte besprach. Hatte er zwei Jahre zuvor von den Preußen geredet, so scheint es, als hätte Dominikus damals eher an die Sarazenen und Kumanen gedacht.

Gegen Mitte August erreichte Dominikus Bologna, wo er dank der hervorragenden Kandidaten, die Reginald für den Orden gewonnen hatte, ein blühendes Kloster vorfand. Die Brüder der noch im Entstehen befindlichen Gemeinschaft teilten die Ideen des Dominikus und Reginald von Strenge und Armut. Dominikus verstand, dass er in Bologna leichter als in Paris die ideale Vorstellung von einem bettelnden Konvent verwirklichen konnte, das kennzeichnend für den neuen Predigerorden sein sollte und nicht nur den Verzicht auf das Eigentum, sondern auch auf Renten und Einkünfte jeglicher Art nach sich zog. Vielleicht in der Hoffnung, dass Reginald in Paris den gleichen Geist wie in Bologna vermitteln könnte, beschloss Dominikus, ihn dorthin zu entsenden.

Der Orden hatte sich in Norditalien schneller als in Frankreich oder Spanien entwickelt. Gründungen folgten in Florenz, Bergamo (vielleicht sogar vor der Ankunft des Dominikus) sowie in Mailand und Verona. Das Modell einer zentralen Abtei, umgeben von einem Netz von Prioraten, war für italienische Städte, denen sehr an ihrer Unabhängigkeit lag, ungeeignet. Der Titel eines Abtes war hier übrigens weniger üblich als in Frankreich. Es galt, diese Strukturen aufzugeben.

Reginalds Predigttätigkeit in Bologna hatte nicht nur Männer, sondern auch einige Frauen zum Orden gezogen, sodass Dominikus kurz nach seiner Ankunft die Profess der Diana von Andalò annahm, die sich verpflichtete, „ein Haus der Damen, das sich Orden nennen und [ihm] angehören sollte", zu errichten.

Gegen Ende Oktober ging Dominikus wieder an den päpstlichen Hof, der in Viterbo weilte. Er wünschte nämlich für die im Aufbau befindlichen Gründungen Kopien der Empfehlungsbulle. Er wollte außerdem mit dem Papst über die missionarischen Projekte sprechen, die Wilhelm von Montferrat seit 1217 anvertraut waren. Anlässlich des im Jahr

1220 vorgesehenen Generalkapitels musste er erst die Ordensorganisation abschließen, bevor er eine Mission bei den Ungläubigen unternahm.

Der missionarische Ehrgeiz des Dominikus wurde schnell gebremst. Honorius III. vertraute ihm ein von Innozenz III. ererbtes Projekt an, das darin bestand, die Nonnen Roms gemeinsam in einem neuen Kloster unterzubringen, das neben der Basilika *San Sisto Vecchio* erbaut worden und dessen Instandsetzung nun fast abgeschlossen war. Während man auf die Ankunft der Nonnen wartete, wurden einige Ordensleute aus Bologna in *San Sisto* angesiedelt. So wurde der erste Dominikanerkonvent in Rom gegründet.

In der Zwischenzeit trafen Nachrichten aus Paris ein. Reginald hatte es vermocht, die Brüder davon zu überzeugen, auf ihre Einkünfte zu verzichten und die von Dominikus so angestrebte Armut zu geloben. Diese Entscheidung wurde durch eine Bulle vom 12. Dezember bestärkt, die sicherlich auf Wunsch des Dominikus geschrieben worden war. Am 8. Dezember hatte Honorius III. bereits eine Empfehlungsbulle mit Nachdruck formuliert, die die Bedeutung der Predigt und der radikalen Armut hervorhob und zum ersten Mal die Existenz eines „Priors" im Orden erwähnte. Die Dokumente, über die man verfügte, reichten aus, um die Ausweitung des Ordens zu unterstützen, aber das Hauptziel des neuen Textes lag wahrscheinlich darin, eine Art offizielle Definition mit Blick auf das Generalkapitel zu liefern. Darüber hinaus verlieh der Papst Dominikus für den gesamten Orden die umfassende Befugnis *disponendi, ordinandi, corrigendi*.

Gegen Dezember nahm Dominikus die Profess eines Priesters aus Friesach entgegen und ließ ihn nach Kärnten zurückzukehren, um dort ein Kloster zu gründen.

1220

Gegen Ende Februar kehrte Dominikus nach Bologna zurück. Anfang Mai musste er auf Wunsch des Papstes erneut nach Viterbo reisen, um sich um einige Ordensleute zu kümmern, die, wie es scheint, von Kardinal Ugolino zu einer Mission gegen die Ketzer in Norditalien versammelt worden waren. Man weiß nicht, was sich ereignete, aber es ist sehr zweifelhaft, dass eine große „Predigtmission gegen die Häresien in der Lombardei" unter der Leitung des Dominikus, wie es von einigen Historikern vorgebracht worden ist, existiert hat.

Am 20. Mai begann in Bologna das erste Generalkapitel. Dominikus leistete Gehorsam und bat darum, entlassen zu werden. Die Mitglieder des Kapitels lehnten seinen Antrag ab und forderten ihn dazu auf, sein Amt als Ordensmeister fortzusetzen. Die Bestimmungen des Ordens wurden überarbeitet: der erste Teil (der „monastische" Teil) wurde verbessert, während der zweite (der den Orden als *ordo predicatorum* regeln sollte) von Grund auf neu abgefasst wurde. Die Titel der Superioren wurden festgelegt: *magister (ordinis), priores provinciarum vel regnorum, priores (conventuum).* Der Begriff *abbas* wurde gestrichen. Zusätzlich zu den traditionellen Voraussetzungen waren für die Gründung einer neuen Gemeinschaft ein Lehrer sowie ein Superior erforderlich; jedes Kloster musste nämlich über eine Theologieschule verfügen. Außerdem entschied das Kapitel, dass „unsere Brüder zukünftig weder Besitztümer noch Einkünfte haben". Die Gründung eines Konvents in Palencia wurde beschlossen, vermutlich im Zusammenhang mit der Gründung der Universität. Zwei skandinavische Brüder brachen mit einem Kleriker aus Sigtuna nach Schweden auf, aber die Hoffnung, dort ein Kloster zu gründen, blieb unerfüllt.

Anlässlich dieses Generalkapitels oder des Kapitels im Jahr 1221 sandte Dominikus einen Brief an die Nonnen in Madrid, den er seinem Bruder Mamès anvertraute.

Am Ende des Kapitels scheint Dominikus die meiste Zeit in Bologna verbracht zu haben, mit Ausnahme eines Besuchs in Mailand im Juni und einer Reise von unbekannter Dauer zwischen den Monaten September und November.

1221

Der Bau des Klosters *San Sisto* in Rom war fast abgeschlossen. Im Januar begab sich Dominikus dorthin. Der Papst hatte drei Kardinäle ernannt, die die Anfangsphase des Klosters begleiten sollten; Dominikus arbeitete mit ihnen bei der Abfassung der Konstitutionen zusammen. Am 28. Februar 1221 konnten die Nonnen, darunter auch Schwester Cecilia, das neue Gebäude betreten, das dominikanische Ordensgewand empfangen und ihre Profess in die Hände des Dominikus ablegen. Die Brüder, die zuvor *San Sisto* bewohnt hatten, siedelten in die Kirche *Santa Sabina* um, die der Papst ihnen geschenkt hatte.

Am 25. März richtete der Papst einen Aufruf an die europäischen Metropoliten mit der Bitte, ihm mindestens zwei Ordensleute zur Verfügung zu stellen, die sich zu den Ungläubigen begeben und ihnen predigen könnten. Am 29. März erhielt Dominikus eine Bulle mit der persönlichen Empfehlung. Er beabsichtigte wohl, sich am missionarischen Projekt des Papstes zu beteiligen und es vielleicht sogar zu leiten. In einer Abschrift der Empfehlungsbulle an den König von Dänemark, datiert auf den 6. Mai 1221, fügte der Papst dem Text ein vollkommen neues Element hinzu: Die Dominikaner wurden dort nicht nur als Prediger des Evangeliums, sondern auch als die „Evangelisierer der Heiden" bezeichnet. Nach dem Generalkapitel des Jahres 1221 wurde ein dänischer Bruder mit dem Brief des Papstes und den Briefen des Dominikus an den König und den Erzbischof von Lund in sein Land gesandt. Daraus lässt sich schließen, dass das missionarische Ziel klar definiert war: Er wollte fortan die Heiden in Estland evangelisieren, wo sich die Dänen gerade niedergelassen hatten.

Dominikus blieb bis Mitte Mai in Rom, denn er musste sich um die Formung der Schwestern von *San Sisto* kümmern. Er gab den Plan auf, die Gemeinschaft vollzählig von Prouilhe nach Rom zu verlegen, aber ließ acht Nonnen aus dem Lauragais kommen, darunter Schwester Blanche, die Priorin wurde. Wahrscheinlich unternahmen sie die Reise mit Fulko, dessen Anwesenheit in Rom im April 1221 belegt ist. Dominikus nutzte die Gelegenheit und verzichtete beim Besuch des Prälaten auf den Zehnten, den die Brüder von der Diözese Toulouse erhielten; Fulko schenkte Dominikus und seinen Nachfolgern die Kirche von Fanjeaux. Es ist davon auszugehen, dass man erhoffte, in dem Ort ein Ordenshaus zu errichten.

Am 2. Juni begann das Generalkapitel in Bologna. Die Aufteilung des Ordens in mehrere Provinzen wurde beschlossen. Der Begriff Provinz erhielt damals seine fachliche Bedeutung als Verwaltungsbezirk des Ordens. Brüder wurden nach England, Ungarn, Dänemark, Polen und vielleicht sogar nach Griechenland gesandt.

Im Juli erreichte Dominikus, der mit Bruder Paulus Venetus reiste, die *Marca Trevigiana* [Mark Treviso]. Gegen Ende des Monats kehrte er sehr müde nach Bologna zurück und erkrankte schwer. Er starb am 6. August 1221. An seinem Grab scheinen sich Wunder ereignet zu haben und begründeten einen Kult, aber die Brüder verhinderten die Devotion der Gläubigen „aus Furcht, sich dem Vorwurf der Profitsucht ausgesetzt zu sehen". Jordan von Sachsen erreichte Bologna kurz nach dem Tod des Dominikus und nahm wieder die Arbeit an seinem *Libellus* auf, die er bald unvollendet einstellen musste.

1233

Das Predigen der „*Großen Halleluja*"-Bewegung durch Johannes von Vicenza und andere Prediger führte zu einer Wiederbelebung der Verehrung des Dominikus. Anstatt sie zu unterbinden, sammelten die Brüder Erzählungen von Wundern und ergänzten so die Akte, die dem Papst mit Blick auf die Heiligsprechung übermittelt worden war. Jordan von Sachsen überarbeitete den Text des *Libellus*.

Am 24. Mai entwich ein wunderbarer Duft während der feierlichen Übertragung des Leichnams des Dominikus aus dem alten Grab, als es geöffnet wurde. Mehrere Personen bezeugten, den Duft wahrgenommen zu haben. Der Duft war noch acht Tage später vernehmbar, als die Reliquien des Dominikus ausgestellt waren, damit die Brüder, die der Überführung nicht hatten beiwohnen können, sie verehren konnten. Die offizielle Untersuchung der Heiligkeit und Wunder des Dominikus wurde während des Sommers durchgeführt.

1234

Am 3. Juli wurde der hl. Dominikus von Gregor IX. in Rieti in der Kathedrale *Santa Maria Assunta* heiliggesprochen.

Quellen zur Geschichte des hl. Dominikus und bibliographische Abkürzungen

Die Autoren haben sich dazu entschieden, die Leserschaft auf die Ausgaben der lateinischen Quellen zu verweisen, die vom *Institutum Historicum Ordinis Praedicatorum* (IHOP) in der Sammlung der *Monumenta Ordinis fratrum Praedicatorum Historica* (MOPH), aber auch in der Zeitschrift *Archivum Fratrum Praedicatorum* (AFP) veröffentlicht wurden. Diese redaktionelle Entscheidung dient bei einem zur Veröffentlichung bestimmten Werk dazu, den Zugang zu den Quellen zu erleichtern. Die Anmerkungen sind gekürzt und nur die wesentlichen Quellenangaben (Verfasser, Titel), gefolgt von der Kapitelnummer in der Quellenausgabe genannt. Das zweite Referenzwerk, abgekürzt mit Bériou-Hodel, folgt dieser Praxis und verweist auf die, von den beiden Historikern in dem Band veröffentlichten Übersetzungen: *Saint Dominique de l'ordre des frères prêcheurs. Témoignages écrits fin XIIe–XIVe siècle*, textes traduits, annotés et présentés par Nicole Bériou et Bernard Hodel avec la collaboration de Gisèle Besson, Paris, Éd. du Cerf, 2019.

AFP	*Archivum Fratrum praedicatorum*
AGOP	*Archivum Generale Ordinis Praedicatorum* (Rom, Santa Sabina)
ASOP	*Analecta Sacri Ordinis Praedicatorum*
Bériou-Hodel	*Saint Dominique de l'ordre des frères prêcheurs. Témoignages écrits fin XIIe–XIVe siècle*, textes traduits, annotés et présentés par Nicole Bériou et Bernard Hodel avec la collaboration de Gisèle Besson, Paris, Éd. du Cerf, 2019.
MOPH	*Monumenta Ordinis Praedicatorum Historica*

Eine spanische Quellenausgabe zur Geschichte des hl. Dominikus ist von Vito-Tomás Gómez Garcia veröffentlicht worden: *Santo Domingo de Guzmán. Escritos de sus contemporáneos*, Prólogo José A. Martinez Puche, Madrid, Edibesa, 2011. Außerdem hat die *Società Internazionale per lo Studio del Medio Evo Latino* (SISMEL) 2021 einen ersten zweisprachigen Band (Lateinisch-Italienisch) der dominikanischen Quellen publiziert: *Domenico di Caleruega alle origini dell'Ordine dei Predicatori. Le fonti del secolo XIII*, a cura di Gianni Festa, Agostino Paravicini Bagliani e Francisco Santi (Hg.), Florenz, SISMEL, Edizioni del Galluzzo, 2021. Den Verfassern gilt unser unendlicher Dank dafür, dass sie uns freundlicherweise die vorbereitenden Arbeiten dieser Publikation zur Verfügung gestellt haben.

– Zu den diplomatischen Quellen zur Geschichte des hl. Dominikus und den Dokumenten, die seinen Aufenthalt im Albigeois belegen:

Monumenta diplomatica Sancti Dominici, ed. Vladimír J. Koudelka (Hg.), auxiliante Raymundo J. Loenertz, *MOPH* 25, apud Institutum Historicum Fratrum Praedicatorum, Romae ad S. Sabinae 1966. [Abkürzung: *Monumenta diplomatica*]

Pierre des Vaux-de-Cernay, *Histoire albigeoise*, nouvelle traduction par Pascal Guébin und Henri Maisonneuve, Paris, J. Vrin, 1951. [Abkürzung: Pierre des Vaux-de-Cernay, *Historia Albigensis*]

Guillaume de Puylaurens, *Chronique. Chronica magistri Guillelmi de Podio Laurentii*, texte édité, traduit et annoté par Jean Duvernoy, Paris, Éd. du CNRS, 1976. [Abkürzung: Guillaume de Puylaurens, *Chronica*]

– Der *Libellus* des Jordan von Sachsen ist mit persönlichen Erinnerungen ergänzt und bietet zusammen mit den Akten des Heiligsprechungsprozesses ein persönliches, kostbares

Zeugnis, um das Leben des hl. Dominikus zu beschreiben und die Ausweitung des entstehenden Ordens zu verstehen:

Monumenta historica Sancti Patris Nostri Dominici, fasc. II, *MOPH* 16, Institutum historicum FF. Praedicatorum, Romae ad S. Sabinae 1935. Der Text des *Libellus de principiis Ordinis Praedicatorum* des Jordan von Sachsen ist herausgegeben von Heribert Christian Scheeben, S. 1–88. [Abkürzung: Jordan von Sachsen, *Libellus*]

Monumenta historica Sancti Patris Nostri Dominici, fasc. II, *MOPH* 16, Institutum historicum FF. Praedicatorum, Romae ad S. Sabinae 1935. Der Text der Zeugenaussagen in Bologna wurde von Angelus Walz herausgegeben, S. 123–167. [Abkürzung: *Acta canonizationis*, Bologna]

Monumenta historica Sancti Patris Nostri Dominici, fasc. II, *MOPH* 16, Institutum historicum FF. Praedicatorum, Romae ad S. Sabinae 1935. Der Text der Zeugenaussagen in Toulouse wurde von Angelus Walz herausgegeben, S. 176–187. [Abkürzung: *Acta canonizationis*, Toulouse]

– Nach der Heiligsprechung des hl. Dominikus förderten Lebensbeschreibungen und Legenden des Dominikus, aber auch die später zusammengetragenen Erinnerungen einer Nonne, die ihn gekannt hatte, die Verehrung und das Gedenken an den Vater der Predigerbrüder:

Petri Ferrandi legenda sancti Dominici, ed. Simon Tugwell, *MOPH* 32, Romae, Angelicum University Press, 2015. [Abkürzung: Pierre Ferrand, *Legenda sancti Dominici*]

Monumenta historica Sancti Patris Nostri Dominici, fasc. II, *MOPH* 16, Institutum historicum FF. Praedicatorum, Romae ad S. Sabinae 1935. Der Text der *Legenda* des Constantin von Orvieto über Jordan von Sachsen wurde von Heribert Christian Scheeben herausgegeben, S. 286–352. [Abkürzung: Constantin d'Orvieto, *Legenda*]

Humberti de Romanis legendae Sancti Dominici, ed. Simon Tugwell (Hg.), *MOPH* 30, apud Institutum Historicum Ordinis Fratrum Praedicatorum, Romae 2008. [Abkürzung: Humbert de Romans, *Legenda maior*]

Thierry d'Apolda, *Livre sur la vie et la mort de saint Dominique*, traduit et annoté par Amédée Curé, Paris, Œuvre de Saint-Paul, 1887. [Abkürzung: Thierry d'Apolda, *Vita sancti Dominici*]

Vito-Tomás Gómez Garcia, *Santo Domingo de Guzmán. Escritos de sus contemporáneos*, Prólogo José A. Martinez Puche, Madrid, Edibesa, 2011, S. 581–624 (Übersetzung ins Spanische, nach der Übersetzung von Carro und der *Annalium*). [Abkürzung: Rodrigue de Cerrato, *Vita*]

Fratris Gerardi de Fracheto O.P. Vitae Fratrum Ordinis Praedicatorum necnon Cronica ordinis ab anno MCCIII usque ad MCCLIV, Benedictus Maria Reichert (Hg.), Lovanii, *MOPH* 1, Typis E. Charpentier & J. Schoonjans, 1896. [Abkürzung: Gerarduvis de Fracheto, *Vitae fratrum*]

Miracula S. Dominici a sorore Cecilia recitata et a sorore Angelica in scriptis redacta, in Simon Tugwell, „Scripta quaedam minora de S. Dominico", *Archivum Fratrum Praedicatorum* 83 (2013), S. 64–115. [Abkürzung: Sœur Cécile, *Miracula S. Dominici*]

De quatuor in quibus Deus praedicatorum ordinem insignivit, Thomas Kaeppeli (Hg.), *MOPH* 22, apud Institutum Historicum Ordinis Fratrum Praedicatorum, Romae 1949. [Abkürzung: Étienne de Salagnac-Bernard Gui, *De quatuor in quibus*]

– Die erste Gesetzgebung des Ordens war Gegenstand einer Arbeit, die immer noch aktuell ist: *De oudste Constituties van de Dominicanen. Voorgeschiedenis, tekst, bronnen, ontstaan en ontwikkeling [1215–1237]*, Antonin H. Thomas (Hg.), „Bibliothèque de la Revue d'histoire ecclésiastique,

42", Leuven 1965. Siehe auch: Dominicus Planzer, „Codice Ruthenensi miscellaneo in Tabulario Ordinis Praedicatorum asservato", *Archivum Fratrum Praedicatorum* 5 (1935), S. 5–123. Siehe außerdem: *Acta Capitulorum Generaliu Ordinis Praedicatorum. I. 1220–1303*, rec. Benedictus Maria Reichert, *MOPH* 3, Romae 1898. Zum Heiligsprechungsbrief des hl. Dominikus siehe: *Humberti de Romanis Legendae sancti Dominici, necnon Materia praedicabilis pro festis sancti Dominici et testimonia minora de eodem, adiectis miraculis Rotomagensibus sancti Dominici et Gregorii IX bulla canonizationis eiusdem*, ed. Simon Tugwell OP (Hg.), *MOPH* 30, apud Institutum Historicum Ordinis Fratrum Praedicatorum, Rom 2008, S. 56–57. Der Brief des hl. Dominikus an die Nonnen in Madrid wurde von Simon Tugwell veröffentlicht, „St Dominic's Letter to the Nuns in Madrid", *Archivum Fratrum Praedicatorum* 56 (1986), S. 5–13.

– Die Werke des Humbert von Romans wurden unter dem Titel *Opera de vita regulari* ed. curante Joachim Joseph Berthier (Hg.), 2 Bde., Marietti, 1956, veröffentlicht.

Bibliographie

Neben der Nennung einiger Quellen zur Person und dem Wirken des hl. Dominikus haben wir uns darauf beschränkt, auf einige der Studien zu verweisen, die beim Verfassen des Buches Verwendung fanden. Die Leserschaft findet hier keine vollständige Bibliographie vor, sondern eine Empfehlung, von der ausgehend dann vertiefte Studien erfolgen können. Es wird darüber hinaus nützlich sein, die Zeitschriften *Archivum Fratrum Praedicatorum*, *Mémoire dominicaine*, *Dominican history newsletter* und die reiche Sammlung der *Cahiers de Fanjeaux* genau durchzuarbeiten.

Der hl. Dominikus und die Anfänge des Predigerordens

Eine klassische, akademische Biographie widmete Marie-Humbert Vicaire dem hl. Dominikus, *Histoire de saint Dominique*, Paris, Éd. du Cerf, ²1982. Siehe auch: Guy Bedouelle, *Dominique ou la grâce de la parole*, Paris, Fayard-Mame, 1982, und Simon Tugwell, *The Way of the Preacher*, London, Darton Longman and Todd Ltd., 1979. Die Literaturangaben sind mit den Präzisierungen und Korrekturen zu ergänzen, die Simon Tugwell in seinen Artikeln vornahm und in der Zeitschrift *Archivum Fratrum Praedicatorum* [Abkürzung: *AFP*] veröffentlichte: Simon Tugwell, „Notes on the life of St. Dominic", *AFP* 65 (1995), S. 5–169; *AFP* 66 (1996), S. 5–200; *AFP* 67 (1997), S. 27–59; *AFP* 68 (1998), S. 5–116; *AFP* 3 (2003), S. 5–141. Seine Zeittafel sei ebenfalls erwähnt: „Schéma chronologique de la vie de Saint Dominique", in *Domenico di Caleruega e la nascita dell'Ordine dei Frati Predicatori.* Atti del XLI Convegno storico internazionale, Todi, 10.-12. Oktober 2004, Spoleto, Fondazione Centro italiano di Studi sull'alto medioevo, 2005, S. 1-24. Schließlich sei zur Entwicklung des hagiographischen Bildes des hl. Dominikus, seines Kultes und der Selbstdarstellung des Ordens auf Luigi Canetti verwiesen, *L'invenzione della memoria. Il culto e l'immagine di Domenico nella storia dei primi frati Predicatori*, „Biblioteca di Medioevo Latino, 19", Spoleto 1996.

Eine wichtige Etappe in der Geschichtsschreibung über den hl. Dominikus ist das Kolloquium: *Domenico di Caleruega e la nascita dell'Ordine dei Frati Predicatori.* Atti del XLI Convegno storico internazionale, Todi, 10.-12. Oktober 2004, Spoleto, Fondazione Centro italiano di Studi sull'alto medioevo, 2005.

Zur Familie des Dominikus siehe: Anthony John Lappin, „On the Family and Early Years of Dominic of Caleruega", *AFP* 67 (1997), S. 5-26. Ders., „From Osma to Bologna, from Canons to Friars, from Preaching to the Preachers: the Dominican Path towards Mendicancy", in *The Origin, Development, and Refinement of Medieval Religious Mendicancies*, Donald Prudlo (Hg.), „Brill's Companions to the Christian Tradition, 24", Leiden-Boston, Brill, 2011, S. 31-58.

Zur Inquisition, außer der Sammlung der *Cahiers de Fanjeaux*, siehe Jean-Louis Biget, *Hérésie et inquisition dans le Midi de la France*, Paris, Picard, 2007 und *Dizionario storico dell'Inquisizione*, Adriano Prosperi (Hg.), unter Mitarbeit von Vincenzo Lavenia und John Tedeschi, Pisa, Edizioni della Normale, 2010.

Zur ersten Phase der Predigttätigkeit des Diego und Dominikus siehe auch: Simon Tugwell, „L'évêque Diègue et la lettre du pape au légat Raoul", *Mémoire dominicaine* 21 (2007), S. 119–133; Anne Reltgen-Tallon, „Innocent III et saint Dominique", *Innocent III et le Midi*, Michèle Fournié, Daniel Le Blévec, Julien Théry-Astruc (Hg.), *Cahiers de Fanjeaux* 50 (2015), S. 337–353.

Zur Gründung in Prouilhe: Simon Tugwell, „For Whom was Prouille Founded?", *AFP* 74 (2004), S. 5–125. Zu den Nonnen in der Anfangszeit des Ordens: Marco Rainini, „La fondazione e i primi anni del monastero di San Sisto: Ugolino di Ostia e Domenico di Caleruega", in *Il velo, la penna e la parola. Le domenicane: storia, istituzioni e scritture*, Atti del Convegno internazionale di studi (Bologna, 11.–13. Oktober 2007), Gianni Festa und Gabriella Zarri (Hg.), „Biblioteca di Memorie Domenicane, 1", Firenze, Nerbini, 2009, S. 49–70.

Zur Heiligsprechung des hl. Dominikus und ihren Umständen siehe die Studien von Marco Rainini, „Giovanni da Vicenza, Bologna e l'Ordine dei Predicatori", in *L'origine dell'Ordine dei Predicatori e l'Università di Bologna*, Atti del Convegno di Studio (Bologna 18.–20. Februar 2005), G. Bertuzzi (Hg.), *Divus Thomas* 109 (2006), S. 146–175; „I Predicatori dei tempi ultimi. La rielaborazione di un tema escatologico nel costituirsi dell'identità profetica dell'Ordine domenicano", *Cristianesimo nella Storia* 23 (2002), S. 307–343.

Dominikanische Geschichte

Unter den Werken, die zur Erneuerung der dominikanischen Geschichtsschreibung nach der bedeutenden *Histoire des Maîtres généraux de l'Ordre des Frères Prêcheurs (1170–1904)*, Daniel-Antoine Mortier (8 Bände, Paris, Picard et fils, 1903-1920) beigetragen haben, siehe vor allem: William A. Hinnebusch, *The Dominicans: A Short History*, New York, Alba House, 1975. Jüngeren Datums: *L'Ordine dei Predicatori. I Domenicani: storia, figure, istituzioni (1216-2016)*, Gianni Festa und Marco Rainini (Hg.), Rom, Laterza, 2016 sowie Massimo Carlo Giannini, *I Domenicani*, Bologna, Il Mulino, 2016.

Zur Entfaltung des Predigerordens in Frankreich: *Les Dominicains en France (XIIIe-XXe siècle)*, Nicole Bériou, André Vauchez, Michel Zink (Hg.), Actes de Colloque, Paris 10.-12. Dezember 2015, Paris, Académie des Inscriptions et Belles-Lettres - Éd. du Cerf, 2017.

Ein vollständiger Katalog der dominikanischen Heiligen wurde von dem spanischen Dominikaner und Historiker anlässlich des 800. Jubiläums seit der Ordensgründung veröffentlicht: José A. Martínez Puche, *El año dominicano. 800 años de santitad en la Orden de Predicadores: Santos, Beatos, Venerables y Servios de Dios*, Madrid, Edibesa, 2016. Zum Umgang mit der Heiligkeit im Predigerorden ausgehend von der Heiligsprechung des hl. Dominikus: *Fra trionfi e sconfitte: la politica della santità nell'Ordine dei Predicatori*, Gianni Festa et Viliam Š. Dóci (Hg.), Rom, Istituto Storico Domenicano, 2021.

Zur Organisation des Studiums im Orden siehe: Célestin Douais, *Essai sur l'organisation des études dans l'ordre des frères prêcheurs au treizième et quatorzième siècle*, Paris-Toulouse, Picard-Privat, 1884. Ebenso Michael M. Mulchahey, *„First the bow is bent to study". Dominican Education before 1350*, „Studies and Texts, 132", Toronto, Pontifical Institute of Mediaeval Studies, 1998.

Bibliographie

Zur Geschichte der dominikanischen Liturgie: William R. Bonniwell, *A history of the dominican liturgy: 1215–1945*, New York, J. F. Wagner, 1945, ebenso der umfassende Band *Aux origines de la liturgie dominicaine: le manuscrit Santa Sabina XIV L1*, Leonard Boyle und Pierre-Marie Gy (Hg.), „Collection de l'École française de Rome, 327", Rom, École Française de Rome, 2004.

Zur Geschichte der dem Orden angeschlossenen Laien: Gilles Gérard Meersseman, *Dossier de l'Ordre de la Pénitence au XIIIe siècle*, Éd. universitaires de Fribourg, ^{2}1982 et Catherine Masson, *Des laïcs chez les Prêcheurs: de l'ordre de la Pénitence aux fraternités laïques, une histoire du Tiers-Ordre dominicain*, Paris, Éd. du Cerf, 2016. Zu den mitwirkenden Brüdern: Augustine Thompson, *Dominican brothers: Conversi, lay and cooperator friars*, Chicago, New Priory Press, 2017.

Zur Geschichte der Ikonographie: *Études d'iconographie dominicaine. Europe occidentale (XVe–XXe siècle)*, Augustin Laffay und Gabrielle de Lassus Saint-Geniès (Hg.), „Dissertationes historicae, 25", Roma, Institutum Historicum Ordinis Praedicatorum-Angelicum University Press, 2017.

Literatur zur deutschen Ausgabe

In diesem Buch wurden die Quellentexte der Autoren übersetzt. Im Folgenden finden sich deutsche Übersetzungen dieser Quellen sowie weitere relevante deutschsprachige bzw. ins Deutsche übersetzte Literatur zum Thema und zur Geschichte des Ordens.

Guy Bedouelle, *Dominikus. Von der Kraft des Wortes*. Übersetzt und bearbeitet von Hilarius M. Barth, Styria, Graz 1984.

Caterina von Siena, *Gesamtausgabe in 12 Bänden* (hg. von Werner Schmid), St. Josef, Kleinhain 2001–2019.

Peter Dyckhoff (Hg.), *Mit Leib und Seele beten. Die neun Gebetsweisen des hl. Dominikus.* Herder, Freiburg/Br. 2003.

Paul D. Hellmeier, *Dominikus begegnen* (Zeugen des Glaubens), Paulinus, Trier 2007.

Meister Jordan, *Das Buch von den Anfängen des Predigerordens.* Übersetzt von Mechthild Dominika Kunst III. O.P.; Bücher für Glauben und Lehre, Dokumentarische Reihe, Bd. 1), Kevelaer 1949.

Pierre des Vaux-De-Cernay, *Kreuzzug gegen die Albigenser. Die „Historia Albigensis"* (1212 – 1218). Herausgegeben und übersetzt von Gerhard E. Sollbach, Manesse, Zürich 1997.

M.-Humbert Vicaire, *Geschichte des hl. Dominikus (2 Bde.).* Aus dem Französischen übersetzt von Josephine Enenkel, Herder, Freiburg /Br. 1962/63.

Quellen und Forschungen zur Geschichte des Dominikanerordens, Neue Folge
Herausgegeben von Elias H. Füllenbach OP, Ulrich Engel OP, Paul Dominikus Hellmeier OP, Ulrich Horst OP und Klaus-Bernward Springer

Bd.1: Ulrich Horst, *Evangelische Armut und Kirche. Thomas von Aquin und die Armutskontroversen des 13. und beginnenden 14. Jahrhunderts.* Akademie, Berlin 1992.

Bd. 2: Günter Esser, *Josepha Dominica von Rottenberg (1676–1738). Ihr Leben und ihr geistliches Werk*. Akademie, Berlin 1992.

Bd. 3: Isnard Wilhelm Frank, *Das Totenbuch des Mainzer Dominikanerklosters. Kommentar und Edition*. Akademie, Berlin 1993.

Bd. 4: Walter Senner, *Johannes von Sterngassen OP und sein Sentenzenkommentar*, Teil 1: Studie. Akademie, Berlin 1995.

Bd. 5: Walter Senner, *Johannes von Sterngassen OP und sein Sentenzenkommentar*, Teil 2: Texte. Akademie, Berlin 1995.

Bd. 6: Franz-Josef Schweitzer, *Meister Eckhart und der Laie. Ein antihierarchischer Dialog des 14. Jahrhunderts aus den Niederlanden*. Akademie, Berlin 1997.

Bd. 7: Klaus Jacobi, *Meister Eckhart. Lebensstationen – Redesituationen*. Akademie, Berlin 1997.

Bd. 8: Klaus-Bernward Springer, *Die deutschen Dominikaner in Widerstand und Anpassung während der Reformationszeit*. Akademie, Berlin 1999.

Bd. 9: Sabine von Heusinger, *Johannes Mulberg OP († 1414). Ein Leben im Spannungsfeld von Dominikanerobservanz und Beginenstreit*. Akademie, Berlin 2000.

Bd. 10: Walter Senner (Hg.), *Albertus Magnus. Zum Gedenken nach 800 Jahren: Neue Zugänge, Aspekte und Perspektiven*. Akademie, Berlin 2001.

Bd. 11: Ulrich Horst, *Die Lehrautorität des Papstes und die Dominikanertheologen der Schule von Salamanca*. Akademie, Berlin 2003.

Bd. 12: Ulrich Horst, *Wege in die Nachfolge Christi. Die Theologie des Ordensstandes nach Thomas von Aquin*. Akademie, Berlin 2006.

Bd. 14: Elias H. Füllenbach / Gianfranco Miletto (Hg.), *Dominikaner und Juden. Personen, Konflikte und Perspektiven vom 13. bis 20. Jahrhundert / Dominicans and Jews. Personalities, conflicts, and perspectives from the 13th to the 20th century*. De Gruyter Berlin u. a. 2015.

Bd. 15: Sigrun Jäger, *Meister Eckhart – ein Wort im Wort. Versuch einer theologischen Deutung von vier deutschen Predigten*. Akademie, Berlin 2008.

Bd. 16: Ulrich Horst, *Dogma und Theologie. Dominikanertheologen in den Kontroversen um die* Immaculata conceptio. Akademie, Berlin 2009.

Bd. 17: Cordula M. Kessler, *Gotische Buchkultur. Dominikanische Handschriften aus dem Bistum Konstanz*. Akademie, Berlin 2010.

Bd. 18: Susanne Kaup, *De beatitudinibus. Gerhard von Sterngassen OP und sein Beitrag zur spätmittelalterlichen Spiritualitätsgeschichte*. Akademie, Berlin 2012.

Bd. 19: Ulrich Horst, *Juan de Torquemada und Thomas de Vio Cajetan. Zwei Protagonisten der päpstlichen Gewaltenfülle*. Akademie Berlin 2012.

Bd. 20: Jörgen Vijgen, *The Status of Eucharistic Accidents „sine subiecto". An Historical survey up to Thomas Aquinas and Selected Reactions*. Akademie, Berlin 2013.

Bd. 21: Sabine von Heusinger / Elias H. Füllenbach / Walter Senner / Klaus-Bernward Springer (Hg.), *Die deutschen Dominikaner und Dominikanerinnen im Mittelalter*. De Gruyter, Berlin / Boston 2016.

Bd. 22: Anne Huijbers, Zealots for Souls. *Dominican Narratives of Self-Understanding during Observant Reforms, c. 1388–1517*. De Gruyter, Berlin / Boston 2018.

Bd. 23: Viliam Štefan Dóci, *Die seelsorgliche Tätigkeit der Kaschauer Predigerbrüder. Ein Dominikanerkonvent im Ambiente von Pfarrei, Stadt und Staat im 18. Jahrhundert*. Akademie, Berlin / Boston 2018.

Bd. 25: Tomás Petráček, *Für Wissenschaft, Orden und Kirche in Zeiten der Modernismuskrise. Leben und Werk von Vincent Zapletal OP*. De Gruyter, Berlin / Boston 2023.

Bd. 26: Christian Ranacher, *Heilseffizienz aus Gemeinschaftssinn. Die Rosenkranzbruderschaft als innovative Form der Jenseitsvorsorge um 1500*. De Gruyter Berlin / Boston 2022.

Bd. 27: Andrea Osten-Hoschek, *Reform und Liturgie im Nürnberger Katharinenkloster. Die Sterbe- und Begräbnisliturgie des 15. Jahrhunderts*. Edition und Kommentar. De Gruyter Berlin / Boston 2023.

Dominikanische Quellen und Zeugnisse
Herausgegeben von Thomas Eggensperger OP und Ulrich Engel OP

Bd. 1: Ulrich Engel (Hg.), *Dominikanische Spiritualität*, St. Benno, Leipzig ²2000.

Bd. 2: Timothy Radcliffe, *Gemeinschaft im Dialog. Ermutigung zum Ordensleben*. Mit einem Geleitwort von Peter-Hans Kolvenbach SJ, hg. von Thomas Eggensperger und Ulrich Engel, St. Benno, Leipzig 2001.

Bd. 3: Jordan von Sachsen, *Von den Anfängen des Predigerordens*, hg. von Wolfram Hoyer, St. Benno, Leipzig ²2003.

Bd. 4: William A. Hinnebusch, *Kleine Geschichte des Dominikanerordens*. Mit einem Geleitwort von Guy Bedouelle. Aus dem Amerikanischen übersetzt von Christophe Holzer und Winfried Locher, St. Benno, Leipzig 2004.

Bd. 5: Suzanne Eck, *„Werft euch in Gott". Einführung zu Meister Eckhart*. Mit einem Geleitwort von Timothy Radcliffe. Aus dem Französischen von Alexandre Meichler, überarbeitet von Viktor Hofstetter unter Mithilfe von Hildegard Christoffels, St. Benno, Leipzig 2004.

Bd. 6: Paulus Engelhardt, *Thomas von Aquin. Wegweisungen in sein Werk*. Mit einem Geleitwort von Otto Hermann Pesch, hg. von Ulrich Engel, St. Benno, Leipzig 2005.

Bd. 7: Ingrid Craemer-Ruegenberg, *Albertus Magnus*. Völlig überarbeitete, aktualisierte und mit Anmerkungen versehene Neuauflage der Originalausgabe, hg. von Henryk Anzulewicz, St. Benno, Leipzig 2005.

Bd. 8: Suzanne Eck, *Gott in uns. Hinführung zu Johannes Tauler.* Mit einem Geleitwort von Erzbischof Joseph Doré. Aus dem Französischen von Viktor Hofstetter unter Mitarbeit von Hildegard Christoffels, St. Benno, Leipzig 2006.

Bd. 9: *Die Dominikaner. Der Orden der Prediger.* Ein Film von Wilfried Köpke (DVD/VHS), 27 Minuten, St. Benno, Leipzig 2005.

Bd. 10: Thomas Eggensperger / Ulrich Engel (Hg.), *„Mutig in die Zukunft!" Dominikanische Beiträge zum Vaticanum II,* St. Benno, Leipzig 2007.

Bd. 11: Paul Murray, *Den Wein der Freude trinken. Wege dominikanischer Spiritualität.* Mit einem Geleitwort von Timothy Radcliffe. Aus dem Englischen von Horst Wieshuber, St. Benno, Leipzig 2007.

Bd. 12: Ulrich Schulte (Hg.), *P. Titus Horten OP. Ein Ordensmann im Dritten Reich.* Mit einem Geleitwort von Bischof Reinhard Lettmann, St. Benno, Leipzig 2008.

Bd. 13: Johannes Weise (Hg.), *Jeder ist ein Wort Gottes für den anderen. Texte der Dominikanischen Laiengemeinschaft,* St. Benno, Leipzig 2009.

Bd. 14: Guido Van Damme, *Dominique Pire. Friedensnobelpreisträger.* Mit einem Nachwort von Bernhard Kohl. Aus dem Französischen von Marcel Oswald, St. Benno, Leipzig 2010.

Bd. 15: Jean-Marie Gueullette, *Jean-Joseph Lataste. Apostel der Gefängnisse.* Mit einem Nachwort von Jordana Schmidt.

Aus dem Französischen von Michael Lauble, St. Benno, Leipzig 2010.

Bd. 16: Suzanne Noffke, *Klarer Blick in dunklen Zeiten. Caterina von Siena*. Aus dem Amerikanischen von Magdalena Dörtelmann, Angelica Kliem, Franziska Madl, Maria-Markus Przyrembel und Aurelia Spendel, St. Benno, Leipzig 2012.

Bd. 17: Jean-Jacques Pérennès, *Pierre Claverie. Dominikaner und Bischof in Algerien*. Mit einem Vorwort von Timothy Radcliffe. Aus dem Französischen von Laurentius Höhn und Marcel Oswald unter Mitarbeit von Ulrich Engel und Christian Babendreier, St. Benno, Leipzig 2014.

Bd. 18: Thomas Eggensperger / Ulrich Engel (Hg.), *Dominikanische Predigt*, St. Benno, Leipzig 2014.

Bd. 19: Diethard Zils, *Trotz und Träume. Zwischen Politik und Liturgie*. Mit einem Nachwort von Michael und Stefan Vesper, hg. von Frano Prcela, St. Benno, Leipzig 2015.

Bd. 20: Holkje van der Veer, *Verlangen als Antwort. Mein Weg mit der dominikanischen Tradition*. Mit einem Vorwort von Thomas Eggensperger und Ulrich Engel. Aus dem Niederländischen von Loes Belt und Sara Böhmer, St. Benno, Leipzig 2016.

Bd. 21: Tiemo R. Peters / Peter Neuhaus, *Glauben ohne Geländer. Ein Gespräch am Rande des Lebens*. Mit einem Geleitwort und einer theologischen Recherche von Ulrich Engel sowie einem Gespräch zwischen Tiemo R. Peters und Karl Meyer, St. Benno, Leipzig 2019.

Bd. 22: Isnard W. Frank, *Charisma in Verfassung. Dominikus und der Predigerorden,* hg. von Klaus-Bernward Springer. Mit einem Geleitwort von Thomas G. Brogl, St. Benno, Leipzig 2021.

Bd. 23: Isnard W. Frank, *Verstädtertes Mönchtum. Zur Sozialgestalt des Dominikanerordens,* hg. von Klaus-Bernward Springer. Mit einem Geleitwort von Viliam Štefan Dóci, St. Benno Verlag Leipzig 2021.

Bd. 24: Augustin Laffay, *Die Gründung der Gemeinschaft „Caritas Christi". Zum Wirken von Juliette Molland und P. Joseph-Marie Perrin OP.* Aus dem Französischen von Britta Dörre, Herder, Freiburg/Br. 2022.

Bd. 25: Alessandro Cortesi / Pietro Domenico Giovannoni / Marco Pietro Giovannoni (Hg.), *Giorgio La Pira. Evangelium und politisches Engagement.* Aus dem Italienischen von Gabriele Stein, Herder, Freiburg/Br. 2022.

Bd. 26: Laurentius Höhn / Thomas Nauerth / Egon Spiegel (Hg.), *Frieden als katholische Aufgabe. Leben und Werk von Franziskus M. Stratmann OP,* Herder, Freiburg/Br. 2022.

Bd. 27: Gianni Festa / Augustin Laffay, *Dominikus und seine Mission. Ursprung und Spiritualität des Predigerordens.* Aus dem Französischen von Britta Dörre, Herder, Freiburg/Br. 2023.

Mitarbeitende

Britta Dörre, M. A., Studium der Kunstgeschichte, Historischen Hilfswissenschaften und Rechtswissenschaften; Dozentin am Institut Saint Dominique Rom.

Gianni Festa OP, Doktor in Kirchengeschichte und Laurea in Moderner Literatur; aus der Dominikanerprovinz San Domenico (Italien); Generalpostulator für die Selig- und Heiligsprechungsprozesse des Predigerordens; Mitglied des Historischen Instituts des Ordens („Institutum Historicum Ordinis Praedicatorum").

Augustin Laffay OP, Doktor in Geschichte und Lizenziat in Theologie; aus der Dominikanerprovinz Toulouse; Generalarchivar des Predigerordens in Rom; Mitglied des Historischen Instituts des Ordens („Institutum Historicum Ordinis Praedicatorum").

Gerard Francisco Timoner III. OP, STL, MA, aus der Dominikanerprovinz der Philippinen; seit 2019 Ordensmeister der Dominikaner und damit der 87. Nachfolger des hl. Dominikus.

Simon Tugwell OP, Dr. theol., aus der Dominikanerprovinz England; Prof. em. für Theologie, Patrologie und antike Philosophie u. a. an der Päpstlichen Universität St. Thomas („Angelicum") in Rom; von 1992 bis 1997 Präsident des Historischen Instituts des Ordens („Institutum Historicum Ordinis Praedicatorum").

Personenregister

Adolph von Essen 203
Agnès de Bologna 86, 147, 183
Agnes von Langeac 189
Alain de Lille 42
Alanus de la Roche 204
Albaret, Laurent 219f.
Alberigo, Giuseppe 133
Albert I., *Bischof von Riga* 48
Albertus Magnus 196, 272, 275
Aleth von Montbard 28
Alexander IV., *Papst* 128
Alfons VIII., *König von Kastilien* 29, 32, 38, 47
Altaner, Berthold 112, 119, 131
Amaury de Montfort 247
Amizo von Mailand 157f.
Anders Sunesen 48
Annaud, Jean-Jacques 219
Antoninus von Florenz 187, 231
Antonius Neyrot 187
Antonius von Padua 110
Anzulewicz, Henryk 275
Arnaldi, Girolamo 71
Arnaud Oth 56
Arnoldus Amalrich, *Abt von Cîteaux* 49, 245
Aubin, Catherine 166
Augustinus, *Kirchenvater* 22, 35, 38, 72, 151, 153, 161, 169–171, 210, 250

Babendreier, Christian 277
Bach, Johann Sebastian 199
Bagliani, Agostino Paravicini 262
Barile, Riccardo 205
Barone, Giulia 122
Barth, Hilarius M. 270
Bartholomäus von Trient 69, 120
Bartolomé de Las Casas 233
Bassano, Marie 46
Bedouelle, Guy-Thomas 21, 224, 266, 270, 275
Belt, Loes 277
Benedikt, *Ordensgründer* 22, 34, 114, 151
Benoît de Termes 56
Berengar von Landora 131–133
Bériou, Nicole 16–18, *passim*
Bernard de Foncaude 42
Bernard Gui 76, 96f., 202, 219f., 226, 264
Bernard von Bologna 176, 201
Bernardo von Montepulciano 132
Bernhard von Clairvaux 13, 28, 176, 193
Berthe, Pierre-Marie 45
Berthier, Joachim Joseph 139, 166, 170, 210, 214, 265

Bertrand de Garrigue 85, 144, 254
Besson, Gisèle 17, 22, 261
Bianchi, Enzo 150
Biget, Jean-Louis 39, 42f., 45, 267
Bizet, Jules Augustin 148
Böhmer, Sara 277
Bonifatius VIII., *Papst* 216
Bonniwell, William R. 167, 270
Borst, Arno 41
Boyle, Leonard 126, 167, 270
Brogl, Thomas G. 278
Bruckberger, Raymond-Léopold 194f.
Buonviso di Piacenza 86, 91f., 156, 174

Cails, Élie 231
Cajetan, *siehe unter Thomas de Vio*
Canetti, Luigi 25, 110, 113f., 119–121, 267
Canévet, Mariette 200f.
Capol, Cornelia 192
Caprile, Giovanni 226
Cardosco-Canelas, Manuel-Antoine 69
Cecilia 23, 25, 92–94, 151, 156f., 258, 264
Christoffels, Hildegard 275f.
Christoph Kolumbus 232
Clavcrie, Pierre 187, 234, 277
Clérissac, Humbert 141f.
Congar, Yves 128, 216
Constantin von Orvieto 9, 60f., 70f., 73, 84, 119, 121–125, 263

Cormier, Hyacinthe-Marie 86, 147, 180, 183
Cortesi, Alessandro 278
Couvreur, Paulette 207
Craemer-Ruegenberg, Ingrid 275
Creytens, Raymond 120
Curé, Amédée 130, 169, 264
Cuypers, Guillaume 112

Dahan, Gilbert 194
Dalarun, Jacques 71, 208
Dante Alighieri 51, 181, 220
Del Re, Niccolò 188
Diana von Andalò 85, 119, 147f., 181, 183, 255
Diego von Osma 35–38, 46–53, 55–59, 124f., 178, 242–246, 249, 268
Dietrich von Apolda 26, 130, 169, 241, 264
Dóci, Villiam Štefan 269, 274, 278
Dom Guéranger 223f.
Dominikus von Preußen 203f.
Dominikus, *Ordensgründer* 1, *passim*
Dondaine, Antoine 24
Doré, Joseph 276
Dörre, Britta 3, 278f.
Dörtelmann, Magdalena 277
Douais, Célestin 170f., 226, 269
Dufeil, Michel-Marie 128
Durandus von Osca 57f.
Duval, André 102f., 203
Duvernoy, Jean 22, 42f., 262
Dyckhoff, Peter 271

281

Personenregister

Eck, Suzanne 275f.
Eco, Umberto 219
Eggensperger, Thomas 2, 275–277
Emery, Gilles 196f.
Énard, Albert 205
Enenkel, Josephine 271
Engel, Ulrich 2, 271, 275–277
Engelhardt, Paulus 275
Erasmus von Rotterdam 221
Ermengarde Godolina 184
Ermengaud 42
Esser, Günter 272
Eyquem, Joseph 207

Felix, *Vater des hl. Dominikus* 26f., 31, 242
Ferdinand, *Sohn Alfons VIII.* 38, 47
Ferrua, Valerio 150
Festa, Gianni 3f., 18, 262, 268f., 278f.
Fiamma, Galvano 242
Flasch, Kurt 181
Fontana, Vincentius Maria 220
Fournié, Michèle 268
Fra Angelico 187, 231
Francisco de Vitoria 233
Frank, Isnard Wilhelm 272, 278
Franziskus von Assisi 22, 24, 29, 50, 67, 69–72, 74, 110, 114, 122–124, 126f., 131, 184
Frassati, Pier Giorgio 186, 190f.
Frings, Joseph 226
Frugerio da Penna 86, 95f.
Fulko, *Bischof von Toulouse* 51, 53, 61, 66–68, 107, 124, 146, 178, 244–250, 259

Füllenbach, Elias H. 271, 273f.
Fumagalli, Vito 102

Gadamer, Hans-Georg 13
Gerhard von Frachet 47, 117, 154, 250, 264
Gerhard von Sterngassen 273
Gilson, Étienne 194
Giovannoni, Marco Pietro 278
Giovannoni, Pietro Domenico 278
Gómez Garcia, Vito Tomás 262, 264
Gonnet, Giovanni 176
Gregor I. *der Große, Papst* 29, 175
Gregor VII., *Papst* 39, 49, 117
Gregor IX., *Papst (Ugolino dei Conti di Segna)* 69, 74, 76, 96, 100, 103, 105, 114, 123, 178, 222, 251, 253, 257, 260, 265
Gregor XIII., *Papst* 27, 205
Guala, *Prior von Brescia* 99
Guébin, Pascal 22, 262
Gueullette, Jean-Marie 149, 276
Guilhelm Gasc 55
Guilhem Hugues 248
Guillabert de Castres 56
Guillaume Petri 143
Guillaume Pierre Godin 156
Guillielma 62, 146
Guiraud, Jean 226
Guy des Vaux-de-Cernay 59, 64, 246
Guy, *Bischof von Carcassonne* 247
Gy, Pierre-Marie 126, 167, 270

Harnack, Adolf 148
Heinrich Seuse 148, 200
Heinrich VII., *Kaiser* 132
Heinrich von Köln 84
Hélie Martin 146
Hellmeier, Paul Dominikus 271
Henriet, Patrick 32f.
Heusinger, Sabine von 272, 274
Hieronymus, *Kirchenvater* 172
Hinnebusch, William A. 131, 217, 269, 275
Hodel, Bernard 16–18, *passim*
Hofstetter, Viktor 275f.
Höhn, Laurentius 277f.
Holzer, Christophe 275
Honorius III., *Papst* 18, 73f., 79, 86f., 94, 178, 211, 221, 250, 252f., 256
Horst, Ulrich 271, 273
Horten, Titus 276
Huerga, Alvaro 233
Hugo von Saint-Cher 181, 196
Huijbers, Anne 274
Humbert von Romans 10, *passim*
Huré, Sébastien 54

Ignatius von Loyola 22
Innozenz III., *Papst* 45f., 48f., 52, 58f., 68–71, 73, 79, 87, 124, 178, 209, 216, 221, 243f., 249f., 256, 268
Innozenz IV., *Papst* 123f., 128
Isabel de Flores de Oliva, *siehe unter Rosa von Lima*

Jacobi, Klaus 272
Jäger, Sigrun 273
Joachim von Fiore 45, 114, 117

Johanna, *Mutter des hl. Dominikus* 26–28, 31, 145, 242
Johannes Capreolus 198
Johannes Cassianus 36
Johannes Chrysostomus 175
Johannes Dominici 231
Johannes Paul II., *Papst* 191, 204, 228
Johannes Tauler 148
Johannes von Navarra 81, 246, 249, 252
Johannes von Parma 127
Johannes von Spanien 32, 65, 169, 178
Johannes von Sterngassen 272
Johannes von Vicenza 102, 106f., 109, 260, 268
Jordan von Sachsen 7, *passim*
Juan de Torquemada 273

Kaeppeli, Thomas 264
Katharina von Gebersweiler 230
Katharina von Ricci 189
Katharina von Siena 148, 186, 188f., 191f., 200f., 205, 231, 271, 277
Kaup, Susanne 273
Kessler, Cordula M. 273
Kliem, Angelica 277
Kohl, Bernhard 276
Koudelka, Vladimír 24, 262
Krupa, Pawel 126, 167
Kunst, Mechthild Dominika 271

La Pira, Giorgio 187, 238, 278
La Roncière, Charles de 220

Lacordaire, Henri-Dominique 21, 185f., 223f., 235–237
Lacoste, Jean-Yves 199
Ladey, Victor 235
Laffay, Augustin 3f., 18, 70, 270, 278f.
Lagrange, Marie-Joseph 238
Lappin, Anthony 27, 267
Larousse, Pierre 225
Lassus Saint-Geniès, Gabrielle de 70, 270
Lataste, Johannes Joseph 149, 276
Lauble, Michael 149, 277
Laurent, Marie-Hyacinthe 24, 115
Laval, Henri-Dominique 208
Lavenia, Vincenzo 267
Lawrence, C. Hugh 128
Le Blévec, Daniel 268
Le Pottier, Jean 61
Lea, Henry Charles 226
Lecoq, Hugues 155, 162
Leo XII., *Papst* 84
Leo XIII., *Papst* 237
Lettmann, Reinhard 276
Locher, Winfried 275
Loenertz, Raymundo J. 262
Ludwig VIII., *König von Frankreich* 254
Lyon, Ernest 22

Macías, Johannes 233
Madl, Franziska 277
Magali, Vène 26
Maisonneuve, Henri 41, 262
Majarelli, Stanislao 52
Mamès 27, 82f., 150, 242
Mandonnet, Pierre 24, 29, 234

Manoir, Hubert du 203
Marche, Albert Lecoy de la 173, 177
Maritain, Jacques 194
Marquez, Christophe 61
Martin de Bazán, *Bischof von Osma* 34, 37, 242
Martin von Porres 186
Martin, Christoph-Alois 224
Martinez Puche, José A. 22, 186, 262, 264, 269
Masetti Zannini, Gian Ludovico 187
Masson, Catherine 270
Matthäus, *Abt* 251f.
Matthias von Frankreich, *Abt* 77
Mauriac, François 207f.
Mayeur, Jean-Marie 30
Meattini, Umberto 148
Meersseman, Gilles Gérard 121, 184f., 202, 270
Meichler, Alexandre 275
Meister Eckhart 200, 230, 272f., 275
Menendo, *Bischof von Osma* 246
Mérigoux, Jean-Marie 179
Meyer, Karl 277
Miccoli, Giovanni 110
Michel, Alain 199
Miletto, Gianfranco 273
Mirabeau 223
Molland, Juliette 278
Moneta da Cremona 97
Montalembert, Charles de 185f.
Montanari, Elio 26, 55
Montefiascone, Benedetto da 87
Montesino, Antonio 232f.

Moulin, Léo 215
Mourre, Michel 48
Mulberg, Johannes 272
Mulchahey, Michael M. 269
Munio von Zamora 130f., 185, 202
Murray, Paul 276

Nadal, Émilie 26
Nauerth, Thomas 278
Neuhaus, Peter 277
Nikolaus IV., *Papst* 131
Noffke, Suzanne 277

Osten-Hoschek, Andrea 274
Oswald, Marcel 276f.

Paciocco, Roberto 105, 115
Panella, Emilio 179
Paola, Roberto 205
Paul VI., *Papst* 201
Paulus Venetus 95f., 155, 159, 259
Pelagius Parvus 180
Pérennès, Jean-Jacques 277
Perrin, Joseph-Marie 278
Pesch, Otto Hermann 275
Peters, Tiemo R. 277
Petráček, Tomás 274
Petrus Calo 25
Petrus Cantor 193
Petrus Collivaccinus von Benevent 247
Petrus Ferrandi 9, 25–28, 31, 34, 63f., 77f., 83f., 113, 115–122, 124, 127, 152, 263
Petrus Lombardus 197
Petrus Martyr, *siehe unter Petrus von Verona*
Petrus Seilhan 66, 72, 81, 248, 253f.
Petrus von Castelnau 56, 59
Petrus von Madrid 78
Petrus von Osma 34f.
Petrus von Verona 128, 130–133, 220
Petrus Waldes 57, 79, 175
Philipp II. August, *König von Frankreich* 39, 59
Pierre des Vaux-de-Cernay 22, 40f., 56f., 262, 271
Pierre Ferrand, *siehe unter Petrus Ferrandi*
Pietro Lovello 85
Pius V., *Papst* 167, 205
Pius X., *Papst* 225
Planzer, Dominicus 212, 265
Plateau, Pierre 205
Pons Jourdan 56
Pons Roger 55
Poumarède, Jacques 61
Poussepin, Marie 189f.
Prcela, Frano 277
Prosperi, Adriano 227f., 267
Prudlo, Donald 267
Przyrembel, Maria-Markus 277
Puylaurens, Wilhelm von 22, 56f., 262

Radcliffe, Timothy 275–277
Raimond Guilhermy 248
Raimond VI. *Graf von Toulouse* 59f., 76f., 79
Raimonde 55
Raimond-Roger, *Graf von Foix* 57, 79
Raimund von Capua 148

Raimund von Peñafort 144, 196, 212
Rainini, Marco 269
Ranacher, Christian 274
Raoul de Fontfroide 42, 52, 56, 244
Rechac, Iean de 54
Reeves, Marjorie 117
Régamey, Pie-Raymond 214
Reginald von Orléans 80, 85, 162, 253, 255f.
Reichert, Benedikt Maria 23, 109, 117, 132, 152, 264f.
Reltgen-Tallon, Anne 268
Riccoldo da Monte di Croce 179
Richard, Charles-Louis 221
Richard, Jean 48
Robert le Bougre 221
Robertus de Tumbalena 28f.
Rodolfo da Faenza 89f., 96–98, 109, 118
Rodolfo 158f., 161, 211
Rodrigue de Cerrato 26f., 264
Roland von Cremona 162
Romaeus von Livia 202
Rosa von Lima 188f., 233
Rossetti, Enrico 207
Roth, Josephum 23
Rottenberg, Josepha Dominica von 272
Rutebeuf 159f.

Saint-Jean, Madeleine 190
Salagnac, Étienne de 76, 97, 264
Salomé, René 142
Sancto Thoma, Iohannes von 198
Sans Gasc 184
Santi, Francisco 262
Scheeben, Heribert Christian 23, 106, 263
Schmid, Werner 271
Schmidt, Jordana 149, 276
Schmitt, Jean-Claude 164
Schulte, Ulrich 276
Schweitzer, Franz-Josef 272
Senner, Walter 272, 274
Siccardi, Cristina 190
Simon de Montfort 21, 41, 60f., 64, 67, 76f., 79, 247f., 251, 254
Smith, Innocent 17f., 168
Sollbach, Gerhard E. 271
Sommer von Seckendorff, Ellen 192
Souriac, René 61
Spendel, Aurelia 277
Spiegel, Egon 278
Springer, Klaus-Bernward 271f., 274, 278
Stein, Gabriele 278
Stephan aus der Lombardei 33f., 107
Stephan aus Spanien 140, 159
Stephan von Bourbon 172f., 177
Stephan von Metz 247
Stephan von Muret (*Stephan von Grandmont*) 141
Stephanus de Salaniaco 76
Stratmann, Franziskus M. 278
Sueiro Gomez 78, 251f.
Swetchine, Sophie 236

Taurisano, Innocenzo 24
Tedeschi, John 267
Théry-Astruc, Julien 268
Thierry d'Apolda, *siehe unter Dietrich von Apolda*

Thomas Agni de Lentino 130
Thomas de Vio 198, 273
Thomas Seilhan 248
Thomas von Aquin 186,
 194–200, 238, 271, 273–275
Thomas von Cantimpré 75, 182
Thomas von Celano 123, 127
Thomas, Albert H. 157, 161,
 173, 179
Thomas, Antonin H. 23, 141,
 211f., 264
Thompson, Augustine 102, 107, 270
Tierny, Vincent 17, 209
Timoner III, Gerard Francisco
 3, 9, 15, 279
Torrell, Jean-Pierre 197–199
Toxé, Philippe 218
Tugwell, Simon 10, *passim*
Turcan, Isabelle 225

Ugolino dei Conti di Segna,
 siehe unter Gregor IX.

Van Damme, Guido 276
Vauchez, André 30, 71, 102, 106,
 113, 119, 144, 178, 220, 269

Veer, Holkje van der 277
Venchi, Innocenzo 27
Ventura da Verona 97f., 118,
 140, 162
Vesper, Michael 277
Vesper, Stefan 277
Vicaire, Marie-Humbert 16,
 23–25, 49, 69, 90f., 96, 104,
 111f., 116, 145, 149f., 266,
 271
Vijgen, Jörgen 274
Voltaire 222, 236

Walz, Angelus 24, 84, 148,
 182, 263
Weise, Johannes 276
Wieshuber, Horst 276
Wilhelm von Montferrat 76, 83,
 86, 163, 251, 254f.
Wilhelm von Saint-Amour 128

Zapletal, Vincent 274
Zarri, Gabriella 268
Zdislava von Lemberk 186
Zils, Diethard 277
Zink, Michel 178, 269

Das Personenregister wurde von Frederik Hochdorfer erstellt.